Systematische Konstruktion anwendungsspezifischer Werkzeugsysteme zur Entwicklung paralleler Programme

Dissertation

Schriftliche Arbeit zur Erlangung
des akademischen Grades eines
Doktors der Naturwissenschaften am
Fachbereich Mathematik-Informatik der
Universität-Gesamthochschule Paderborn

vorgelegt von

Christoph Eilinghoff

Paderborn, November 1997

Datum der mündlichen Prüfung:
23. Januar 1998

Gutachter:
Prof. Dr. Uwe Kastens,   Universität-Gesamthochschule Paderborn
Prof. Dr. Wilhelm Schäfer, Universität-Gesamthochschule Paderborn

Berichte aus der Informatik

Christoph Eilinghoff

Systematische Konstruktion anwendungsspezifischer Werkzeugsysteme zur Entwicklung paralleler Programme

D 466 (Diss. Universität-GH Paderborn)

Shaker Verlag
Aachen 1998

Die Deutsche Bibliothek - CIP-Einheitsaufnahme

Eilinghoff, Christoph:
Systematische Konstruktion anwendungsspezifischer Werkzeugsysteme zur Entwicklung paralleler Programme / Christoph Eilinghoff. - Als Ms. gedr. - Aachen : Shaker, 1998
(Berichte aus der Informatik)
Zugl.: Paderborn, Univ., Diss., 1998
ISBN 3-8265-3830-7

Copyright Shaker Verlag 1998
Alle Rechte, auch das des auszugsweisen Nachdruckes, der auszugsweisen oder vollständigen Wiedergabe, der Speicherung in Datenverarbeitungsanlagen und der Übersetzung, vorbehalten.

Als Manuskript gedruckt. Printed in Germany.

ISBN 3-8265-3830-7
ISSN 0945-0807

Shaker Verlag GmbH • Postfach 1290 • 52013 Aachen
Telefon: 02407 / 95 96 - 0 • Telefax: 02407 / 95 96 - 9
Internet: www.shaker.de • eMail: info@shaker.de

Vorwort

Jeder Mensch ist ein Teil seiner gesamten Umgebung. Eine Arbeit wie diese entsteht deshalb selten allein durch die Arbeit eines Einzelnen. Ich bedanke mich bei den vielen lieben Menschen, die zum Gelingen dieser Arbeit einen Anteil beigetragen haben, und möchte zumindest einige von ihnen hier namentlich erwähnen.

Zunächst danke ich Prof. Dr. Uwe Kastens, der mein Interesse am Thema dieser Arbeit geweckt hat. Er war stets bereit, über Fragestellungen im Zusammenhang mit meiner Arbeit zu diskutieren, und hat mich jederzeit in der Motivation für meine Forschungsarbeit bestärkt. Ihm und meinen Kollegen danke ich für das angenehme und offene Klima in unserer Arbeitsgruppe. Besonders danke ich Peter Pfahler, der durch zahlreiche Korrekturvorschläge wesentlichen Einfluß auf die Qualität dieser Arbeit genommen hat. Außerdem danke ich Meiko Ross für die im Rahmen seiner Diplomarbeit geleisteten Arbeiten sowie Dinh Khoi Le für seine Unterstützung bei der Implementierung.

Die Deutsche Forschungsgemeinschaft hat diese Arbeit finanziell gefördert durch den Sonderforschungsbereich 376 „Massive Parallelität: Algorithmen – Entwurfsmethoden – Anwendungen". In diesem Zusammenhang gilt mein besonderer Dank Klaus Brockmann und Stefan Tschöke, die immer zu Diskussionen zur Verfügung standen. Außerdem bedanke ich mich bei Prof. Dr. Wilhelm Schäfer, der sich bereit erklärt hat, die Arbeit zu begutachten.

Schließlich bedanke ich mich bei allen, die es entschuldigt haben, daß ich ihnen während der Fertigstellung dieser Arbeit weniger Zeit gewidmet habe, als ich es selbst gern getan hätte, und als sie es verdient haben.

Christoph Eilinghoff

Inhaltsverzeichnis

1 Einleitung und Motivation   5

2 Stand der Forschung   8

   2.1 Software-Wiederverwendung 9

       2.1.1 Software-Entwicklung mit Wiederverwendung 10

       2.1.2 Facetten der Wiederverwendung 14

   2.2 Andere Wiederverwendungsansätze 18

       2.2.1 Skelette 18

       2.2.2 Entwurfsmuster 21

       2.2.3 Frameworks 24

       2.2.4 Einordnung 25

   2.3 Wiederverwendung im Anwendungsbereich
Sprachimplementierung 26

       2.3.1 Beispiele für generative Wiederverwendung 28

       2.3.2 Ein Beispiel für Prozeß-Wiederverwendung 29

       2.3.3 Ein Beispiel für zusammensetzende Wiederverwendung . . 31

   2.4 Wiederverwendung bei der Entwicklung
paralleler Programme 33

       2.4.1 Entwicklung paralleler Programme 34

       2.4.2 Generierung von Konfigurationsdateien 41

       2.4.3 Beispiele für die Wiederverwendung des
Herstellungsprozesses 43

   2.5 Software-Entwicklungsprozesse 46

       2.5.1 Prozeßmodellierung 46

       2.5.2 Werkzeugkontrollsysteme 51

2 INHALTSVERZEICHNIS

3 Struktur und Realisierung anwendungsspezifischer Werkzeugsysteme zur Entwicklung paralleler Programme   **61**

   3.1   Entwicklung eines parallelen Programms 63

   3.2   Generelle Struktur des Werkzeugsystems 67

        3.2.1   Schichtenmodell 69

        3.2.2   Eingesetzte Werkzeuge und Werkzeugsteuerung 72

   3.3   Konstruktion anwendungsspezifischer Werkzeugsysteme 78

        3.3.1   Bereichsanalyse als Grundlage für anwendungsspezifische Werkzeugsysteme 79

        3.3.2   Software-Architektur 83

        3.3.3   Herstellungsprozeß 86

        3.3.4   Entwurf von Bibliotheksmodulen 88

        3.3.5   Generatoren 98

        3.3.6   Konfigurierungsprogramm mit grafischer Oberfläche . . . 102

4 *BBSYS*: Ein Werkzeugsystem für den Anwendungsbereich Paralleles Branch-&-Bound   **107**

   4.1   Branch-&-Bound 108

        4.1.1   Sequentielle Lösungsverfahren 112

        4.1.2   Parallele Lösungsverfahren 115

   4.2   Konzeption des Werkzeugsystems *BBSYS* 124

        4.2.1   Software-Architektur 125

        4.2.2   Algorithmenschema für Branch-&-Bound 133

        4.2.3   Einstiegspunkte und Hauptprogramm 135

        4.2.4   Generische Parameter 144

        4.2.5   Ergebnis 152

        4.2.6   *BBCONF*: Konfigurierung mit grafischer Oberfläche 153

4.2.7 Implementierungsgrundlagen 159
4.3 Anwendungsbeispiel 165
    4.3.1 Branching 170
    4.3.2 Bounding 171
    4.3.3 Weitere problemspezifische Funktionen 172

5 SOMPI: Ein Werkzeugsystem für Paralleles Sortieren   174

5.1 Grundlagen 175
5.2 Vorgehensweise 178
    5.2.1 Bereichsanalyse 180
    5.2.2 Software-Architektur 181
    5.2.3 Herstellungsprozeß 184
    5.2.4 Anwendungsbibliothek 186
5.3 Stand und Ausblick 189

6 Zusammenfassung   191

Literatur   192

Abbildungsverzeichnis   204

1 Einleitung und Motivation

Die Entwicklung eines parallelen Programms erfordert neben Kenntnissen aus dem Anwendungsbereich tiefgehende Kenntnisse über parallele algorithmische Lösungen und die eingesetzten Werkzeuge zur Herstellung und Ausführung des Programms. Diese Arbeit stellt eine Vorgehensweise vor, um das für die Entwicklung paralleler Programme aus einem bestimmten Anwendungsbereich benötigte Expertenwissen wiederverwendbar zur Verfügung zu stellen. Ein Experte aus dem Anwendungsbereich entwickelt dazu auf Grundlage der Vorgehensweise ein anwendungsspezifisches Werkzeugsystem. Dieses stellt vorgefertigte Lösungen für die entstehenden Teilprobleme zur Verfügung und automatisiert die systematisch lösbaren Aufgaben weitgehend. So kann der Anwender des Werkzeugsystems sich darauf beschränken, die wesentlichen und für sein Problem charakteristischen Eigenschaften in der Terminologie des Anwendungsbereichs zu beschreiben, statt ein vollständig neues paralleles Programm zu entwickeln. Obwohl er dabei nur sequentielle Programmteile beisteuert, erzeugt das Werkzeugsystem daraus automatisch eine effiziente parallele Lösung.

Die Entwicklung eines parallelen Programms erfordert Expertenwissen über die zugrundeliegende parallele Architektur und die dazugehörigen Entwicklungswerkzeuge. Aufgrund der Unterschiedlichkeit der Architekturen existieren viele Parallelitätsmodelle, die jeweils sehr eng an die Eigenschaften der Zielmaschine angelehnt sind. Dies führt dazu, daß die Wiederverwendung vorhandener Lösungen erschwert wird, da die zugrundeliegenden Algorithmen vom Programmiermodell abhängen. Im Vergleich zur Entwicklung sequentieller Programme, für die weitgehend systematisierte Modelle für die Software-Entwicklung existieren, ist diese Situation nicht zufriedenstellend. Der systematische Einsatz von Software-Wiederverwendungsmethoden soll dieses Dilemma beheben, indem das Expertenwissen, das zur Entwicklung eines parallelen Programms nötig ist, in wiederverwendbaren Komponenten gekapselt wird. Dies wird durch die Beschränkung auf einen klar abgegrenzten Anwendungsbereich ermöglicht, wie das Beispiel Eli für die sequentielle Programmierung im Anwendungsbereich „Übersetzerbau" zeigt. Um dieses Ziel auch auf die Entwicklung paralleler Programme übertragen zu können, ist die Abstraktion von der zugrundeliegenden Implementierungsplattform notwendig.

Ein Werkzeugsystem macht das Expertenwissen über die Entwicklung paralleler Programme aus dem Anwendungsbereich verfügbar. Der Anwender charakterisiert sein Problem auf einer hohen Abstraktionsebene und spezialisiert die Lösung durch die Angabe sequentieller Komponenten. Das Werkzeugsystem stellt aus der Spezifikation mit Hilfe der integrierten allgemeinen und anwendungsspezifischen Entwicklungswerkzeuge und unter Zugriff auf die Anwendungsbibliothek ein lauffähiges paralleles Programm her und führt es gegebenenfalls aus. Die

6 1. EINLEITUNG UND MOTIVATION

Qualität des erzeugten Produkts ist dadurch gewährleistet, daß die wiederverwendeten Module von Experten entwickelt worden sind.

Ein Werkzeugsystem wendet ein breites Spektrum von Software-Wiederverwendungsmethoden an, die durch ihre Integration in Werkzeuge so weit wie möglich automatisiert werden. Dazu ist eine ausgiebige Analyse eines klar abgegrenzten Anwendungsbereichs notwendig, so daß für jeden Bereich jeweils ein eigenes Werkzeugsystem entwickelt wird. Die wiederverwendbaren Komponenten, die sich aufbauend auf dieser Bereichsanalyse ergeben, umfassen

- den Herstellungsprozeß, der mit Hilfe eines Werkzeugkontrollsystems automatisiert wird,
- eine anwendungsspezifische Software-Architektur, die die Entwurfsentscheidungen bei der Entwicklung eines Programms aus dem Anwendungsbereich sichtbar macht,
- eine Anwendungsbibliothek, deren Module vom Anwender durch generische Instanziierung und problemspezifische Datentypen und sequentielle Funktionen spezialisiert werden können.

Außerdem können je nach Anwendungsbereich auch Generatoren eingesetzt werden, wenn Teilaspekte der Lösung soweit erforscht sind, daß für sie aus einer deklarativen Beschreibung des Teilproblems automatisch Code erzeugt werden kann. Allen Werkzeugsystemen gemeinsam ist die Struktur und ein Kern von Werkzeugen, die unabhängig vom Anwendungsbereich sind.

Der Experte unterstützt die Benutzung des Werkzeugsystems zusätzlich durch die Entwicklung eines anwendungsspezifischen Konfigurierungsprogramms mit einer grafischen Oberfläche, das für Standard-Anwender und fortgeschrittene Benutzer verschiedene Sichten auf das Werkzeugsystem erlaubt. Dieses wird unter Einsatz eines Werkzeugs zur wissensbasierten Konfigurierung aus einer Beschreibung der Struktur des Entscheidungsraums sowie Regeln und Voreinstellungen für die zu treffenden Entscheidungen automatisch generiert.

Diese Arbeit zeigt eine Vorgehensweise für die Entwicklung eines solchen anwendungsspezifischen Werkzeugsystems, die beispielhaft an den Anwendungsbereichen „Paralleles Branch-&-Bound" und „Paralleles Sortieren" erprobt wurde. Damit kann der Experte des Anwendungsgebiets das Wissen, das für die Entwicklung eines parallelen Programms aus dem Anwendungsbereich nötig ist, in Form eines anwendungsspezifischen Werkzeugsystems wiederverwendbar zur Verfügung stellen. Der Anwender eines solchen Werkzeugsystems wird damit in die Lage versetzt, parallele Lösungen für Probleme aus dem Anwendungsbereich zu konstruieren, ohne selbst Experte im Bereich der Entwicklung paralleler Programme zu sein. Die Entwicklung eines parallelen Programms wird für ihn so zu einer Konfigurierungsaufgabe, die durch die Benutzung eines anwendungsspezifischen Konfigurierungsprogramms mit grafischer Oberfläche zusätzlich erleichtert wird.

1. EINLEITUNG UND MOTIVATION

Diese Arbeit ist folgendermaßen strukturiert. Kapitel 2 gibt einen Überblick über den Stand der Forschung in den mit dieser Arbeit zusammenhängenden Bereichen, wobei der Schwerpunkt auf dem Thema Software-Wiederverwendung liegt. Kapitel 3 beschreibt eine Vorgehensweise für die Entwicklung anwendungsspezifischer Werkzeugsysteme. Kapitel 4 demonstriert den Einsatz dieser Vorgehensweise am Anwendungsbereich „Paralleles Branch-&-Bound" am Beispiel des Werkzeugsystems *BBSYS* und des dazugehörigen Konfigurierungsprogramms *BBCONF*. Die Anwendbarkeit der Vorgehensweise wird in Kapitel 5 am Beispiel des Werkzeugsystems *SOMPI* für den Anwendungsbereich „Paralleles Sortieren" zusätzlich unterstrichen. Kapitel 6 faßt schließlich die Ergebnisse zusammen und gibt einen Ausblick auf weitere mögliche Arbeiten in diesem Bereich.

2 Stand der Forschung

Diese Arbeit stellt eine Vorgehensweise zur Konstruktion von Werkzeugsystemen vor, die auf auf der systematischen Software-Wiederverwendung in Anwendungsbereichen der parallelen Programmierung basiert. Darauf aufbauend entwickelt der Experte auf dem Gebiet ein Werkzeugsystem, das das Expertenwissen über die Entwicklung paralleler Programme aus dem Anwendungsbereich wiederverwendbar zur Verfügung stellt, so daß der Anwender des Systems nur noch die problemspezifischen sequentiellen Komponenten beisteuern muß. Das Werkzeugsystem konfiguriert daraus automatisch ein vollständiges Programm und führt es auf einem Parallelrechner aus.

Dieses Kapitel beschreibt die mit der Bewältigung dieser Aufgaben zusammenhängenden Grundlagen und nimmt eine Einordnung des verfolgten Ansatzes vor. Dies umfaßt die Bereiche Software-Wiederverwendung, Entwicklung paralleler Programme und Modellierung von Software-Herstellungsprozessen.

Kapitel 2.1 erläutert zunächst den Begriff der Software-Wiederverwendung mit seinen verschiedenen Facetten. Anschließend zeigt Kapitel 2.2 einige Ansätze für die Wiederverwendung auf einer höheren Abstraktionsebene und ordnet sie in Bezug auf den hier verfolgten Ansatz ein.

Software-Wiederverwendung ist besonders effektiv einsetzbar, wenn die wiederverwendeten Komponenten auf einen speziellen Anwendungsbereich eingegrenzt sind. Um dies zu verdeutlichen, erläutert Kapitel 2.3 im Anschluß daran die systematische Umsetzung von Software-Wiederverwendung im Anwendungsbereich „Sprachimplementierung" am Beispiel der Übersetzer-Entwicklungsumgebung Eli. Das Eli-System und die dort eingesetzten Methoden dienen als Vorbild für die systematische Konstruktion anwendungsspezifischer Werkzeugsysteme zur Entwicklung paralleler Programme.

Die Entwicklung eines parallelen Programms erfordert neben den Kenntnissen aus dem Anwendungsbereich tiefgehendes Expertenwissen aus dem Bereich der parallelen Programmierung. Kapitel 2.4 beschreibt den derzeitigen Stand bei der Entwicklung paralleler Programme und die daraus resultierenden Probleme für die Wiederverwendung. Anschließend stellt es einige Ergebnisse des im Rahmen einer Projektgruppe entstandenen Prototyps für ein Werkzeugsystem zur Entwicklung paralleler Programme *PARSYS* vor.

Ein Werkzeugsystem zur Entwicklung paralleler Programme stellt aus den wiederverwendbaren Modulen der Anwendungsbibliothek und den problemspezifischen Komponenten des Anwenders automatisch eine parallele Lösung für das spezifizierte Problem her. Dazu wird mit Hilfe eines Werkzeugkontrollsystems ein ausführbares Modell des Herstellungsprozesses definiert. Kapitel 2.5 gibt einen

Überblick über die Modellierung von Software-Entwicklungsprozessen und ordnet den Begriff des Werkzeugsystems ein. Außerdem stellt es das in dieser Arbeit eingesetzte Werkzeugkontrollsystem *Odin* vor.

Die im Rahmen dieser Arbeit gezeigten Werkzeugsysteme *BBSYS* für den Anwendungsbereich „Paralleles Branch-&-Bound" und *SOMPI* für den Anwendungsbereich „Paralleles Sortieren" dienen als Beispiele für die Anwendbarkeit dieses Ansatzes. Die Grundlagen aus diesen Anwendungsbereichen werden jeweils zu Beginn der Kapitel 4 und 5 beschrieben.

2.1 Software-Wiederverwendung

Die Idee der Wiederverwendung vorhandener Lösungen ist in allen Lebensbereichen weit verbreitet. Bei der Lösung eines Problems versuchen wir, verfügbare Lösungen ähnlicher Probleme, die sich nur in wenigen Aspekten unterscheiden, heranzuziehen, und die vorhandene Lösung an das neue Problem anzupassen. Auch in der Software-Entwicklung ist die Wiederverwendung zwar bereits weit verbreitet, sie kann jedoch noch weiter systematisiert und durch Sprachen und Werkzeuge unterstützt werden.

Unter Wiederverwendung von Software (Software Reuse) versteht man die Konstruktion von Software-Systemen aus existierenden Komponenten, im Gegensatz zur völligen Neuentwicklung. Der Begriff Wiederverwendung wird für Techniken, Methoden und Entwicklungsprozesse benutzt. Sie ist anwendbar auf alle Zwischenprodukte, die während der Software-Entwicklung entstehen, also nicht nur auf Code, sondern unter anderem auch auf Systemspezifikationen und Entwurfsstrukturen. Insbesondere kann auch das Expertenwissen, das mit einem Software-Entwicklungsprozeß verbunden ist – z. B. Informationen über tradeoff-Entscheidungen beim Entwurf –, wiederverwendet werden. Neben der Verringerung der Entwicklungszeit und -kosten können durch den systematischen Einsatz von Software-Wiederverwendung Software-Qualitäten wie Adaptierbarkeit und Flexibilität verbessert werden.

In diesem Kapitel wird zunächst die systematische, werkzeugunterstützte Wiederverwendung in einem anwendungsspezifischen Kontext als Strategie der Software-Entwicklung motiviert. Danach wird eine Möglichkeit zur Klassifizierung verschiedener Software-Wiederverwendungsmethoden durch unterschiedliche Sichtweisen der Wiederverwendung vorgestellt.

2.1.1 Software-Entwicklung mit Wiederverwendung

Dieses Kapitel erläutert zunächst die für den Bereich der Software-Wiederverwendung elementaren Begriffe der Abstraktion und der damit zusammenhängenden kognitiven Distanz. Danach gibt es einen Überblick über Wiederverwendungsmethoden, wobei ein Schwerpunkt auf die systematische Wiederverwendung gelegt wird. Dann folgt eine Beschreibung der für die Wiederverwendung von Komponenten aus speziellen Anwendungsbereichen grundlegenden Bereichsanalyse. Abschließend werden kurz einige weitere Aspekte der Wiederverwendung vorgestellt.

2.1.1.1 Abstraktionen, kognitive Distanz

Eine Software-Wiederverwendungsmethode muß natürliche Abstraktionen auf einer hohen Ebene zur Verfügung stellen, die beschreiben, *was* die verfügbaren Komponenten leisten, und nicht, *wie* sie es tun. Nur so ist der Anwender in der Lage, geeignete Software-Komponenten zu selektieren, diese zu spezialisieren und zusammen mit seinen eigenen Beiträgen zu integrieren.

Die Abstraktion für mächtige wiederverwendbare Software-Komponenten ist in der Regel komplex. Als intuitives Maß zum Vergleich von Abstraktionen dient der Begriff der *kognitiven Distanz*. Sie beschreibt den Abstand zwischen den Abstraktionen, die ein Software-Entwickler benutzt, und den Abstraktionen, die ihm durch eine Wiederverwendungstechnik angeboten werden. Damit steht sie in direkter Beziehung zum intellektuellen Aufwand, den ein Software-Entwickler investieren muß, um ein Software-System von einer Entwicklungsstufe zur nächsten zu überführen. Der Anwender muß in der Lage sein, in den Begriffen der Abstraktionskonzepte der Wiederverwendungstechnik zu denken. Daher sollte das Ziel beim Einsatz einer Wiederverwendungsstrategie die Minimierung der kognitiven Distanz sein. Dies wird durch die Benutzung fester und variabler Abstraktionen erreicht, die präzise und ausdrucksstark sind. Dabei sollen möglichst viele Teile der Implementierung verborgen bleiben und automatische Abbildungen zur Realisierung der Abstraktion aus der Spezifikation benutzt werden. Wenn der Anwender die Abstraktion erst erlernen muß, geht der durch die Wiederverwendung erzielte Gewinn möglicherweise verloren.

2.1.1.2 Wiederverwendungsmethoden

Um Abstraktionskonzepte zu realisieren, können die unterschiedlichsten Komponenten wiederverwendet werden. Die Art der wiederverwendeten Komponenten reicht dabei von Low-Level-Komponenten wie Funktionen, Makros oder Objekten bis hin zu High-Level-Abstraktionen wie Algorithmenschemata, Entwurfsstrukturen und Informationen über die Erstellung eines Software-Produkts. Das Spektrum der eingesetzten Wiederverwendungsmethoden umfaßt den Einsatz von Modul- und Klassenbibliotheken, Kombination von Programmkomponenten, Instanziierung von Algorithmenschemata, objektorientierte Methoden, anwendungsspezifische Programmgeneratoren mit Spezifikationssprachen, wiederverwendbare Software-Architekturen, sowie systematische Herstellungsprozesse für spezielle Anwendungen.

Der Begriff Software-Wiederverwendung wird hier nur im Zusammenhang mit dem eigentlichen Prozeß der Software-Entwicklung benutzt. Andere Autoren verwenden ihn auch für die Portierung von Programmen, Versionserstellung, gemeinsame Routinen in Programmfamilien sowie die wiederholte Nutzung von Algorithmen. Selbst im Bereich der Software-Wartung und des Reengineering wird von Wiederverwendung gesprochen [Küf94].

In [Kru92] wird eine umfassende Übersicht und Taxonomie der Wiederverwendungsmethoden angegeben. Der systematische Einsatz solcher Methoden vereinfacht den Software-Entwicklungsprozeß drastisch und erhöht gleichzeitig die Software-Qualitäten wie Zuverlässigkeit, Adaptierbarkeit und Effizienz. Bis heute gibt es jedoch keinen umfassenden systematischen Einsatz von Wiederverwendung.

In dem Status-Bericht zur Wiederverwendbarkeit [PD93] wird deutlich, daß die einzelnen Methoden zwar weitgehend beherrscht werden, die systematische Anwendung und Formalisierung von Wiederverwendung jedoch Gegenstand aktueller Forschung ist und umfassende Werkzeugsysteme weitgehend fehlen. Der Bericht untersucht verschiedene Sichtweisen zur Kategorisierung von Wiederverwendungsmethoden. Demnach kann man die Methoden unterscheiden nach dem Wesen der wiederverwendeten Teile (Ideen, Komponenten, Prozeduren), der Form der Wiederverwendung (vertikal, horizontal), des Verfahrens (geplant, ad-hoc), der Technik (Sammlung von Komponenten, generativ), der Verkapselung der Komponenten (black-box, white-box) und der Art der wiederverwendeten Produkte (Quellcode, Entwurf, Spezifikation, Objekt, Text, Architektur). Die hier beschriebenen Facetten der Software-Wiederverwendung werden in Kapitel 2.1.2 näher untersucht. Die Ergebnisse dieser Untersuchung sollen als Grundlage für den systematischen Einsatz von Wiederverwendung dienen.

2.1.1.3 Systematische Wiederverwendung

Existierende Modelle für den Software-Entwicklungsprozeß basieren in der Regel auf der Annahme, daß für jedes gegebene Problem jeweils eine separate Lösung entwickelt wird. Sie haben daher die Wiederverwendung von Software nicht unterstützt, sondern eher verhindert [BGT+94]. Dies führte dazu, daß die Wiederverwendung bisher nicht geplant wurde, sondern meistens ad hoc geschah. Wiederverwendung wurde als ein rein technisches Problem der Benutzung bereits vorhandener Software-Bausteine für weitere Anwendungen behandelt. Allein die Wiederverwendung vorhandener Bausteine ist allerdings noch nicht ausreichend, um von wiederverwendbarer Software zu sprechen; oftmals ist eine Modifikation der wiederverwendeten Komponenten erforderlich.

Die Wiederverwendung von Objekten kann die Wiederverwendung anderer Objekte einerseits direkt ermöglichen, wie z. B. die Wiederverwendung einer Software-Architektur direkt die Wiederverwendung von Code impliziert. Andererseits kann die Wiederverwendung einer Komponente, wie z. B. eines objekt-orientierten Entwurfs, aber auch die Wiederverwendung anderer Komponenten, z. B. Code-Modulen, die nach einer strukturierten Entwurfsmethode entwickelt wurden, erschweren. Die Wiederverwendbarkeit eines Objekts erfordert also das Wissen über den Kontext, in dem es wiederverwendet werden soll. Das hat zur Folge, daß die systematische Anwendung von Software-Wiederverwendung den Software-Entwicklungsprozeß dramatisch verändert.

Rombach und Schäfer fordern, daß ein wiederverwendungsbasierter Software-Entwicklungsprozeß sowohl die „Entwicklung für Wiederverwendung" als auch die „Entwicklung mit Wiederverwendung" unterstützen muß [RS94]. Die Entwicklung für Wiederverwendung umfaßt dabei die Extraktion von Software-Komponenten aus abgeschlossenen Projekten, die Qualifizierung der Komponenten, die Aufnahme der Komponenten in ein Repository, das Verpacken der Komponenten und Feedback-Mechanismen, um die Kriterien der Wiederverwendung zu verbessern. Entwicklung mit Wiederverwendung erfordert die Spezifikation der Wiederverwendungsbedürfnisse und das Auffinden von Kandidaten sowie die Auswertung, Modifikation und Integration der Komponenten.

Der in dieser Arbeit vorgestellte Ansatz unterstützt diese Aspekte durch die Existenz unterschiedlicher Rollen. In ihrem Modell des Software-Entwicklungsprozesses unter Berücksichtigung von Wiederverwendungsaspekten unterstreichen Basili und Rombach, daß das Aufbereiten von Erfahrungen für die Wiederverwendung als eigenständige Aufgabe des Software-Entwicklungsprozesses angesehen werden muß [BR88], für die ein Spezialist der Wiederverwendung von Beginn an am Prozeß beteiligt sein sollte [McC93].

Der Entwickler eines Werkzeugsystem ist als Experte für Software-Wiederverwendung in Zusammenarbeit mit Experten des Anwendungsgebiets dafür zuständig, eine wiederverwendbare anwendungsspezifische Software-Architektur zu entwickeln, wiederverwendbare Module in die Anwendungsbibliothek zu integrieren und einen wiederverwendbaren Herstellungsprozeß für den Anwendungsbereich zu modellieren. Kapitel 3 beschreibt dazu eine Vorgehensweise bei der Entwicklung für Wiederverwendung, deren erfolgreiche Anwendung in Kapiteln 4 und 5 demonstriert wird.

Der Benutzer eines Werkzeugsystems instanziiert die generischen Module aus der Anwendungsbibliothek und paßt sie durch die Bereitstellung der problemspezi-

2.1 SOFTWARE-WIEDERVERWENDUNG

fischen Komponenten an seine Anwendung an. Ein Konfigurierungsprogramm mit grafischer Oberfläche[1] unterstützt ihn bei der korrekten Spezifikation seines Problems und der Auswahl der benötigten Komponenten. Die Integration der wiederverwendeten Module mit den problemspezifischen Teilen wird dabei automatisch vom Werkzeugsystem geleistet. Die Automatisierung von Software-Wiederverwendungsmethoden durch ihre Integration in Werkzeuge unterstützt die Entwicklung mit Wiederverwendung.

2.1.1.4 Bereichsanalyse
Wiederverwendungsmethoden sind dann besonders wirksam anwendbar, wenn die Klasse der Anwendungsprobleme eingegrenzt werden kann und die grundlegenden Lösungsverfahren dafür wohlverstanden sind. Durch die Eingrenzung wächst die Möglichkeit, die Spezifikation des Anwenders automatisch in ein ausführbares System zu übersetzen (*ausführbare Spezifikationen*).

Eine Grundlage für den systematischen Einsatz von Wiederverwendungsmethoden in speziellen Anwendungsbereichen ist die Bereichsanalyse (*domain analysis*). Sie kann als eine Generalisierung der klassischen Systemanalyse für alle Systeme eines Anwendungsbereichs angesehen werden. Aus dem Studium existierender Systeme des Anwendungsbereichs und der Generalisierung gemeinsamer Charakteristika dieser Systeme wird ein Bereichsmodell gebildet. Die Durchführung einer Bereichsanalyse basiert auf der Vermutung, daß einerseits die wiederverwendbare Information vom Kontext abhängt, in dem sie benutzt wird, und andererseits der Problembereich hinreichend zusammenhängend und stabil ist [APD91].

Das Ergebnis ist eine Beschreibung der allgemein verwendeten Objekte und Operationen des Bereichs sowie ihrer Beziehungen untereinander, die zur Spezifikation eines Systems aus dem Bereich notwendig sind. Zur Bereichsanalyse wird Expertenwissen sowohl aus dem Anwendungsbereich als auch im Entwurf von Systemen mit Unterstützung systematischer Wiederverwendung benötigt [Fre87, Rad95].

Bereichsanalyse ist eine grundlegende Voraussetzung für die Entwicklung von Anwendungsgeneratoren [Cle88], da hier eine fest vorgegebene Struktur für alle Lösungen aus dem Anwendungsbereich vorausgesetzt wird, und damit das Expertenwissen über die Einteilung in feststehende und veränderliche Teile aller Anwendungen aus dem Bereich in das Werkzeug einfließt. Hier spielt das Ergebnis der Bereichsanalyse eine wesentliche Rolle für die Akzeptanz eines solchen Generators. Einerseits muß ein angemessenes Abstraktionsniveau für den Anwender gewährleistet sein, andererseits muß der Generator flexibel genug sein, um ein möglichst breites Spektrum von Anwendungen modellieren zu können.

---
[1] Der Begriff „Grafische Oberfläche" ist in diesem Zusammenhang eingeschränkt auf die Masken-orientierte Eingabe von Benutzerentscheidungen und -texten

Ein konkretes Vorgehensmodell für die Bereichsanalyse nach [Ara94] wird in Kapitel 3.3.1 vorgestellt.

2.1.1.5 Bibliotheksgesichtspunkte, weitere Aspekte Abschließend werden hier noch einige andere Aspekte der Wiederverwendung kurz erläutert, die in dieser Arbeit nicht ausgiebig untersucht werden. So sind Bibliotheksgesichtspunkte wie Klassifizierung, Suche und Dokumentation von Komponenten kritisch für die Akzeptanz einer Wiederverwendungstechnik. Diese hängen im wesentlichen von den Abstraktionen der Software-Komponenten ab. Größere Bibliotheken führen nicht zwangsläufig zu mehr Wiederverwendung. Eine Bibliothek mit wenigen Komponenten, die gut aufeinander abgestimmt sind, und deren Architektur so entworfen ist, daß zusätzliche Funktionalitäten, die nicht durch die Bibliothek abgedeckt sind, leicht hinzugefügt werden können, gewährleistet eine leichtere Handhabung der Komponenten [PDF87]. Eine wesentliche Rolle spielt dabei ein einheitlicher Sprachgebrauch von Bibliotheksanwendern, den Entwicklern der Bibliothekskomponenten und dem Anbieter der Bibliothek, der die Klassifizierung der Komponenten vornimmt. Die Auswahl der benötigten Module kann in meinem Ansatz dadurch, daß allen Lösungen die gleiche anwendungsspezifische Software-Architektur zugrundeliegt, aufbauend auf einer geeigneten Charakterisierung des Problems weitgehend automatisiert werden.

Schließlich spielen auch nicht-technische Faktoren wie Management (Einführung geeigneter Betriebsstrukturen), Ökonomie (Kosten-/Nutzenrechnung nach wirtschaftswissenschaftlichen Gesichtspunkten), Kultur, Psychologie (Vertrauen in fremde Komponenten) und rechtliche Aspekte (Copyright für wiederverwendbare Objekte) bei der Software-Wiederverwendung eine Rolle.

2.1.2 Facetten der Wiederverwendung

Die folgende Einteilung in konzeptionell unabhängige Facetten [PD93] stellt die verschiedenen Gesichtspunkte der Wiederverwendung dar (Tabelle 1). Die Facetten zeigen unterschiedliche Charakterisierungsmöglichkeiten für Wiederverwendungsansätze auf und können somit zur Klassifizierung verschiedener Ansätze herangezogen werden. Die Elemente der Facetten stehen dabei für den Einsatz verschiedener Wiederverwendungstechniken. Im folgenden werden die einzelnen Einträge der Tabelle kurz erläutert.

Bei der Frage, *was* wiederverwendet wird, werden nicht nur Komponenten z. B. einer Funktionsbibliothek betrachtet, sondern auch Ideen und Konzepte. Ein Beispiel hierfür sind generische Algorithmen, die eine Lösungsidee für verschiedene Anwendungskontexte instanziierbar machen. Darüber hinaus entsteht bei

2.1 SOFTWARE-WIEDERVERWENDUNG

was?	wo?	Verfahren	Technik	Kapselung	Produkt
Ideen Konzepte	vertikal	geplant systematisch	zusammensetzend	black-box unverändert	Quellcode
Komponenten	horizontal	ad hoc zufällig	generativ	white-box verändert	Objekt
Prozesse Fähigkeiten					Entwurf
					Architektur
					Spezifikation
					Testplan
					Text

Tabelle 1: Facetten der Software-Wiederverwendung

der Entwicklung komplexer Software-Systeme ein umfangreiches Expertenwissen über den Herstellungsprozeß. Dieses Wissen kann in anwendungsspezifischen Prozeßmodellen zusammengefaßt werden und bietet so ein enormes Wiederverwendungs-Potential.

Abhängig davon, in welchem Bereich (*wo*) Komponenten wiederverwendet werden, unterscheidet man zwischen horizontaler und vertikaler Wiederverwendung. Die horizontale Wiederverwendung ist anwendungsunabhängig, d. h. die Komponenten werden möglichst allgemein entworfen, damit sie in vielen unterschiedlichen Anwendungsbereichen einsetzbar sind. Die vertikale Wiederverwendung dagegen ist auf einen Anwendungsbereich eingeschränkt, d. h. , daß die Komponenten passend zur mehrfachen Verwendung innerhalb eines speziellen Anwendungsbereichs entworfen werden.

Die weiteren Spalten in der Tabelle befassen sich mit der Frage *wie* wiederverwendet wird. Das *Verfahren* beschreibt, wie die Wiederverwendung in den Gesamtprozeß der Software-Entwicklung eingebunden wird. Die heutzutage meistens praktizierte ad-hoc-Wiederverwendung findet individuell statt und die benutzten Komponenten sind nicht speziell für die Wiederverwendung entworfen worden. Die geplante Wiederverwendung ist voll in den gesamten Software-Entwicklungsprozeß integriert. Es gibt Richtlinien und fest definierte Vorgehensweisen für die Entwicklung wiederverwendbarer Software innerhalb des Prozesses. Die geplante Wiederverwendung soll in diesem Projekt realisiert werden.

Bei der *Technik* unterscheidet man zwischen zusammensetzender und generativer Wiederverwendung. Mit zusammensetzender Wiederverwendung ist die (möglicherweise werkzeugunterstützte) Komposition von Programmen aus mehreren Bausteinen gemeint. Beispiele hierfür sind die Benutzung vorhandener Klassenbibliotheken in der objektorientierten Programmierung oder der Einsatz existierender *Unix*-Kommandos zur Definition neuer Kommandos. Die generative Wiederverwendung basiert auf der automatischen Umsetzung bestimmter Sprachelemente in Elemente niedrigerer Abstraktionsebenen mit Hilfe von Bausteinen. Dieser Ansatz ist besonders mächtig, wenn er auf einen speziellen Anwendungsbereich angepaßt ist und die Eingabe für das generierende Werkzeug auf einer hohen Spezifikationsebene erfolgen kann. Dabei können die Ergebnisse der Bereichsanalyse in eine anwendungsspezifische Spezifikationssprache einfließen.

Bei der black-box-*Kapselung* werden die Komponenten unverändert wiederverwendet. Dadurch werden die Verläßlichkeit und die Qualität der benutzten Komponenten garantiert. Andererseits ist die unveränderte Wiederverwendbarkeit von Komponenten bei diesem Ansatz ziemlich eingeschränkt. Im Gegensatz dazu ist bei der white-box-Wiederverwendung die Modifikation bzw. Anpassung erlaubt, so daß die Komponenten allgemeiner verwendbar sind. Die Grenzen zwischen diesen beiden Varianten sind fließend. So wird z. B. die angestrebte black-box-*Kapselung* in objekt-orientierten Sprachen durch das Vererbungskonzept aufgelockert.

Schließlich können noch verschiedene *Produkte* wiederverwendet werden. Über die Wiederverwendung von Quellcode und Objekten hinaus, können auch Texte, Testpläne, Spezifikationen und Entwürfe wiederverwendet werden. Besonders effektiv ist die Wiederverwendung von Software-Architekturen, die für spezielle Anwendungsbereiche ein Modell der Problemzerlegung angeben.

Obwohl alle Facetten der Wiederverwendung prinzipiell orthogonal sind, gibt es doch Korrelationen zwischen einzelnen Elementen unterschiedlicher Facetten. So erfordert geplante Wiederverwendung eine hohe Start-Investition, die sich erst durch oftmalige Wiederverwendung rentiert. Sie wird oft von Unternehmen in speziellen Projekt- oder Anwendungsbereichen realisiert, wodurch eine Korrelation zwischen geplanter Wiederverwendung und vertikaler Wiederverwendung zu begründen ist. Ein starker Zusammenhang besteht auch zwischen generativer und vertikaler Wiederverwendung sowie zwischen zusammensetzender und horizontaler Wiederverwendung.

Im folgenden wird die Code-Wiederverwendung, als am weitesten verbreitete Methode der Wiederverwendung an zwei bekannten Beispielen demonstriert. Die Vorstellung einiger Ansätze von Software-Wiederverwendung auf einer höheren Abstraktionsebene folgt anschließend in Kapitel 2.2.

2.1.2.1 *LEDA* als Beispiel horizontaler Wiederverwendung

LEDA ist eine *C++*-Bibliothek von Datentypen und Algorithmen, die bei der Lösung kombinatorischer Probleme benötigt werden. Diese werden in einer für Nicht-Experten benutzbaren Form zur Verfügung gestellt. Das Spektrum reicht dabei von einfachen Datentypen (z. B. Vektoren) über Basisdatentypen (Keller),

Prioritätsschlangen und Wörterbücher bis hin zu Graphen und Komponenten für Anwendungen aus der zweidimensionalen Geometrie (Punktmengen). Für jede Komponente wird eine kurze, allgemeine abstrakte Spezifikation angegeben [MN89, Näh93].

LEDA enthält effiziente Implementierungen für alle Datentypen. Die Komponenten der *LEDA*-Bibliothek sind so allgemein definiert, daß sie in einem breiten Spektrum von verschiedenen Anwendungen – z. B. Visualisierung geometrischer Algorithmen(GeoMAMOS) oder Entwicklung von Algorithmen zur Bestimmung optimaler Routen in Eisenbahnlinien (OptiLRV) – verwendet werden können. Die Benutzung der *LEDA*-Bibliothek ist also offensichtlich unabhängig vom Anwendungsgebiet, so daß man von horizontaler Wiederverwendung reden kann.

Gegenstand der Wiederverwendung in *LEDA* sind Quellcode und Objekte (im objekt-orientierten Sinn). Zur Realisierung der Wiederverwendung kommen in *LEDA* daher bekannte objekt-orientierte Techniken auf Programmiersprachebene (*C++*) zum Einsatz.

Bei einer wachsenden Bibliothek von grundlegenden abstrakten Datentypen und Algorithmen wie *LEDA* spielen auch Bibliotheksgesichtspunkte eine große Rolle, da das Auffinden durch die Vielfalt nicht miteinander zusammenhängender Komponenten erschwert wird.

2.1.2.2 *Motif* als Beispiel vertikaler Wiederverwendung

Motif ist eine auf dem X-Window-System aufbauende Software-Umgebung für die Entwicklung grafischer Benutzungsschnittstellen. Den Kern bildet das *Motif*-Toolkit, das eine Sammlung von Grundelementen für Anwendungen aus diesem Bereich zur Verfügung stellt. Der Einsatz dieses Toolkits ist notwendig, da im Gegensatz zu zeichenorientierten Oberflächen grafische Schnittstellen wesentlich komplizierter zu programmieren sind und aufgrund der direkten Manipulation von Schnittstellen-Objekten eine andere Programmstruktur erfordern [Ber91, GKKZ92].

Das *Motif*-Toolkit stellt dem Benutzer grafische Dialogobjekte (*Widgets*) zur Verfügung, die zur Realisierung einer grafischen Oberfläche benötigt werden, also z. B. Push-Buttons, Menüs, u. v. m. . Die Widgets werden mit der zugrundeliegenden Anwendung durch sog. *Callback*-Funktionen verknüpft, die aufgerufen werden, sobald das entsprechende Widget von der Oberfläche aktiviert wird, also z. B. ein Pushbutton gedrückt wird. Widgets desselben Typs werden in Klassen zusammengefaßt, die eine Hierarchie bilden. Alle Klassen dieser Hierarchie wurden speziell für den Einsatz im Bereich der Entwicklung grafischer Benutzungsoberflächen entworfen.

Im Gegensatz zu *LEDA* basiert *Motif* also auf einer speziell für den Anwendungsbereich der Entwicklung grafischer Benutzungsoberflächen entworfenen Klassenhierarchie, so daß hier der Ansatz der vertikalen Wiederverwendung zugrunde liegt. Gegenstand der Wiederverwendung sind hier wie bei *LEDA* Code und Objekte, die hier allerdings in Form von Bibliotheken von Funktionen und Ressource-Definitionen zur Verfügung gestellt werden.

Da *Motif* eine anwendungsspezifische Umgebung ist, sind die wiederverwendbaren Komponenten spezieller als bei *LEDA*. Durch die Spezialisierung sind die Schnittstellen der einzelnen Klassen genau auf die Benutzung in grafischen Oberflächen angepaßt und somit wird potentiell die Wiederverwendung innerhalb dieses Bereichs erleichtert. Als Grundlage für diese Spezialisierung dient die Bereichsanalyse, die ein Modell für den Anwendungsbereich liefert und dadurch die erwarteten Anwendungsmöglichkeiten der einzelnen Komponenten spezifiziert.

2.2 Andere Wiederverwendungsansätze

Dieses Kapitel beschreibt andere Ansätze der Wiederverwendung von Komponenten einer höheren Abstraktionsebene. Es stellt die Ansätze der Skelette aus dem Bereich der funktionalen Programmierung sowie Entwurfsmuster und Frameworks aus dem Bereich der objekt-orientierten Programmierung vor.

Nach einer Erklärung des jeweiligen Konzepts werden die verschiedenen Ansätze bezüglich der zugrundeliegenden Sprache, der eingesetzten Engineering-Methoden und der unterstützten Anwendungen untersucht. Anschließend folgt eine Einordnung der Ansätze bezüglich der Klassifizierung von Prieto-Díaz.

Abschließend vergleiche ich die vorgestellten Ansätze mit meinem Ansatz.

2.2.1 Skelette

Funktionale Skelette sind Funktionen höherer Ordnung mit eingebautem parallelen Verhalten, die allgemein verwendete Parallelisierungsmuster repräsentieren. Sie unterstützen strukturiertes paralleles Programmieren durch Komposition und Koordination verteilter Aktivitäten. Sie sind üblicherweise datenparallel und abstrahieren sowohl von der Datenpartitionierung und -umverteilung als auch von parallelen Berechnungen. Basierend auf dem Koordinationssprachen-Modell [GC92], in dem parallele Programme aus einem Berechnungs- und einem Koordinationsmodell zusammengesetzt werden, schlagen Darlington et al. [DGTY95b, DGTY95a] Skelette als Koordinationssprache zur Programmierung paralleler Architekturen vor. Zusammen mit einer imperativen Programmierspra-

2.2 ANDERE WIEDERVERWENDUNGSANSÄTZE

che X, in der die sequentiellen Komponenten beschrieben werden, wird daraus ein Gerüst zur strukturellen parallelen Programmierung $SPP(X)$ entwickelt.

Durch den engen Zusammenhang mit dem Modell der Datenparallelität beschränken sich Skelette bisher im wesentlichen auf Berechnungen mit verteilten Feldern, obwohl prinzipiell auch Operationen auf anderen Datentypen denkbar wären. Es werden dabei im wesentlichen drei Typen von Skeletten unterschieden. Konfigurationsskelette realisieren die Anordnung und (dynamische) Verteilung der Daten, wobei $SPP(X)$ sich an den Datenverteilungsdirektiven von *High Performance Fortran* orientiert. Elementare Skelette ermöglichen datenparallele Berechnungen auf verteilten Feldern. Ein Beispiel hierfür ist das *(i)map*-Skelett zur Anwendung einer (indexabhängigen) Funktion auf alle Elemente eines Feldes. Dazu gehören auch Skelette zur regulären (*broadcasting*) und zur irregulären Kommunikation (*send,fetch*). Schließlich beschreiben Berechnungsskelette parallele Berechnungsmuster. Sie können zusammengesetzt werden, um die Kontrollstruktur paralleler Prozesse zu beschreiben. Beispiele dafür sind das *SPMD*-Skelett (Single Program Multiple Data), das die Berechnung in Runden durch die Verwendung einer Barrier-Synchronisation realisiert, sowie Skelette zur Ausführung von Schleifen.

Das Beispiel in Abbildung 1 demonstriert die Definition eines allgemeinen Schleifenskeletts in $SPP(X)$. Das IterUntil-Skelett definiert ein Muster zur wieder-

```
IterUntil IterSolve FinalSolve Con x
= if Con x
  then FinalSolve x
  else IterUntil IterSolve FinalSolve Con (IterSolve x)
```

Abbildung 1: Schleifenskelett

holten Anwendung einer Funktion IterSolve auf einen Ausdruck x. Die Schleife wird abgebrochen, wenn der Ausdruck die durch die Funktion Con definierte Bedingung erfüllt. Das Ergebnis der Schleifenausführung wird durch die abschließende Anwendung der Funktion FinalSolve definiert. Bei der Benutzung des Skelettes können die aufgerufenen Funktionen in der Sprache X, also z.B. in *Fortran*, definiert werden.

Die Definition der Kommunikationsstruktur zweier Algorithmen zur Matrix-Multiplikation mit Hilfe der Koordinationssprache zeigt, daß durch Verallgemeinerung der Struktur das Abstraktionsniveau erhöht werden kann, indem ein allgemeines Skelett für eine Klasse von parallelen Algorithmen zur Matrixmultiplikation definiert wird [DGTY95b]. Um dieses Skelett zu benutzen, muß der Anwender eine initiale Datenverteilungs- und eine Datenumverteilungsfunktion definieren.

Lokale Berechnungen, wie z. B. die Multiplikation der Teilmatrizen auf einem Prozessor, können in einer imperativen Programmiersprache formuliert werden. Das gesamte $SPP(Fortran)$-Programm kann dann in ein $Fortran$-Programm mit Anbindung einer Bibliothek für Kommunikationsroutinen wie *MPI* transformiert werden. Dabei können zur Optimierung Transformationen zur Verbesserung der Datenverteilung und Interprozeßkommunikation durchgeführt werden.

Skelette können als Werkzeuge zur Entwicklung funktionaler paralleler Programme angesehen werden, die von grundlegenden Problemen der parallelen Programmierung, wie Datenverteilung, abstrahieren. Es können Anknüpfungspunkte an in einer imperativen Programmiersprache geschriebene sequentielle Programmteile definiert werden. Die Skelette dienen dabei als strukturierte Koordinationssprache zur Beschreibung der Architektur des parallelen Programms. Um dies zu erreichen, werden polymorphe Funktionen höherer Ordnung mit eingebautem parallelen Verhalten eingesetzt, die im allgemeinen Funktionen als Parameter und als Ergebnis haben. Dabei wird das Modell der Datenparallelität zugrunde gelegt. Der Anwender der $SPP(X)$-Methode muß die Koordination der Komponenten des datenparallelen Programms in funktionaler Schreibweise angeben. Dabei kann er Funktionen aufrufen, die in einer imperativen Sprache wie z. B. *Fortran* formuliert werden können. Durch die Zusammenfassung von Algorithmen mit ähnlichen Koordinationsmustern kann er das Abstraktionsniveau erhöhen, indem er neue Skelette definiert. Als Anwendungsgebiet von Skeletten wurden bisher im wesentlichen datenparallele Berechnungen auf verteilten mehrdimensionalen Feldern untersucht. Somit sind Skelette besonders für Probleme aus der Numerik oder der grafischen Datenverarbeitung geeignet.

Eine Variante dieses Ansatzes ist die Integration von Skeletten in eine imperative Programmiersprache (*Skil*), die u. a. um Konzepte wie Funktionen höherer Ordnung, Currying, partielle Anwendung von Funktionen und ein polymorphes Typsystem erweitert wird [BK96]. Auch hier werden Berechnungen auf verteilten Feldern unterstützt, die als Datentypen in die Sprache integriert sind. Die Sprache vereinigt Konzepte von imperativen und funktionalen Programmiersprachen. Die Benutzung eines Skelettes kann in diesem Kontext wie ein Funktionsaufruf verstanden werden. In diesem Fall dienen die Skelette als Bausteine für parallele Anwendungen. Der Schwerpunkt liegt auch hier auf datenparallelen Skeletten, obwohl prinzipiell auch prozeßparallele Skelette in die Sprache integriert werden könnten. Es werden Skelette zur Konstruktion von verteilten Feldern, Berechnungen auf ihnen und zur Kommunikation zwischen ihnen definiert. Ihre Anwendung wird am Beispiel der Matrixmultiplikation und eines Monte-Carlo-Algorithmus zur Lösung von partiellen Differentialgleichungen demonstriert. Durch die Integration der Skelette in die Sprache wird eine verbesserte Effizienz im Vergleich zu $SPP(X)$ erreicht. Durch die Definition von Skeletten für dynamische Datenstruk-

2.2 ANDERE WIEDERVERWENDUNGSANSÄTZE

turen können mit *Skil* auch irreguläre Probleme gelöst werden, was am Beispiel der „adaptive multigrid"-Methoden demonstriert wird [BK95].

Bezüglich der Klassifizierung nach Prieto-Díaz ist diese Methode zu charakterisieren als zusammensetzende horizontale Wiederverwendung. Die wiederverwendeten Komponenten sind dabei Funktionen höherer Ordnung. Man kann in diesem Sinne auch von Wiederverwendung von Code für funktionale Programme sprechen.

2.2.2 Entwurfsmuster

Ein Entwurfsmuster [CS95, GHJV95, Pre95] oder Entwurfsschema [Lub91] kapselt die Erfahrungen beim Entwurf einer objekt-orientierten Lösung eines allgemeinen Problems in einem vorgegebenen Kontext. Dadurch erlaubt es die Wiederverwendung von Entwurfsentscheidungen. Im Vergleich zur Wiederverwendung von Code und Objekten birgt die Wiederverwendung auf Entwurfsebene ein weitaus höheres Potential.

Entwurfsmuster spiegeln immer wiederkehrende Entwurfsstrukturen wie z. B. Programmierdialekte [Cop92], Client-Server Systeme oder Model-View-Controller zur Entwicklung von Benutzungsschnittstellen in Smalltalk-80 wider. Die Entwurfsmuster sind keine High-Level-Beschreibungen, aus denen automatisch Code generiert wird. Vielmehr entsteht durch die konsequente Anwendung fest vorgegebener standardisierter Muster beim Entwurf von Software-Systemen ein einheitliches Vokabular. Dabei ist es wichtig, daß die Anzahl der verwendeten Muster möglichst klein bleibt.

Gamma et al. stellen in [GHJV95] einen allgemein anerkannten Katalog von Entwurfsmustern für die objekt-orientierte Programmierung vor. Jedes dieser Muster ist eine Beschreibung von kommunizierenden Objekten und Klassen, die auf die Lösung eines allgemeinen Entwurfsproblems in einem besonderen Kontext zugeschnitten sind. Der Katalog ist auf vierundzwanzig Muster beschränkt, um eine Überschwemmung mit zu vielen Begriffen zu vermeiden. Da die Entwurfsstrukturen explizit benannt werden, können die Software-Entwickler über Entwurfsstrukturen und -absichten miteinander kommunizieren. Die Informationen über getroffene Entwurfsentscheidungen bleiben damit erhalten.

Den Entwurfsmustern liegen zwei grundlegende Prinzipien des wiederverwendbaren objekt-orientierten Entwurfs zugrunde. Zunächst sollten alle Unterklassen grundsätzlich die Schnittstelle der vererbenden (abstrakten) Klasse übernehmen, so daß alle Unterklassen Anforderungen an die abstrakte Klasse erfüllen können. Dadurch können Anwender Objekte benutzen, ohne ihre speziellen Typen und die Klassen, die sie implementieren, zu kennen. Dieser Grundsatz, immer mit

Blick auf die Schnittstelle und nicht mit Blick auf die Implementierung zu programmieren, reduziert die Implementierungsabhängigkeiten zwischen Teilsystemen wesentlich.

Das zweite grundlegende Prinzip besteht darin, Beziehungen zwischen Objekten weitgehend durch Objekt-Komposition statt durch Vererbung zu realisieren. Damit wird mehr Funktionalität durch die Zusammensetzung von Objekten erzielt. Sie ist nur anwendbar, wenn die beteiligten Objekte wohldefinierte Schnittstellen haben. Es handelt sich hierbei um black-box-Wiederverwendung, da keine internen Details über die Objekte bekannt sind, während bei der Vererbung white-box-Wiederverwendung in dem Sinne vorliegt, daß die Unterklassen oft die Interna der vererbenden Klasse kennen. Vererbung kann durch eine spezielle Art der Komposition, die Delegation, ersetzt werden. Hierbei wird eine Anforderung an ein Objekt, statt sie wie bei der Vererbung an die Vaterklasse weiterzureichen, an ein in diesem Objekt gekapseltes Objekt gesendet. Ein wesentlicher Unterschied liegt darin, daß die Vererbung statisch ist, während die Objekt-Komposition durch die Laufzeit-Bindung dynamisch ist.

Diese beiden grundlegenden Prinzipien finden sich in allen Entwurfsmustern wieder. Die Konzentration auf diese beiden Prinzipien resultiert aus der Tatsache, daß die Autoren Kapselung und Polymorphie als die wesentlichen Eigenschaften der objekt-orientierten Programmentwicklung in den Vordergrund stellen. Sie stehen damit im Gegensatz zu anderen Autoren, die Klassen und Vererbung als die wesentlichen Merkmale ansehen.

Zur Vereinheitlichung der verschiedenen Muster werden alle Muster nach einer vorgegebenen Schablone (Tabelle 2) beschrieben. Damit ist die Information einheitlich strukturiert, womit Entwurfsmuster leichter erlernbar, vergleichbar und damit benutzbar werden.

Name	erklärender Name
Absicht	kurze Beschreibung des Musters, Zweck
Motivation	motivierendes Szenario
Anwendbarkeit	Umstände, in denen das Muster angewendet werden kann
Struktur	grafische Repräsentation, OMT-Notation
Teilnehmer	beteiligte Objekte/Klassen und ihre Verantwortlichkeiten
Zusammenarbeit	Kooperation der Teilnehmer
Konsequenzen	Nutzen, Verantwortlichkeit, trade-offs
Implementierung	Fallen, Techniken, sprachspezifische Details
Beispielcode	ausgearbeitetes Beispiel in *C++* oder *Smalltalk*
Anwendungen	Beispiele von Benutzungen in existierenden Systemen
Verwandte Muster	Diskussion anderer, verwandter Muster

Tabelle 2: Schablone zur Beschreibung von Entwurfsmustern

2.2 ANDERE WIEDERVERWENDUNGSANSÄTZE

Die Entwurfsmuster lassen sich in drei Kategorien unterteilen. Verhaltensmuster charakterisieren, wie Klassen oder Objekte sich gegenseitig beeinflussen und ihre Verantwortlichkeiten untereinander aufteilen. Sie beschreiben die Kommunikation zwischen Objekten und den komplexen Kontrollfluß. Strukturmuster beschreiben die Komposition von Klassen oder Objekten. Dabei benutzen Klassenmuster Vererbung, um Schnittstellen oder Implementierungen zusammenzusetzen, während Objektmuster Objekte mit neuer Funktionalität erzeugen. Erzeugungsmuster behandeln den Prozeß der Erzeugung von Objekten. Sie machen Systeme unabhängig von der Erzeugung und Repräsentation der beteiligten Objekte, indem sie den Instanziierungsprozeß an andere Objekte delegieren.

Für eine genauere Beschreibung von Entwurfsmustern sei hier auf [Eil97] verwiesen. Dort werden auszugsweise Beispiele aus dem Katalog von Entwurfsmustern von Gamma et al. vorgestellt.

Entwurfsmuster sind sprachunabhängig. Es werden für jedes Muster Beispielimplementierungen z. B. in *C++* oder *Smalltalk* angegeben. Basierend auf den Konzepten der Kapselung sowie Polymorphie und dynamischer Bindung beschreiben Entwurfsmuster kommunizierende Objekte und Klassen. Die wesentlichen zugrundeliegenden Methoden bei der Definition eines Musters sind Objekt-Komposition bzw. Delegation und abstrakte Kopplung. Im Gegensatz zu dem in dieser Arbeit verfolgten Ansatz wird aus einem Entwurfsmuster nicht automatisch Code generiert. Stattdessen dient ein Entwurfsmuster als Vorlage für die Lösung eines Entwurfsproblems, wobei Anleitungen zur Implementierung des Musters unter Berücksichtigung bestimmter Randbedingungen gegeben werden. Allgemeine Entwurfsmuster können prinzipiell bei der Entwicklung jedes objekt-orientierten Systems eingesetzt werden. Sie können z. B. bei der Entwicklung von Frameworks (s. Kapitel 2.2.3) benutzt werden. Der Ansatz erlaubt es aber auch, anwendungsspezifische Muster zu definieren, die speziell für die Anforderungen bei der Entwicklung von Systemen innerhalb eines Anwendungsbereichs konzipiert sind. Obwohl Entwurfsmuster bisher nur für die Entwicklung objekt-orientierter Systeme eingesetzt werden, ist es durchaus vorstellbar, diesen Ansatz auch für andere Paradigmen einzusetzen.

Der Ansatz kann als zusammensetzende Wiederverwendung von Entwurf kategorisiert werden. Während die Benutzung von Entwurfsmustern im allgemeinen als horizontale Wiederverwendung eingestuft werden kann, kann durch die Definition von anwendungsspezifischen Mustern auch vertikale Wiederverwendung unterstützt werden.

2.2.3 Frameworks

Ein Framework ist ein wiederverwendbarer objekt-orientierter abstrakter Entwurf, der als Gerüst für eine Familie von Problemen aus einem bestimmten Anwendungsbereich verwendet werden kann [JF91, GHJV95, Pre95]. Solange Klassen als alleinstehend betrachtet werden, sind sie nicht besonders sinnvoll. Erst die enge Anbindung an andere Klassen macht sie sinnvoll einsetzbar. Aufbauend auf diesem Prinzip besteht ein Framework aus Gruppen von zusammengehörigen abstrakten und konkreten Klassen. Es beschreibt eine Architektur, indem es die Zusammenarbeit und die Verantwortlichkeiten der Klassen definiert und so die Anwendungsstruktur und den Kontrollfluß festlegt. Durch dieses Clustering wird die Wiederverwendbarkeit größerer Bauteile ermöglicht.

Durch die Definition von abstrakten Klassen, die als Anknüpfungspunkte (*hot spots*) dienen, kann es für ein spezielles Problem instanziiert und damit an benutzerspezifische Anforderungen angepaßt werden. Dazu werden die entsprechenden abstrakten Klassen von erbenden Unterklassen verfeinert und Framework-Klassen miteinander kombiniert. Eigene Klassen können außer durch direkte Vererbung von abstrakten Klassen des Frameworks auch durch Verwendung des Adapter-Musters [GHJV95] an das Framework angeschlossen werden.

Der Framework-Ansatz basiert auf der Tatsache, daß der Entwurf der Schnittstelle und die funktionale Zusammensetzung von Modulen die Schlüsselfaktoren der Software-Erstellung sind [Küf94]. Neben der internen Schnittstelle, die die Verbindung zu den Unterklassen einer speziellen Anwendung beschreibt und unverändert wiederverwendet wird, definiert ein Framework eine standardisierte Kommunikations-Schnittstelle für alle Probleme aus dem Anwendungsbereich. Diese läßt sich um die Dienste, die von den verfeinerten Unterklassen angeboten werden, erweitern. Der Ansatz gibt einen Entwurf zur Einbindung von Modulen in eine OO-Software-Architektur vor. Wesentliche Konzepte bei der Entwicklung von Frameworks sind ein einheitliches Datenmodell, eine standardisierte Anwendungsstruktur sowie die Möglichkeit, anwendungsspezifische Aktionen mit abstrakten Benutzerinteraktionen zu verbinden [ZN96]. Datenkapselung, funktionale Ähnlichkeit und Lokalität fördern die Modularität und die Strukturierung des Entwurfs.

Der Ansatz hängt unmittelbar mit dem objekt-orientierten Programmierparadigma zusammen. Die Benutzung eines Frameworks ist daher an den Einsatz einer speziellen objekt-orientierten Programmiersprache gebunden, während der hier verfolgte Ansatz völlig sprachunabhängig ist. Der Ansatz kann beschrieben werden als die Definition einer Software-Architektur mit einer standardisierten Kommunikations-Schnittstelle, die durch Vererbung an spezielle Anforderungen angepaßt werden kann. Um das Framework flexibel, d. h. unabhängig von den anwendungsspezifischen Unterklassen formulieren zu können, wird das Konzept der Polymorphie in objekt-orientierten Sprachen eingesetzt. Durch die dynamische Bindung wird die Entscheidung, welche konkrete Methode aufgerufen wird, auf die Laufzeit verschoben. Ein Framework ist ein wiederverwendbarer Entwurf für einen speziellen Anwendungsbereich. Durch die Abhängigkeit von objekt-orientierten Konzepten bieten sich als Einsatzgebiete alle Anwendungsbereiche an, für die das objekt-orientierte Programmierparadigma besonders geeignet ist. Die Definition von Frameworks hat sich vor allem im Anwendungsbereich der Entwicklung grafischer Benutzeroberflächen als nützlich erwiesen, was Systeme wie $ET++$ [Gam92] und $GraphFrame$ [ZN96] demonstrieren. Die Methode ist jedoch auch auf andere Anwendungsbereiche übertragbar. Ein Beispiel dafür ist das Framework RTL zur Entwicklung von Code-Optimierern in Übersetzern [JLM92]. Die beteiligten Klassen beschreiben in diesem Fall einerseits das zu übersetzende Programm und andererseits die durchzuführenden Transformationen.

Bezüglich der Kategorisierung nach Prieto-Díaz ist dieser Ansatz als geplante vertikale Wiederverwendung in Form von Design und Code mit zusammensetzender Technik aufzufassen.

Obwohl Frameworks mit Entwurfsmustern verwandt sind, gibt es doch einige Unterschiede. Frameworks werden typischerweise als Klassenbibliotheken angesehen, während Entwurfsmuster Entwurfsideen dokumentieren. Frameworks sind im Gegensatz zu den implementierungsunabhängigen Entwurfsmustern an eine spezifische Repräsentation gebunden. Entwurfsmuster beschreiben Lösungen für immer wiederkehrende Entwurfsprobleme auf einer niedrigeren Abstraktionsebene als Frameworks. Daher können die einem Framework zugrundeliegenden Ideen oft mit Hilfe von Entwurfsmustern ausgedrückt werden.

2.2.4 Einordnung

Im folgenden werden die vorgestellten Ansätze im Zusammenhang mit meiner Arbeit eingeordnet. Mein Ansatz unterscheidet sich von den vorgestellten Ansätzen dadurch, daß systematisch das gesamte Spektrum der Software-Wiederverwendungsmethoden eingesetzt wird. Außerdem unterstützen die anderen Ansätze nicht die Konfigurierung von Software mit Hilfe grafischer Oberflächen. Zusätzlich ergeben sich folgende Zusammenhänge.

Skelette sind vergleichbar mit den von mir vorgestellten Algorithmenschemata. Sie sind jedoch auf den Bereich der funktionalen Programmierung beschränkt und haben sich bisher nur für datenparallele Anwendungen, insbesondere mit verteilten Feldern, bewährt. Sie sind unabhängig vom Anwendungsbereich und der Ansatz beschäftigt sich nicht mit dem Herstellungsprozeß von Software.

Entwurfsmuster und Frames wurden bisher nicht speziell im Hinblick auf die Probleme der parallelen Programmierung hin untersucht. Der Ansatz, größere zusammenhängende Entwurfsstrukturen zu einer wiederverwendbaren Einheit zusammenzufassen, wird hier allerdings auch verfolgt. Solche Strukturen werden im weiteren Teil dieser Arbeit als anwendungsspezifische Software-Architekturen bezeichnet.

Entwurfsmuster haben nicht das Ziel, den Software-Herstellungsprozeß zu automatisieren, sondern Entwurfshinweise für die Entwicklung von objekt-orientierten Anwendungen und das Vokabular zur Kommunikation darüber zu liefern. In meinem Ansatz dagegen ist das Entwurfswissen im System verborgen. Der Anwender soll kein komplettes Software-System entwerfen, sondern nur die problemspezifischen Komponenten einbringen. Entwurfsmuster können allerdings beim Entwurf der Systemkomponenten eingesetzt werden.

Frameworks hängen stark mit dem objekt-orientierten Programmierparadigma zusammen. Ein Framework definiert eine anwendungsspezifische objekt-orientierte Software-Architektur, die durch objekt-orientierte Konzepte wie Vererbung und Polymorphie für ein Problem spezialisiert werden kann. Der Herstellungsprozeß wird nicht explizit modelliert und die Integration generierender Werkzeuge ist nicht vorgesehen. Die Wiederverwendung ist im Gegensatz zu meinem Ansatz an eine bestimmte Repräsentation gebunden.

Die Einschränkung auf das objekt-orientierte Paradigma macht diese beiden Ansätze hier nicht direkt anwendbar, da einerseits die hier eingesetzten Engineering-Methoden unabhängig von einem Programmiermodell sein sollen, und andererseits keine allgemein für verschiedene parallele Architekturen einsetzbaren Entwurfsumgebungen existieren, die auf dem objekt-orientierten Paradigma beruhen.

2.3 Wiederverwendung im Anwendungsbereich Sprachimplementierung

In diesem Kapitel wird am Beispiel des Anwendungsbereichs „Sprachimplementierung" demonstriert, daß Wiederverwendung besonders dann systematisch in den Software-Entwicklungsprozeß integriert werden kann, wenn die Klasse der Anwendungsprobleme eingeschränkt werden kann.

Das Eli-System [WHK88, GHL+92, Kas93] ist ein Beispiel für ein Werkzeugsystem, das für diesen Anwendungsbereich nahezu das gesamte Spektrum der Wiederverwendungsmethoden systematisch einsetzt. Es macht aktuelles Know-How der Übersetzerkonstruktion durch eine Vielzahl wirkungsvoll verknüpfter Werkzeuge verfügbar und gibt dem Benutzer so die Möglichkeit, sein Problem auf

2.3. WIEDERVERWENDUNG/SPRACHIMPLEMENTIERUNG

einer hohen Abstraktionsebene zu beschreiben und aus der Spezifikation einen ausführbaren Übersetzer generieren zu lassen.

Aus den Spezifikationen des Anwenders — wie z.B. einer Syntaxbeschreibung in Form von kontextfreien Grammatiken oder Instanziierung generischer Module der Bibliothek — und der Angabe des gewünschten Endprodukts — wie ausführbares Programm oder Ausgabe aller Quelldateien — berechnet Eli automatisch alle Schritte, die zur Herstellung des Produkts nötig sind. Der komplexe Herstellungsprozeß mit allen möglichen Varianten zur Erzeugung von Produkten ist in das System integriert und wird bei jeder Anwendung von Eli wiederverwendet. Die dabei anfallenden Zwischenprodukte werden gespeichert, so daß sie nur dann neu berechnet werden müssen, wenn sich die Werkzeuge, die sie erzeugt haben, oder deren Eingabedaten verändert haben. Die Anwendungsweise von Eli wird schematisch in Abbildung 2 dargestellt.

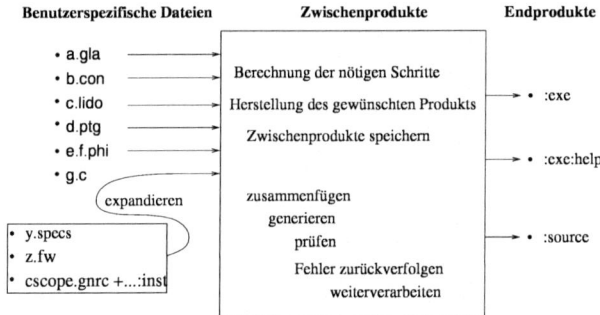

Abbildung 2: Übersetzer-Entwicklungsumgebung Eli

Elis Modulbibliothek ist so entworfen, daß die Komponenten unabhängig von der Sprache, in der sie beschrieben sind, beliebig zusammengesetzt werden können. Dieses Prinzip ist nur realisierbar, weil die Modulbibliothek anwendungsspezifisch ist, und daher jede Komponente ganz speziell auf ihr Zusammenwirken mit anderen Moduln aus dem Bereich der Sprachimplementierung angepaßt ist.

Auch der Einsatz vieler generierender Werkzeuge in Eli ist nur dadurch möglich, daß der Anwendungsbereich sehr gründlich erforscht ist. Dabei steht nicht nur die Generierung des Codes aus abstrakten Beschreibungen (z.B. kontextfreie Grammatiken/Parser, reguläre Ausdrücke/Scanner) im Vordergrund. Der Einsatz der Werkzeuge wird auch durch die sorgfältige Abstimmung der Schnittstellen zwischen den generierten Komponenten (z.B. zwischen Parser und Scanner) unterstützt.

28   2. STAND DER FORSCHUNG

Im folgenden wird die systematische Umsetzung von Wiederverwendungs-Methoden in Eli anhand von Beispielen erläutert. Die ersten beiden Beispiele demonstrieren den Zusammenhang zwischen vertikaler Wiederverwendung und generativer bzw. Prozeß-Wiederverwendung. Das letzte Beispiel zeigt, wie auch zusammensetzende Wiederverwendung in einem anwendungsspezifischen System systematisch eingesetzt werden kann.

2.3.1   Beispiele für generative Wiederverwendung

Generatoren erlauben die Beschreibung von Eigenschaften eines bestimmten Problems auf einer relativ hohen Spezifikationsebene. Diese Beschreibungen sind oft deklarativ, so daß sich der Anwender keine Gedanken mehr darüber machen muß, wie die Lösung des Problems aussieht, sondern nur noch darüber, wie es beschrieben wird.

Der Einsatz von Generierungswerkzeugen ist eine sehr mächtige Wiederverwendungsmethode. Sie ist umso wirksamer, je enger der Bereich der Anwendungen eingeschränkt ist. Einerseits können dadurch effizientere Lösungen generiert werden, weil die Randbedingungen besser abgegrenzt werden können. Andererseits wird die Benutzung vereinfacht, weil die Spezifikationssprache auf einige wenige Konzepte beschränkt werden kann und damit der Anwender seine Probleme in einer speziell auf den Anwendungsbereich angepaßten Terminologie beschreiben kann. Je besser dieser Anwendungsbereich erforscht ist, desto mehr Wissen über mögliche Lösungen kann in die Generierungswerkzeuge einfließen.

In Eli werden generierende Werkzeuge für verschiedene Teilaufgaben der Sprachimplementierung eingesetzt (Abbildung 3). Der Scannergenerator *GLA* erzeugt aus einer Beschreibung der Grundsymbole einer Sprache in Form von regulären Ausdrücken einen Scanner und eine eindeutige Kodierung der definierten Grundsymbole. Der Parsergenerator *COLA* erhält als Eingabe eine kontextfreie Grammatik, die die Struktur der Sprache beschreibt, überprüft, ob diese einer bestimmten Grammatikklasse (LALR(1)) angehört, und erzeugt gegebenenfalls einen Parser. Die Schnittstellen sind dabei so aufeinander abgestimmt, daß die in der *GLA*-Spezifikation definierten Grundsymbole als Terminale der Grammatik verwendet werden können. Schließlich generiert *LIGA* aus einer attributierten Grammatik für eine Sprache einen Attributauswerter, der z. B. die semantische Analyse und die Ausgabe in die Zielsprache steuert. Zusätzlich sind in Eli noch weitere generierende Werkzeuge für spezielle Aufgaben wie z. B. *PTG* für strukturierte Ausgabe integriert.

2.3. WIEDERVERWENDUNG/SPRACHIMPLEMENTIERUNG 29

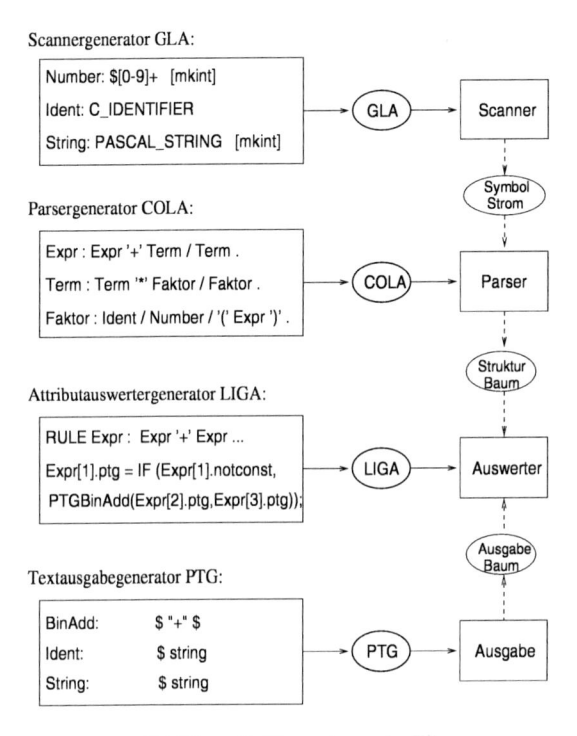

```
Scannergenerator GLA:

Number: $[0-9]+ [mkint]
Ident: C_IDENTIFIER
String: PASCAL_STRING [mkint]

Parsergenerator COLA:

Expr : Expr '+' Term / Term .
Term : Term '*' Faktor / Faktor .
Faktor : Ident / Number / '(' Expr ')' .

Attributauswertergenerator LIGA:

RULE Expr :  Expr '+' Expr ...
Expr[1].ptg = IF (Expr[1].notconst,
PTGBinAdd(Expr[2].ptg,Expr[3].ptg));

Textausgabegenerator PTG:

BinAdd:     $ "+" $
Ident:      $ string
String:     $ string
```

GLA → Scanner → Symbol Strom → COLA → Parser → Struktur Baum → LIGA → Auswerter → Ausgabe Baum → PTG → Ausgabe

Abbildung 3: Generatoren in Eli

2.3.2 Ein Beispiel für Prozeß-Wiederverwendung

Übersetzer sind komplexe Software-Systeme und mit ihrer Entwicklung ist demzufolge ein komplexer Herstellungsprozeß verbunden. Dieser Prozeß erfordert viele Fähigkeiten, die von der Identifikation der zugrundeliegenden Software-Architektur, der daran beteiligten Objekte und ihrer Beziehungen zueinander, bis hin zum Einsatz geeigneter Werkzeuge reicht. Durch die Erzeugung vieler unterschiedlicher Varianten von Programmen, die Teilprobleme der Übersetzung lösen, wird der Prozeß zusätzlich kompliziert. Das dabei erworbene Wissen birgt ein enormes Wiederverwendungs-Potential, insbesondere dann, wenn es zu einer vollständigen Automatisierung des Herstellungsprozesses für alle möglichen Varianten herangezogen werden kann.

Die Grundlage für die Wiederverwendung des Herstellungsprozesses in Eli ist das Werkzeugkontrollsystem *Odin*. *Odin* unterstützt die Integration von Werkzeugen in ein Werkzeugsystem und die Verwaltung aller Zwischenobjekte, die von den Werkzeugen bei der Erzeugung eines vom Anwender geforderten Produkts entstehen (Kapitel 2.5).

Als Beispiel für die Wiederverwendung des Herstellungsprozesses in Eli wird hier der Einsatz des *Maptools* bei der Konstruktion von Übersetzern beschrieben (Abbildung 4). Eine attributierte Grammatik beschreibt Berechnungen im abstrakten Strukturbaum, die zur Analyse des Programms nötig sind. Um einen korrekten Strukturbaum aufbauen zu können, muß Eli die Regeln der kontextfreien Grammatik, die den syntaktischen Aufbau eines Programms beschreiben, auf die Regeln der abstrakten Grammatik, die den Aufbau des Strukturbaums beschreiben, abbilden können. Das *Maptool* sammelt alle Fragmente der konkreten und der abstrakten Grammatik und fügt gegebenenfalls neue Regeln zur Vervollständigung beider Grammatiken ein, so daß diese Abbildung definiert werden kann. So unterstützt das *Maptool* den Herstellungsprozeß von Parser und Attribut-Auswerter sowie die Realisierung der Schnittstelle zwischen diesen Modulen.

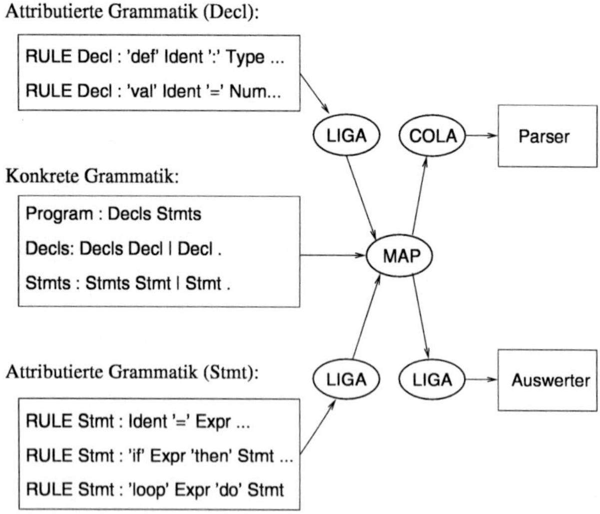

Attributierte Grammatik (Decl):

```
RULE Decl : 'def' Ident ':' Type ...
RULE Decl : 'val' Ident '=' Num...
```

Konkrete Grammatik:

```
Program : Decls Stmts
Decls: Decls Decl | Decl .
Stmts : Stmts Stmt | Stmt .
```

Attributierte Grammatik (Stmt):

```
RULE Stmt : Ident '=' Expr ...
RULE Stmt : 'if' Expr 'then' Stmt ...
RULE Stmt : 'loop' Expr 'do' Stmt
```

LIGA → COLA → Parser
MAP
LIGA → LIGA → Auswerter

Abbildung 4: Herstellungsprozeß in Eli

Außer der Vermeidung unnötiger Schreibarbeit ermöglicht dieses Vorgehen dem Anwender eine inkrementelle Entwicklung der Syntax und der attributierten Grammatik. Die Funktionalität des *Maptools* ermöglicht zwei unterschiedliche Herangehensweisen bei der Sprachimplementierung. Der Anwender kann einer-

2.3. WIEDERVERWENDUNG/SPRACHIMPLEMENTIERUNG

seits ausgehend von einer gegebenen kontextfreien Grammatik schrittweise die Attributierung entwickeln. Andererseits kann er bei der Entwicklung einer neuen Sprache zunächst die gewünschten Konzepte beschreiben, bevor er die konkrete Syntax spezifiziert. Dabei ist es möglich, daß je nach der Art des angeforderten Produkts nur Teile des Übersetzers generiert werden, die für die gewünscht Aufgabe erforderlich sind. So können z. B. Syntaxchecker oder Analyseprogramme erzeugt werden, die nur bestimmte Teilaspekte einer Sprache – wie Anwendungen und Definitionen von Variablen – untersuchen.

2.3.3 Ein Beispiel für zusammensetzende Wiederverwendung

Ein Beispiel für die zusammensetzende Wiederverwendung in Eli ist die Modulbibliothek. Jedes Modul enthält eine komplette Spezifikation zur Lösung eines speziellen Teilaspekts der Sprachimplementierung. Die Module sind so entworfen, daß sie flexibel miteinander kombiniert werden können, so daß der Anwender sie als Bausteine bei der Lösung komplexer Probleme einsetzen kann. Die meisten Module sind generisch instanziierbar, so daß das gleiche Modul zur Lösung mehrerer ähnlicher Aufgaben innerhalb eines Übersetzers eingesetzt werden kann. Die Strukturierung der Modulbibliothek nach Problemfeldern und ihre Integration in Eli erleichtern das Auffinden und die Instanziierung der gewünschten Module.

Das folgende Beispiel zeigt, wie die Modulbibliothek zur Namensanalyse von Programmiersprachen eingesetzt werden kann. Das Ziel der Namensanalyse ist die Identifikation der im Eingabeprogramm auftretenden Bezeichner, so daß die angewandten Auftreten von Bezeichnern ihren Definitionsstellen zugeordnet werden können. Zusätzlich können weitere Spracheigenschaften wie mehrfache Definitionen von Bezeichnern, angewandte Auftreten vor definierenden Auftreten u. ä. untersucht werden. Jedes der dazu notwendigen anwendungsspezifischen Module behandelt eine bestimmte Aufgabe der Namensanalyse, indem es Berechnungen für die zur Lösung der Aufgabe eingesetzten Konzepte bereitstellt. Der Anwender übernimmt die Abbildung der Abstraktionen seiner Sprachimplementierung auf die Konzepte des Bibliotheksmoduls. Die einzelnen Module sind dabei so aufeinander abgestimmt, daß sie beliebig miteinander kombiniert werden können.

Als Beispiel für die Anwendung eines solchen Bibliotheksmoduls wird hier das **AlgScope**-Modul beschrieben (Abbildung 5). Dieses Modul behandelt die konsistente Umbenennung von Variablen nach den Algol-Gültigkeitsregeln. Dazu wird jeder Variablen ein eindeutiger Schlüssel zugeordnet. Die an der Lösung beteiligten Konzepte sind definierende und angewandte Auftreten von Bezeichnern, geschachtelte Umgebungen sowie eine ausgezeichnete Umgebung, die die Wurzel des Umgebungsbaums darstellt. Das Modul stellt also die zur konsistenten Umbenennung in den beteiligten Kontexten notwendigen Berechnungen zur Verfügung,

2. STAND DER FORSCHUNG

so daß der Anwender nur noch die Abbildung der Konstrukte seiner abstrakten Grammatik auf die Konstrukte des Moduls leisten muß. So deklariert er z. B. die Definitionsstellen von Typen und Variablen als definierende Auftreten von Bezeichnern sowie Prozeduren, Module und Programme als Umgebungen, wobei das Programm die Wurzelumgebung darstellt. Der Einsatz des Moduls erlaubt es ihm, in allen weiteren Berechnungen im Kontext von definierenden und angewandten Auftreten von Bezeichnern das vom Modul zur Verfügung gestellte Schlüsselattribut zu verwenden. Abbildung 5 verdeutlicht die Zuordnung der Konstrukte durch identische Schattierungen.

Modulbibliothek

Modul AlgScope (Algol Scope Rules):
- Definierendes Auftreten
- Angewandtes Auftreten
- Umgebung
- Wurzel-Umgebung

Modul Unique (Keine Mehrfachdefinitionen):
- Eigenschaft eines Objekts
- Kontext
- Umgebung

Modul SetFirst (Definition vor Anwendung):
- Eigenschaft eines Objekts
- Kontext
- Umgebung

Anwender

Program : Decls Modules Procs ...
Procedure: Decls Stmts ..
Module: Export Implementation ...
Decl : 'def' Defldent '=' UseType ..
Stmt : Useldent '=' Expr ...

DefType
DefIdent
DefPoint
Key

UseType
UseIdent
Key
Coordinates

DefUnique
DefPoint

Proc
Module
Program

Legende

| Eigenschaft / Nichtterminal | Attribut | hat Eigenschaft ---------▶ | ist Voraussetzung ────▶ |

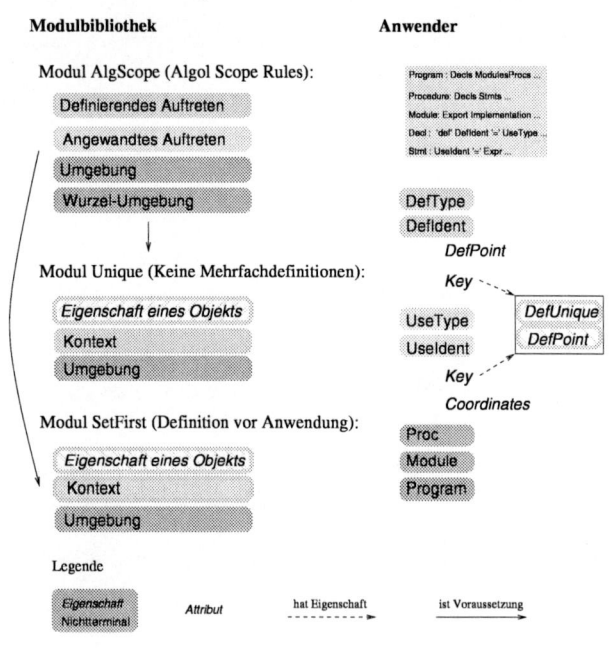

Abbildung 5: Eli-Modulbibliothek

Die Verfügbarkeit des Schlüsselattributs ermöglicht die Anwendung weiterer Bibliotheksmodule, die die Analyse zusätzlicher Spracheigenschaften im Zusammenhang mit Definitions- und Anwendungsstellen von Bezeichnern realisieren. So überprüft das Modul **Unique**, ob ein durch ein Schlüssel identifiziertes Objekt innerhalb einer Umgebung mehrfach in einem bestimmten Grammatik-Kontext definiert wird. Dieses Modul kann also zur Analyse von Mehrfachdefinitionen eingesetzt werden, indem der Anwender alle Definitionsstellen von Bezeichnern als zu überprüfende Grammatik-Kontexte angibt. Das Modul liefert als Ergebnis in den entsprechenden Kontexten die Berechnungen für ein Attribut, das angibt, ob ein Bezeichner mehrfach definiert wurde. Auf ähnliche Weise kann das Bibliotheksmodul **SetFirst** benutzt werden, um zu analysieren, ob innerhalb einer Umgebung ein Bezeichner vor seiner Definition angewandt wird. So kann der Anwender allein durch die Verwendung der drei genannten Bibliotheksmodule vollständig die Gültigkeitsregeln der Sprache Pascal beschreiben, ohne diese selbst in Form von Regeln einer attributierten Grammatik zu spezifizieren.

Die Benutzung der Eli-Bibliotheksmodule verbessert die Adaptierbarkeit von Benutzer-Spezifikationen durch den Einsatz vorgefertigter Lösungen. Die genaue Untersuchung des Problembereichs Namensanalyse führt zu einer Klassifizierung der Bibliotheksmodule, die dem Anwender den Zugriff auf die benötigten Bibliothekskomponenten erleichtert. Diese Eigenschaften sind nur durch die Spezialisierung der Bibliotheksmodule auf den eingegrenzten Anwendungsbereich der Sprachimplementierung erreichbar. Die Bibliotheksmodule sind so entworfen worden, daß sie speziell als Bausteine innerhalb der bereichsspezifischen Software-Architektur (*Domain Specific Software Architecture, DSSA*) von Eli-generierten Sprachprozessoren eingesetzt werden können.

2.4 Wiederverwendung bei der Entwicklung paralleler Programme

Parallele Programme für den praktischen Einsatz werden heute noch als Speziallösungen für die Anwendung jeweils weitgehend neu entwickelt, weil die existierenden Werkzeuge den Entwurfsprozeß nicht ausgehend von einer anwendungsnahen Problemformulierung unterstützen. Diese Arbeit zeigt eine Vorgehensweise zur Entwicklung eines Werkzeugsystems, das das Expertenwissen in speziellen Bereichen der parallelen Programmierung verfügbar macht. Anwender, die keine Experten im Bereich der parallelen Programmierung sind, werden damit in die Lage versetzt, durch Angabe von Spezifikationen auf der Abstraktionsebene ihres Anwendungsbereichs weitgehend automatisch vollständige parallele Programme konfigurieren zu lassen und diese unter Kontrolle des Werkzeugsystems ausführen zu lassen. Für diese Bereiche werden Bibliotheken mit wiederverwendbaren anwendungsspezifischen Komponenten entwickelt und in das Werkzeugsystem integriert. Dabei werden verschiedene Zielsysteme unterstützt, um für den speziellen Anwendungsbereich Konzepte zu abstrahieren und systematische Lösungstechniken herauszuarbeiten. Dies soll durch den systematischen Einsatz von Wiederverwendungsmethoden erreicht werden.

In diesem Kapitel werden die zusätzlichen Probleme beschrieben, die sich bei der Wiederverwendung im Bereich der Entwicklung von parallelen im Gegensatz zu sequentiellen Programmen ergeben. Dazu wird zunächst der derzeitige Stand der

Entwicklung paralleler Programme und die daraus resultierenden Anforderungen an die Wiederverwendbarkeit beschrieben. Anschließend wird der konkrete Einsatz von Wiederverwendungstechniken an ausgewählten Beispielen aus dem Bereich der parallelen Programmierung demonstriert.

2.4.1 Entwicklung paralleler Programme

Dieser Abschnitt zeigt die Besonderheiten, die sich bei der Entwicklung paralleler Programme im Vergleich zu sequentiellen Programmen ergeben. Dazu werden zunächst Klassifizierungskriterien für verschiedene Parallelitätsmodelle angegeben. Dann wird das zusätzliche Expertenwissen, das der Entwickler eines parallelen Programms benötigt, und die sich daraus ergebenden Konsequenzen für die Wiederverwendung aufgezeigt.

2.4.1.1 Parallelitätsmodelle Ein Hauptproblem bei der Software-Wiederverwendung im Zusammenhang mit der parallelen Programmierung ist die Existenz vieler verschiedener Parallelrechner-Architekturen und damit verbunden unterschiedlicher algorithmischer Modelle für Parallelität. So existiert zwar jeweils ein großer Fundus von parallelen Algorithmen für die einzelnen Modelle, die Lösungen sind aber nicht ohne weiteres auf andere Modelle übertragbar. Außerdem müssen Algorithmen, die in allgemeineren Parallelitätsmodellen – wie dem *PRAM*-Modell – formuliert sind, für die es keine direkt entsprechenden Hardware-Architekturen gibt, erst auf einem zur Verfügung stehenden Parallelrechner implementiert werden. Dazu ist außer dem Expertenwissen aus dem Anwendungsbereich auch Expertenwissen im Bereich der parallelen Programmierung notwendig.

Die verschiedenen Parallelrechner-Architekturen können nach folgenden Kriterien klassifiziert werden:

> **Speicher:** Bezüglich der Speicherverteilung kann man grob zwei Arten von Parallelrechnern unterscheiden. Im Fall des gemeinsamen Speichers (*shared memory*) greifen die Prozessoren über einen zentralen Routingmechanismus auf den gemeinsamen Speicher zu. In diesem Fall spricht man von *Multiprozessorsystemen*.
> Bei verteiltem Speicher (*distributed memory*) verfügt jeder Prozessor über seinen eigenen lokalen Speicherbereich. Der Datenaustausch und die Synchronisation werden dann über Botschaften zwischen den Prozessoren realisiert. Solche Systeme werden als *Multicomputer* bezeichnet.

2.4. WIEDERVERWENDUNG/PARALLELE PROGRAMMIERUNG 35

Kontrollstrategie: Die Taxonomie von Flynn [Fly66, Dun90] unterscheidet Rechnerarchitekturen dahingehend, ob die Prozessoren gleichzeitig verschiedene Instruktionen bzw. verschiedene Daten verarbeiten können. Die für die Parallelverarbeitung entscheidenden Klassen sind die *SIMD-(Single Instruction Multiple Data)* und die *MIMD-(Multiple Instruction Multiple Data)* Architekturen. Bei *SIMD*-Architekturen führen alle Prozessoren die gleiche Operation auf verschiedenen Daten aus. Sie sind deshalb besonders gut für datenparallele Anwendungen geeignet. Im *MIMD*-Modell dagegen bearbeiten alle Prozessoren verschiedene Daten mit unterschiedlichen Operationen. Die *SISD*-Klasse deckt die klassischen sequentiellen Architekturen ab, während der Klasse *MISD* keine praktische Bedeutung zukommt.

Die Klassen *SPMD(Single Program Multiple Data)* und *MPMD(Multiple Program Multiple Data)* verfeinern das *MIMD*-Modell bezüglich der Instruktionen, die jeder Prozessor ausführt. Der Unterschied besteht hier darin, daß bei *SPMD*-Architekturen alle Prozessoren das gleiche Quellprogramm bearbeiten, während bei *MPMD*-Architekturen jeder Prozessor ein anderes Programm ausführen kann. In beiden Fällen kann dabei das Verhalten einzelner Prozessoren durch Fallunterscheidungen über eine eindeutige Prozessoridentifikation gesteuert werden.

Takt: Ein weiteres Unterscheidungsmerkmal bildet der Takt. Der Takt hängt eng mit der Kontrollstrategie zusammen. Er kann sowohl gemeinsam als auch verteilt realisiert werden. Ein gemeinsamer Takt ist eine Voraussetzung für *SIMD*-Architekturen. Dabei können die einzelnen Takte als gemeinsame Synchronisationspunkte bei der Programmierung ausgenutzt werden. Bei *MIMD*-Rechnern ist der Takt im allgemeinen verteilt. Eine Ausnahme bilden die *VLIW*-Rechner (Very Long Instruction Word).

Kommunikationsstrategie: Schließlich kann man noch Kommunikationsstrategien bei verschiedenen Architekturen unterscheiden. Bei der asynchronen Kommunikation arbeitet der sendende Prozeß direkt nach Absenden der Daten weiter. Bei der synchronen Kommunikation hingegen wird der sendende Prozeß solange blockiert, bis der empfangende Prozeß die Daten empfangen hat. Die Kommunikationsstrategie hat einen starken Einfluß auf die Implementierung paralleler Programme. So muß z. B. die Synchronisation zwischen sendendem und empfangendem Prozeß, die mit der synchronen Kommunikation automatisch einhergeht, bei der asynchronen Kommunikation explizit durch Bestätigungsprotokolle ausprogrammiert werden.

Skalierung und Topologie: Ein wesentliches Merkmal zur Unterscheidung verschiedener Architekturen ist die Anzahl der Prozessoren sowie die Struktur des Verbindungsnetzwerks, d. h. wie die Prozessoren über Kommunikationsleitungen miteinander verbunden sind. Diese Topologie bestimmt wesentlich die Kosten für die Kommunikation der Prozessoren untereinander. Um Daten zwischen Prozessoren auszutauschen, die nicht direkt miteinander verbunden sind, werden sog. Router eingesetzt, die die Daten nach vorgegebenen Strategien über Wege im Prozessorfeld vom Start- zum Zielprozessor versenden. Dabei ist zu beachten, daß einerseits die Wege nicht zu lang werden, andererseits aber auch keine Datenstaus an einzelnen Knoten auftreten.

Im folgenden werden zwei Architekturen, die wir im Rahmen einer Projektgruppe als Implementierungsplattformen eingesetzt haben, bezüglich dieser Klassifizierung untersucht. Die Klasse der *MasPar*-Rechner kann demnach wie folgt beschrieben werden [Nic90, NK93]: Es handelt sich dabei um Rechner der *SIMD*-Klasse mit gemeinsamen Takt und dementsprechend synchroner Kommunikation, die sowohl mit verteiltem Speicher als auch mit einem gemeinsamen Speicherbereich ausgestattet sind. Die Anzahl der Prozessoren, die durch eine Gitter-Topologie miteinander verbunden sind, reicht dabei von 1024 bis 16384. Transputer-Netze [SHH94] hingegen sind nach dem *MIMD*-Modell mit verteiltem Speicher, verteiltem Takt und synchroner Kommunikation aufgebaut. Während beim *SC-320* die Topologie flexibel einstellbar ist, sind andere Architekturen wie der *GC-el 1024* und der *GC-PP* gitterförmig aufgebaut. Die Anzahl der Prozessoren ist dabei variabel. Im Gegensatz zu diesen beiden Architekturen mit eng gekoppelten Prozessoren stehen die Workstation-Cluster mit lose gekoppelten Prozessoren. Die Kommunikation wird hier in der Regel über standardisierte Bibliotheken mit Routinen zur Kommunikation über Botschaften wie PVM [GBD+93] oder MPI [Hem94, DOSW96] realisiert.

Aus den verschiedenen Parallelrechner-Architekturen ergeben sich direkt unterschiedliche algorithmische Parallelitätsmodelle, die jeweils möglichst eng an die zugrundeliegende Hardware angepaßt sind und somit nach den gleichen Kriterien klassifiziert werden können. Als weiteres Merkmal kann hier noch die Granularität betrachtet werden. Sie sagt aus, auf welchem Niveau die Parallelisierung formuliert wird. Während die *MasPar*-Rechner sehr feingranulare Parallelität auf der Ebene von Maschinenoperationen unterstützen, sind Transputer-Netze ein Beispiel für ein grobgranulares Modell, in dem Parallelität auf der Ebene von Prozessen ausgedrückt wird und in der Regel große Datenblöcke kommuniziert werden.

Außerdem gibt es algorithmische Parallelitätsmodelle, die zwar eine Formulierung von Algorithmen auf einem hohen Niveau zulassen, die aber nicht ohne weiteres auf einem realen Parallelrechner zur Ausführung gebracht werden können, wie das *PRAM*-Modell [ZK93] und seine Varianten. Für diese Modelle gibt es zwar viele theoretisch effiziente Algorithmen und Lösungstechniken [GR88, JáJ92], deren Umsetzung in lauffähige parallele Programme aber oft mit erheblichen Effi-

2.4. WIEDERVERWENDUNG/PARALLELE PROGRAMMIERUNG   37

zienzverlusten einhergeht oder praktisch nicht realisierbar ist. So werden solche Algorithmen häufig so idealisiert formuliert, daß sie eine zur Lösung des Problems besonders geeignete Topologie voraussetzen. Zumindest bei Architekturen, die nicht frei konfigurierbar sind, muß die Topologie der Lösung dann noch auf die Topologie des Parallelrechners abgebildet werden (*mapping*). In jedem Fall muß die Topologie der Lösung auf dem Parallelrechner simuliert werden, wenn die Skalierung des Problems nicht mit der Skalierung der Maschine übereinstimmt.

Das „Basel Algorithm Classification Scheme" [BKG+93] versucht, parallele Algorithmen nach den Charakteristika der Algorithmen- und Rechnermodelle zu klassifizieren. Es beruht auf dem Ansatz der Orthogonalität von Berechnungen und Koordination. Dabei werden Aspekte der Portabilität mit dem Prinzip der algorithmischen Wiederverwendbarkeit verbunden, indem eine Bibliothek von Algorithmengerüsten für die Koordination zur Verfügung gestellt wird. Andrews [And91] arbeitet Lösungsschemata und Paradigmen der parallelen Programmierung heraus, verfolgt allerdings nicht das Ziel, die Lösungen in Bibliotheken praktisch verfügbar zu machen.

Ausgehend von den verschiedenen Modellen von Parallelrechnern und algorithmischen Parallelitätsmodellen gibt es viele parallele Sprachen, die das jeweils zugrundeliegende Modell propagieren. Die Hauptkonzepte der Sprache Occam-2 sind z. B. verteilte Prozesse und Punkt-zu-Punkt-Kommunikation zwischen den Prozessoren über Kanäle [INM88]. Die Sprache unterstützt so das Programmiermodell der *Communicating Sequential Processes* [Hoa85] und ist damit z. B. zur Programmierung von Transputer-Netzwerken einsetzbar. Modula-2* [TH90] hingegen unterstützt die Programmierung mit orthogonalen Prozeß- und Datenstrukturen. Solche Sprachen sind gut einsetzbar für *SIMD*-Architekturen, die das Modell der Datenparallelität propagieren wie z. B. die *MasPar*. Die Bibliotheken *PVM* [GBD+93] und *MPI* [Hem94, DOSW96] basieren auf dem Programmiermodell der Kommunikation durch Botschaften. Da beide es erlauben, eine heterogene Menge von Prozessoren als eine virtuelle Maschine zu programmieren, sind sie besonders geeignet für die Programmierung von Workstation-Clustern. Mit *LINDA* [Gel85, GC92] wird ein universelles semantisches Modell (Tupelraum) angeboten, das abgegrenzt ist und im Prinzip auf beliebige Sprachen aufgesetzt werden kann. Allerdings sind hier die charakteristischen sprachlichen Konstrukte für parallele Programmierparadigmen nicht direkt verfügbar, sondern werden vom Programmierer in geeignete Operationen auf dem Tupelraum transformiert.

Alle diese Sprachen erlauben zwar eine effiziente Abbildung des parallelen Programms auf die Architektur des Parallelrechners, wobei eine teilweise Abstraktion der Skalierung vom Übersetzer geleistet werden kann. Sie abstrahieren jedoch nicht vom Maschinenmodell. Dadurch wird der Entwickler eines parallelen Programms zur Lösung eines speziellen Problems zusätzlich mit der Aufgabe

38 2. STAND DER FORSCHUNG

konfrontiert, sich das Wissen über das von der eingesetzten Sprache propagierte Maschinenmodell anzueignen.

Eine weitere Gefahr besteht darin, daß selbst Entwickler mit Erfahrungen in der Erstellung paralleler Programme durch den Einsatz einer neuen Programmiersprache einen Paradigmenwechsel vollziehen müssen.

2.4.1.2 Entwicklungsschritte bei der parallelen Programmierung Im Vergleich zur Entwicklung sequentieller Programme, wo mit dem von-Neumann-Modell ein einheitliches Maschinen- und Programmiermodell zugrundeliegt, erschwert die Vielfalt der Modelle und die enge Anlehnung der Programmiersprachen an diese Modelle die Software-Wiederverwendung im Bereich der parallelen Programmierung drastisch. Bei der Entwicklung sequentieller Programme liegen einfache Klassenbibliotheken mit effizienten Lösungsvarianten wie die objektorientierte Programmbibliothek *LEDA* (Kapitel 2.1.2) prinzipiell in einer für alle sequentiellen Architekturen wiederverwendbaren Form vor. Hingegen hat die Nicht-Existenz systematischer Wiederverwendung im Bereich der parallelen Programmierung zur Folge, daß jeder Entwickler eines parallelen Programms sich zusätzlich zum Expertenwissen aus seinem Anwendungsbereich ein sehr tiefgehendes Wissen über die Entwicklung paralleler Programme aneignen muß.

Das zusätzliche Wissen, das bei der Erstellung paralleler Programme im Vergleich zu sequentiellen Programmen erforderlich ist, wird im folgenden anhand der Probleme, die in den Software-Entwicklungsphasen auftreten, kurz erläutert.

Die Anforderungsanalyse erfordert ein tiefgehendes Verständnis des Anwendungsbereichs. Hier ist noch kein zusätzliches Wissen über parallele Programmierung notwendig. Der Systementwurf liefert als Ergebnis eine Systemarchitektur, wozu bei der sequentiellen Programmierung das vorhandene Wissen über anwendungsspezifische Architekturen eingesetzt werden kann. Bei der parallelen Programmierung kommt hier die Aufgabe hinzu, das Gesamtsystem in sequentiell und parallel auszuführende Komponenten zu zerlegen. Dazu muß der Entwickler untersuchen, welche Teile des Programms sich gut parallelisieren lassen, und welche Teile eher eine sequentielle Lösung implizieren. Der Modulentwurf liefert schließlich die zur Lösung der auftretenden Teilprobleme einzusetzenden Algorithmen. Zusätzlich zu den in der sequentiellen Programmierung eingesetzten Methoden und Algorithmen wird hier bei der Entwicklung paralleler Programme das Wissen über das zugrundeliegende algorithmische Parallelitätsmodell sowie die dafür bekannten parallelen Algorithmen und deren Programmierung benötigt.

Die Modulimplementierung liefert als Ergebnis die Kodierung der im Modulentwurf benutzten Algorithmen in einer Hochsprache. Weil diese Sprache bei der Entwicklung sequentieller Programme in der Regel portabel ist, können die Modulimplementierungen direkt wiederverwendet werden. Die notwendigen Voraussetzungen des Entwicklers beschränken sich in diesem Fall auf die Fähigkeit, Algorithmen in einer – meist weit verbreiteten – Programmiersprache wie C oder $C++$ formulieren zu können. Die Implementierung von Modulen für parallele Programme erfordert zusätzlich den Einsatz paralleler Programmiersprachen. Da diese Sprachen weniger standardisiert und auf die zugrundeliegenden Parallelitätsmodelle zugeschnitten sind, müssen sich die Entwickler paralleler Programme hier zusätzliches Wissen aneignen. Die Aufgabe wird oft weiter dadurch kompliziert, daß die Lösung des Problems auf die maschinenspezifische Skalierung angepaßt werden muß.

Bei der Modulvalidierung muß der Entwickler schließlich die Techniken des parallelen Debuggings von Programmen und der damit verbundenen Probleme beherrschen. Durch den oft mit parallelen Programmen einhergehenden Nichtdeterminismus wird diese Aufgabe zusätzlich erschwert. Bei der Systemintegration und -validierung muß der Entwickler eines sequentiellen Programms die Schnittstellen und die Struktur des Gesamtsystems kennen, um die Module zu einem Gesamtprogramm zusammenfügen zu können. Bei der Entwicklung paralleler Programme kommt hier das Wissen über die parallele Konfiguration des Gesamtsystems hinzu.

Da die zusätzlichen Anforderungen bei der Entwicklung paralleler Programme jeweils stark vom zugrundeliegenden Parallelitätsmodell abhängen, muß der Entwickler bei einem Wechsel des Parallelitätsmodells sich das dazu nötige Expertenwissen jeweils neu aneignen. Ein solcher Wechsel des Modells ist in der sequentiellen Programmierung ungefähr vergleichbar mit einer Umstellung vom imperativen auf das funktionale Programmierparadigma.

2.4.1.3 Wiederverwendung bei der parallelen Programmierung
Die zusätzlichen Anforderungen in den einzelnen Phasen der Software-Entwicklung führen schließlich auch dazu, daß sich der gesamte Herstellungsprozeß für parallele Programme im Vergleich zur Entwicklung sequentieller Programme unterscheidet. Dieser Herstellungsprozeß bietet einen wesentlichen Ansatzpunkt für die systematische Wiederverwendung für Anwendungsgebiete der parallelen Programmierung.

Bei der Entwicklung sequentieller Programme können durch den Einsatz portabler Programmiersprachen altbewährte Wiederverwendungstechniken wie Programmgeneratoren, Programmrahmen und Modulbibliotheken eingesetzt werden. Desweiteren können z. B. Entwurfsentscheidungen und Software-Architekturen unabhängig von der Zielmaschine problemlos wiederverwendet werden. Durch die Vielfalt der Modelle bei der parallelen Programmierung wird die Software-Wiederverwendung erschwert, da Software-Komponenten, die für ein spezielles

Modell entwickelt wurden, nicht ohne weiteres in Programmen eines anderen Modells wiederverwendet werden können.

Die durch den fehlenden systematischen Einsatz von Wiederverwendungsmethoden entstehende Lücke zwischen dem Expertenwissen aus einem speziellen Anwendungsgebiet und der Entwicklung einer parallelen Lösung für ein spezielles Problem wird durch ein Werkzeugsystem zur Entwicklung paralleler Programme überbrückt. Der Anwender eines solchen Systems wird damit in die Lage versetzt, Probleme aus ausgewählten Anwendungsgebieten der parallelen Programmierung unabhängig von der Zielarchitektur zu formulieren. Das Beschreibungsniveau ist dabei so hoch, daß der Benutzer von speziellen Aufgaben der parallelen Programmierung wie Aufteilung in Prozesse, Art der Kommunikation, Synchronisation und Lastverteilung abstrahieren kann. Die Software-Entwicklungsmethodik wird dahingehend beeinflußt, daß der Anwender des Systems Varianten von Programmen aus dem Anwendungsgebiet erstellt, indem er nur noch die Eigenschaften seines spezifischen Problems angibt. Das System erstellt daraus automatisch eine effiziente parallele Lösung für sein Problem.

Im folgenden wird die systematische Umsetzung von Wiederverwendungs-Methoden in ausgesuchten Bereichen der parallelen Programmierung beispielhaft demonstriert. Zuerst wird gezeigt, wie die generative Wiederverwendung bei der Konfiguration von Parallelrechnern eingesetzt werden kann. Anschließend wird die Wiederverwendung von Herstellungsprozessen auf verschiedenen Ebenen vorgestellt. Der Einsatz dieser Methoden wurde in dem Werkzeugsystem zur Entwicklung paralleler Programme *PARSYS*, das im Rahmen einer Projektgruppe an der Universität-Gesamthochschule Paderborn entwickelt wurde, erprobt [EK94]. Das Ziel der Projektgruppe war es, zu untersuchen, wie Entwickler paralleler Programme schon in den frühen Phasen der Software-Entwicklung von einem Werkzeugsystem systematisch unterstützt werden können. Dazu wurden prototypisch parallele Programme aus einem breit gestreuten Spektrum von Anwendungsbereichen einerseits für das frei konfigurierbare Transputersystem *SC-320* mit 320 Prozessoren unter Einsatz der Programmierumgebung *INMOS-C-Toolkit* sowie für eine *MasPar MP-1* mit 2048 Prozessoren implementiert. Die Programme wurden auf ihre wiederverwendbaren Komponenten untersucht und diese dann als instanziierbare Module in die systeminterne Bibliothek aufgenommen. Zusätzlich wurde der Herstellungsprozeß für parallele Programme auf diesen Plattformen mit Hilfe des Werkzeugkontrollsystems *Odin* (s. Kapitel 2.5) wiederverwendbar modelliert.

2.4. WIEDERVERWENDUNG/PARALLELE PROGRAMMIERUNG 41

2.4.2 Generierung von Konfigurationsdateien

Als Beispiel für die generative Wiederverwendung im Bereich der parallelen Programmierung wird in diesem Kapitel die Generierung von Konfigurationsdateien vorgestellt. Bei frei konfigurierbaren Parallelrechnern wie dem *SC-320*-Transputersystem hat der Entwickler eines parallelen Programms die Möglichkeit, die Netzwerkstruktur des Rechners möglichst eng an die Struktur des gegebenen Problems anzupassen. Durch die Wahl einer geeigneten Topologie können so unnötige Routing-Schritte im parallelen Programm vermindert und damit die Kommunikation zwischen den Prozessoren minimiert werden. Außerdem können so rückwirkende Einflüsse der zugrundeliegenden Hardware-Topologie auf das parallele Programm vermieden werden. Andererseits erfordert die Konfigurierung des Netzwerks zusätzlich zum eigentlichen parallelen Programm die Entwicklung von Spezifikationen zur Beschreibung der erforderlichen Topologie. Dies erfordert zumindest eine Definition der konkreten Verschaltung der Kommunikationsleitungen. Abhängig von der zugrundeliegenden Software-Entwicklungsumgebung können weitere Spezifikationen erforderlich sein. So verlangt z. B. das *INMOS-C-Toolset* [INM90] die Angabe einer Konfigurationsdatei, die aus drei Teilen besteht. Neben einer Beschreibung der erwünschten Hardware-Konfiguration wird die logische Netzwerkstruktur des parallelen Programms in Form von Prozessen und logischen Kanälen definiert. Schließlich muß noch die Abbildung der Software- auf die Hardware-Topologie geleistet werden.

Das Werkzeug *Grade2cfs*, das in das Werkzeugsystem *PARSYS* integriert ist, generiert aus einer grafischen Repräsentation des logischen Netzwerks alle zur Ausführung auf dem Prozessornetz nötigen Konfigurationsdateien (Abbildung 6). Dem Werkzeug liegt der Grafikeditor *1stgrade* zugrunde, der die Eingabe und Verarbeitung von beliebigen Graphen erlaubt [BBHW93].

Der Anwender von *Grade2cfs* erstellt mit Hilfe von *1stgrade* interaktiv einen zusammenhängenden Graphen, der die logische Netzwerkstruktur seines Problems repräsentiert. Dabei entsprechen die Knoten des Graphen den Prozessen und die Kanten den Kommunikationskanälen zwischen diesen Prozessen. Jedem Prozeß wird durch Attributierung des entsprechenden Knotens ein Name zugeordnet. Dabei existiert ein ausgezeichneter Knoten mit dem Namen **Root**, der den Prozeß repräsentiert, der auf dem Transputer läuft, der mit dem sogenannten Host-Rechner verbunden ist. Dieser Rechner stellt die Verbindung zwischen dem Transputer-Netz und der Aufrufumgebung dar. Die Kanten sind vom sendenden zum empfangenden Prozeß gerichtet. Sie werden mit Markierungen der Art „FROM=cout,TO=cin" versehen. Dabei ist **cout** der Name, unter dem der sendende Prozeß den Kanal anspricht, und **cin** der Name, unter dem der empfangende Prozeß den Kanal anspricht. Aufgrund der Hardware-Beschränkungen des *SC-320* darf jeder Knoten höchstens vier Nachbarn haben.

42   2. STAND DER FORSCHUNG

Aus einer solchen Beschreibung des logischen Netzwerks generiert *Grade2cfs* automatisch die Konfigurationsdatei, die die physikalische Verschaltung des Transputernetzes steuert, und die für das *INMOS-C-Toolset* erforderliche Konfigurationsbeschreibung des Software- und des Hardwarenetzes, sowie die Abbildung zwischen diesen beiden Beschreibungen. Zusätzlich erzeugt das Werkzeug eine C-Include-Datei, die Bezeichnerdeklarationen für die beteiligten Kanalnamen enthält. Dadurch können im C-Programm die gleichen Namen verwendet werden wie in der logischen Netzwerkbeschreibung.

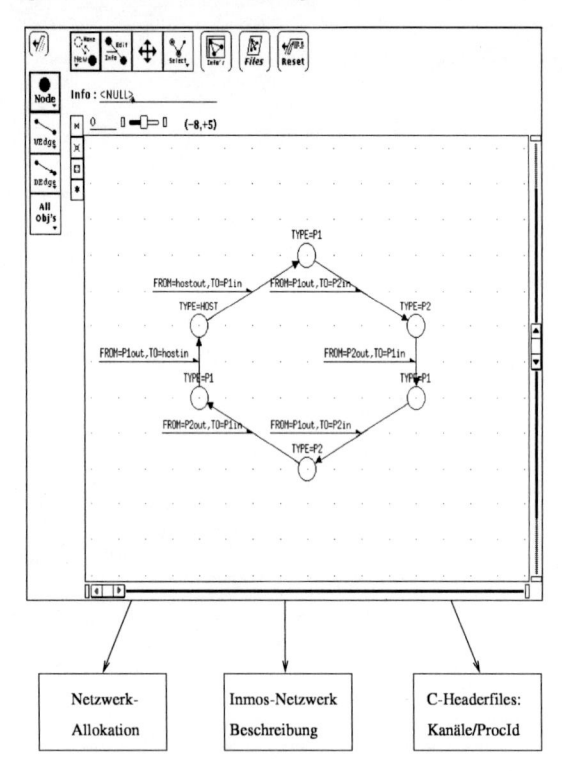

Abbildung 6: *Grade2cfs*: Generierung von Konfigurationsdateien

Durch die Einbindung von *Grade2cfs* in das Werkzeugsystem *PARSYS* kann der Anwender sich darauf beschränken, eine grafische Repräsentation des logischen Netzwerks zu erstellen, das der Lösung seines Problems zugrundeliegt. Durch die gleiche Benennung von Kanälen in der grafischen Repräsentation und in den

2.4. WIEDERVERWENDUNG/PARALLELE PROGRAMMIERUNG 43

C-Programmen wird außerdem eine einheitliche Sicht auf das gesamte Problem unterstützt. Er umgeht so die fehlerträchtige Entwicklung der nötigen Konfigurationsdateien. Außerdem ist die Konsistenz zwischen den unterschiedlichen Beschreibungen, die ansonsten von keinem Werkzeug untersucht wird, durch den generativen Ansatz sichergestellt. Der Einsatz von *Grade2cfs* ist allerdings momentan dadurch eingeschränkt, daß die Software- und die Hardware-Topologie identisch aufeinander abgebildet werden können müssen. Es ist allerdings vorstellbar, die Einbettung des Software-Netzwerks in ein gegebenes Hardware-Netzwerk durch den Einsatz automatischer Mapping-Verfahren in das System zu integrieren.

2.4.3 Beispiele für die Wiederverwendung des Herstellungsprozesses

In diesem Kapitel wird die Wiederverwendung eines komplexen Herstellungsprozesses am Beispiel der Entwicklung von Programmen unter Benutzung des *INMOS-C-Toolsets* und deren Ausführung auf dem *SC-320*-Transputersystem vorgestellt. Abbildung 7 illustriert den Herstellungsprozeß für ein Sortierprogramm. Dabei sind die Eingabedateien in Parallelogrammen, und die eingesetzten Werkzeuge durch Rechtecke dargestellt. Alle weiteren erzeugten Zwischenobjekte werden durch Angabe des Dateinamens identifiziert. Die Kanten beschreiben die Abhängigkeiten zwischen den Objekten und den eingesetzten Werkzeugen. Jede Kante entspricht im wesentlichen einem Arbeitsschritt des Entwicklers.

Neben den Werkzeugen zum Übersetzen und Binden des Programms (*icc, ilink, iconf, icollect*) werden Werkzeuge benötigt, um das Programm auf dem Parallelrechner ausführen und testen zu können (*iskip, iserver, idebug*). Schließlich muß noch der Zugang zum Transputer-Netzwerk realisiert und die gewünschte Topologie eingestellt werden (*meginfo, netalloc*). Die Dateien zur Beschreibung der Topologie werden mit *Grade2cfs* erstellt. Alle hier ausgeführten Schritte müssen bei der Entwicklung und Ausführung von Transputerprogrammen mit dem INMOS-C-Toolset immer wieder ausgeführt werden. Daher bietet der Herstellungsprozeß und das damit verbundene Wissen über das Zusammenwirken der eingesetzten Werkzeuge und erzeugten Zwischenobjekte ein großes Wiederverwendungspotential.

Das Werkzeugsystem *BBSYS* bedient sich des Objektmanagers *Odin*, um den Herstellungsprozeß zu modellieren. Alle angesprochenen Werkzeuge sind in das Werkzeugsystem integriert. Der Anwender des Systems gibt nur noch die problemspezifischen Eingangsdateien und die gewünschte Zielarchitektur an. Im Beispiel beschreibt der Anwender die Topologie des Systems mit Hilfe von *lstgrade*. Darin beschreibt er zwei Arten von Prozessen. Der C-Code für die beiden Prozeßtypen wird in den dazugehörigen Dateien *sort.c* und *sortroot.c* implementiert.

2. STAND DER FORSCHUNG

Alle nötigen Schritte bis zur Ausführung des Programms werden vom Werkzeugsystem automatisch ausgeführt.

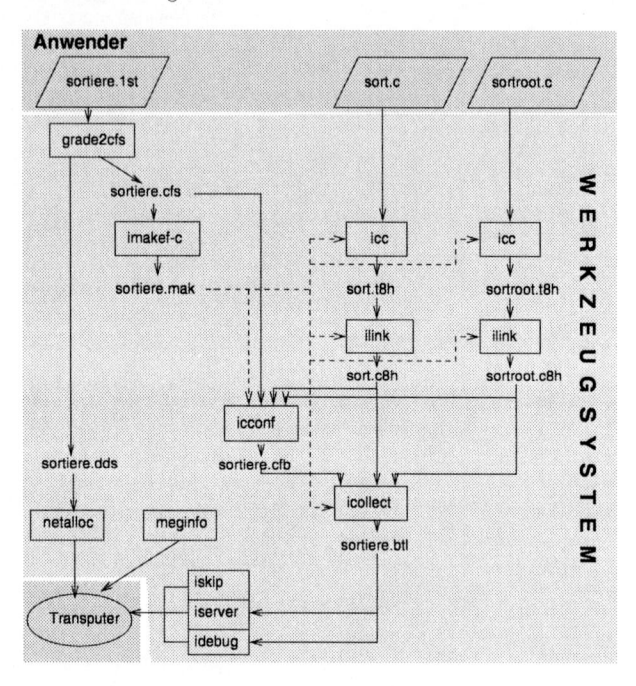

Abbildung 7: Wiederverwendung des Herstellungsprozesses (INMOS-C-Toolset)

Ein Beispiel für die Wiederverwendung des Herstellungsprozesses auf einer höheren Abstraktionsebene ist die von problemspezifischen Angaben des Benutzers gesteuerte Auswahl spezieller Varianten von Lösungskomponenten. Während die Wiederverwendung des allgemeinen Herstellungsprozesses für die Programm-Entwicklung und Ausführung mit dem INMOS-C-Toolset der horizontalen Wiederverwendung zuzuordnen ist, fließen hier anwendungsspezifische Entwurfsentscheidungen in den Herstellungsprozeß ein, so daß man von vertikaler Wiederverwendung sprechen kann. Als Beispiel wird hier die automatische Auswahl einer Lastbalancierungsstrategie und die Strukturierung des Gesamtsystems nach dem Modell der Worker-Prozesse zur Lösung von Branch-&-Bound-Problemen beschrieben (Abbildung 8).

Der Anwender des Systems beschreibt die Topologie seines Systems z. B. mit Hilfe des Werkzeugs *1stgrade*. Fordert er nun eine Instanz des Branch-&-Bound-Moduls

2.4. WIEDERVERWENDUNG/PARALLELE PROGRAMMIERUNG

aus der Bibliothek an, so erhält er eine speziell auf sein Problem zugeschnittene Lösung. Das System beinhaltet das Expertenwissen über die Gesamtarchitektur der Lösung und damit über die benötigten Komponenten und deren Zusammensetzung zu einer Lösung. Dabei können Teile der Lösung abhängig von der Topologie vom System automatisch ausgewählt werden. So können z. B. Lastbalancierungsverfahren aus der Bibliothek integriert werden, die besonders effizient auf Ring- oder Hypercube-Topologien eingesetzt werden können. Ebenso könnten spezielle Versionen der Systemstrukturierung nach dem Worker-Prinzip ausgewählt werden. Falls für die gegebene Topologie keine spezielle Lösung bekannt ist, können stattdessen Standard-Lastverteilungsverfahren eingesetzt werden, die für den allgemeinen Fall gute Lösungen liefern. Das System erzeugt dann durch generische Instanziierung automatisch die effizienteste Lösungsinstanz für das beschriebene Branch-&-Bound-Problem.

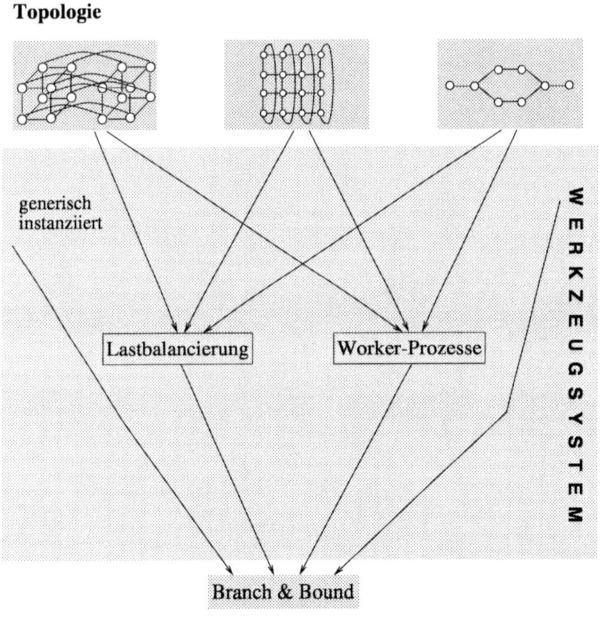

Abbildung 8: Wiederverwendung des Herstellungsprozesses (Branch-&-Bound)

Die beiden Beispiele machen deutlich, daß der komplexe Herstellungsprozeß sowohl Ansätze für die vertikale als auch die horizontale Wiederverwendung liefert. Der horizontale Ansatz umfaßt dabei die Standard-Entwicklungswerkzeuge zur Übersetzung und Ausführung von parallelen Programmen, während sich der vertikale Ansatz mit den in den Herstellungsprozeß einfließenden anwendungsspezifischen Entwurfsentscheidungen bei der Auswahl von Lösungskomponenten befaßt.

2.5 Software-Entwicklungsprozesse

Der Software-Entwicklungsprozeß umfaßt eine große Anzahl voneinander abhängiger Aktivitäten mit dem Ziel, ein Software-Produkt zu erstellen. Ein Prozeßmodell dient zur Repräsentation dieses Prozesses. Die wesentlichen zu einem Prozeßmodell gehörenden Komponenten sind – neben den Aktivitäten – die Personen und Werkzeuge, die die Aktivitäten ausführen, sowie die bei der Entwicklung des eigentlichen Software-Produkts anfallenden Zwischenprodukte. Software-Prozesse weisen Analogien zu Anwendungssoftware auf, so daß Software-Prozesse auch als Software betrachtet werden können [Ost87]. Diese Erkenntnis führt zur Entwicklung von Software-Entwicklungsumgebungen, die den Entwicklungsprozeß mit Werkzeugen unterstützen. Solche Umgebungen werden auch als *Workflow-Systeme* bezeichnet.

Diese Arbeit benutzt das Werkzeugkontrollsystem *Odin* zur Modellierung des automatisch ausführbaren Teils der Herstellung paralleler Programme. Um diesen Teilbereich der Prozeßmodellierung in den Gesamtkontext einzuordnen, gibt dieses Kapitel zunächst einen allgemeinen Überblick über Aspekte der Prozeßmodellierung. Der Schwerpunkt liegt anschließend in der Beschreibung von Werkzeugkontrollsystemen, die sich mit dem Management der Werkzeuge und Objekte einer Umgebung befassen.

2.5.1 Prozeßmodellierung

Ein Prozeßmodell fördert das Verständnis und die Kommunikation über die Aktivitäten und Produkte eines Prozesses. Es kann als Basis für eine Analyse und Verbesserung sowie für eine Automatisierung des Prozesses dienen. Prozeßmodelle können den Entwicklungsprozeß auf verschiedenen Abstraktionsebenen beschreiben. Beispiele für Modelle auf einer hohen Abstraktionsebene sind das Spiral-Modell [Boe88] und das bekannte Wasserfall-Modell [Roy70]. Auf dieser Ebene umfassen die Aktivitäten die Anforderungsanalyse, den Entwurf, die Implementierung, den Test und die Wartung des Systems. Die Palette der Zwischenprodukte reicht dabei von der Systemspezifikation über Entwurfsdokumente, Modulspezifikationen und -implementierungen bis hin zu Testplänen (Abbildung 9).

Die systematische Herstellung von Software-Systemen erfordert die Verwaltung aller anfallenden Informationen und der Software-Werkzeuge, die zu deren Her-

2.5 SOFTWARE-ENTWICKLUNGSPROZESSE

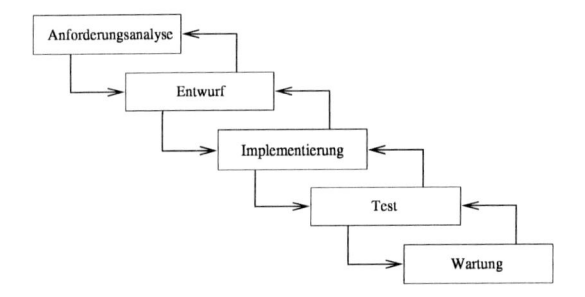

Abbildung 9: Wasserfall-Modell für den Software-Entwicklungsprozeß

stellung benötigt werden. Dieser Prozeß kann teilweise durch Werkzeuge automatisiert werden (Kapitel 2.3.2, Kapitel 2.4.3). Beim Ansatz der *Prozeß-zentrierten Software-Entwicklungsumgebungen (process-centered software engineering environments)* [GJ96] werden alle Prozesse, die bei der Entwicklung und Wartung eines Software-Produkts durchgeführt werden, explizit modelliert. Die dazu nötigen Werkzeuge werden in eine Entwicklungsumgebung integriert, die das Expertenwissen über den Entwicklungsprozeß beinhaltet und dem Entwickler zur Verfügung stellt. Dabei werden die unterschiedlichen Verantwortlichkeiten der am Prozeß beteiligten Personen und Organisationen – z. B. Entwicklung, Management und Qualitätssicherung – berücksichtigt.

Eine Entwicklungsumgebung besteht aus einem veränderbaren Teil, der die Prozeßbeschreibung und die eingesetzten Werkzeuge und Objekte enthält, und einer festen Infrastruktur, die die Erzeugung, Ausführung und Veränderung der veränderbaren Teile unterstützt. Es besteht ein trade-off zwischen der Erweiterbarkeit und Flexibilität einer Umgebung einerseits und einer guten Integration andererseits. Das Arcadia-Projekt versucht, die Zusammenhänge zwischen diesen konträren Zielen genauer zu untersuchen und eine Prototyp-Umgebung zu entwickeln, die beide Ziele erreicht [TBC+96]. Dabei werden interne und externe Integrationsaspekte unterschieden. Interne Integration beschäftigt sich mit dem Management der Objekte der Umgebung, während externe Integration Aspekte der Benutzungsschnittstelle behandelt. Ein Werkzeugkontrollsystem – oder Objekt-Manager – wie das *Odin*-System, das in Kapitel 2.5.2 vorgestellt wird, kann in diesem Zusammenhang als Werkzeug zur internen Integration eingestuft werden. Ein solches System muß die Typisierung von Objekten, Relationen zwischen Objekten, Persistenz sowie Nebenläufigkeit und Verteilung des Objekt-Managements unterstützen. Während das Standard-*Unix*-Werkzeug *Make* [Fel79] die Typisierung und die Definition einfacher Relationen zwischen Objekten zuläßt, bietet *Odin* Unterstützung in allen genannten Bereichen.

Die Ähnlichkeiten des Software-Prozesses mit der Entwicklung von Anwendungsprogrammen führte zum Ansatz des Arcadia-Projekts, Prozeßmodelle durch eine Programmiersprache zu beschreiben. Den ersten Ansatz für solche Programmiersprachen bieten Kontrollsprachen für Betriebssysteme. Diesen Sprachen fehlen jedoch neben einem umfangreichen Typsystem auch die Fähigkeit, Relationen zu beschreiben, und oftmals auch ausreichend mächtige Kontrollstrukturen. Es gibt andere Software-Umgebungen, die Teilbereiche der Software-Entwicklung durch Prozeßprogrammierung unterstützen. Dazu gehören *Jackson System Development (JSD)* [Jac83] für die Entwicklung von Spezifikation und Entwurf, Programmierumgebungen wie *Cedar* [SZBH86] oder intelligente Editoren wie *Gandalf* [HN86]. Diese Umgebungen bieten dem Anwender weitreichende Unterstützung für den jeweiligen Anwendungsbereich, ihre Einsetzbarkeit ist jedoch auf diesen Bereich beschränkt.

Im Arcadia-Projekt wurde die allgemeine Prozeß-Programmiersprache *Appl/A* [HOS93] entwickelt, die die Programmiersprache *Ada* um Relationen erweitert, um Beziehungen zwischen komplexen Objekten ausdrücken zu können. Es fehlen allerdings Konzepte um Typ-Hierarchien und dynamische Veränderungen beschreiben zu können. Ein Ergebnis der Anwendung von *Appl/A* ist, daß eine rein prozedurale Sprache zur Entwicklung von Prozeßprogrammen nicht ausreicht, sondern daß für bestimmte Aktivitäten eine regelbasierte oder deklarative Beschreibung besser geeignet ist, die z. B. vom *Odin*-System unterstützt wird.

Das *Workshop*-System stellt die regelbasierte Sprache *SE-KRL* zur Spezifikation von Software-Engineering-Wissen zur Verfügung [Cle96]. Es unterstützt Edieren, Konfigurationsmanagement und weitere Aktivitäten aus dem Bereich der Prozeßprogrammierung und leitet für die automatisierbaren Schritte des Prozesses wie Übersetzen und komplexe Programmanalyse die entsprechenden Objekte an das *Odin*-System weiter. Durch diese Kombination bildet es eine komplette Software-Entwicklungsumgebung, die inkrementell erweitert werden kann.

Das System stellt für jeden Benutzer einen Workshop-Prozeß, der das Software-Engineering-Wissen anwendet, mehrere Auswertungs- und Test-Prozesse (Studio-Prozesse) sowie anwendungsspezifische Benutzungsschnittstellen (Editor-Prozesse) zur Verfügung. Die Informationen über ein Software-Projekt werden in einer von allen Workshop-Prozessen zugreifbaren globalen Datenbank gespeichert. Zusätzlich enthält das System ein Software-Modell zur Unterstützung von Versionskontrolle. Die regelbasierte Prozeß-Programmiersprache erlaubt die Repräsentation der Objekte einer Software-Umgebung, der Operationen, die darauf angewendet werden können sowie der Regeln zur Beschreibung des Verhaltens und der Entwicklung der Objekte. Die Regeln beschreiben den Zugriff auf die Datenbank, die Koordination der Operationen, Invalidierung ungültiger Veränderungen von Objekten, Automatisierung externer Aktivitäten und den Informationsfluß zum

2.5 SOFTWARE-ENTWICKLUNGSPROZESSE

Benutzer. Dabei werden den verschiedenen Typen von Regeln unterschiedliche Prioritäten zugeordnet.

Das Workshop-System stellt das für alle Software-Systeme nötige Basiswissen in Form eines in *SE-KRL* spezifizierten Kerns zur Verfügung, der für jede Software-Umgebung beliebig erweitert werden kann.

Einen ähnlichen Ansatz verfolgt das *Merlin*-Projekt [EGP+91]. Das Ziel dieses Projekts ist die Entwicklung von Software-Prozeß-Sprachen und geeigneten Werkzeugen auf verschiedenen Abstraktionsebenen, um ein Expertensystem für Software-Entwicklung zu erzeugen, das an die Anforderungen eines Unternehmens oder eines Projekts anpaßbar ist. Der gleichnamige Prototyp basiert auf einer regelbasierten Sprache. Die Basiseinheiten der Sprache sind Aktivitäten, Rollen als logisch zusammenhängende Gruppen von Aktivitäten, alle Zwischenprodukte sowie die eingesetzten Ressourcen wie Werkzeuge und Personen.

Jedem Benutzer des Systems wird ein Arbeitskontext zugeordnet. Dieses Konzept stellt sicher, daß ein Benutzer jederzeit das System befragen kann, welche Aktivitäten er ausführen kann, und daß automatisch ausführbare Schritte ausgeführt werden, sobald die Vorbedingungen dafür erfüllt sind. Es kann auch auf Teams oder ganze Projekte erweitert werden.

Die Sprache *Merlin* baut auf der regelbasierten Sprache *PROLOG* auf. Der Interpreter unterscheidet dabei *Backward-* und *Forward-Chaining*-Regeln. Backward-Chaining-Regeln und deren Abarbeitung entsprechen der *PROLOG*-Semantik. Sie dienen dem Aufbau eines Arbeitskontexts und der Reaktion auf Benutzer-Anfragen, indem der Interpreter geeignete Werkzeuge aufruft. Forward-Chaining-Regeln bewirken die Führung des Benutzers bei der Ausführung einer Aktivität, indem der Prozeßmodell-Entwickler den Kontrollfluß der Aktivität explizit beschreibt. Diese Integration deklarativer Regeln und prozeduraler Beschreibungen des Wissens über den Prozeß ist ein erster Schritt in Richtung einer Multi-Paradigm-Sprache für die Prozeßmodellierung.

Ein Transaktionskonzept unterstützt die Auflösung von Konflikten bei der verteilten Entwicklung von Software. Dabei wird die Ausführung einzelner Entwicklungsschritte synchronisiert. Dazu können Kooperationsmuster für die Ausführung von Transaktionen angewendet werden, die die verteilte Ausführung von Schritten kontrollieren. Diese Transaktionen sind in Merlin implementiert worden [SW95].

Einen weiteren Schwerpunkt in Merlin bildet ein flexibles, an der Semantik von Dokumenten orientiertes Versions- und Konfigurationsmanagement. Es basiert auf einem Konzept der Versionsmodellierung, das auf feingranularen Abhängigkeiten zwischen Dokumenten und einer entsprechenden Änderungskontrolle beruht. Die Unterscheidung zwischen Abhängigkeits- und Konsistenzbeziehungen ermöglicht dabei die Verbreitung von Änderungen, ohne notwendigerweise neue Versionen erzeugen zu müssen [SS95]. Die Persistenz der Fakten und Regeln ist durch den Einsatz eines Datenbank-Systems für Graphen-orientierte Dokumente gesichert [LS88].

Im Bereich der sprachorientierten Notationen werden auch objekt-orientierte und wissensbasierte Ansätze zur Prozeß-Repräsentation eingesetzt [BEM96, HL96].

Neben der Prozeßbeschreibung durch Programmiersprachen wurden auch viele Diagramm-basierte Notationen zur Modellierung von Software-Prozessen eingesetzt. Das breite Spektrum umfaßt dabei allgemeine Modellierungsmethoden wie Petri-Netze, endliche Automaten, Datenflußdiagramme und Entity/Relationship-Diagramme sowie spezielle Methoden wie die *Structured Analysis and Design Technique (SADT)* [SR77] und die Objekt-Diagramme der *Object Modeling Technique (OMT)* [Rum94]. Das *STATEMATE*-System unterstützt die Koordination von mehreren auf Zustandstabellen basierenden Modellen für den Software-Prozeß [HLN+90]. Dieser Ansatz erlaubt es, die vielfältigen Aspekte des Software-Prozesses mit dem jeweils bestgeeigneten Mittel zu beschreiben. Diagramm-basierte Notationen werden hier nicht weiter untersucht. Ein Überblick über andere mit der Prozeßmodellierung zusammenhängende Forschungsbereiche findet sich in [TC95].

Im Gegensatz zu allgemeinen Software-Entwicklungsumgebungen verfolgt der dieser Arbeit zugrundeliegende Ansatz zur Entwicklung anwendungsspezifischer Werkzeugsysteme das Ziel, den Benutzer bei der Entwicklung und Wartung von Programmen aus einem bestimmten Anwendungsbereich zu unterstützen. Ein Werkzeugsystem beinhaltet dazu das nötige Expertenwissen über die Herstellung eines Software-Produkts aus dem Anwendungsbereich. Insbesondere werden hier Aspekte der verteilten Software-Entwicklung nicht behandelt, die die Modellierung von interaktiven Schritten erfordern, die von Personen ausgeführt werden. Aus diesem Grund stehen auch Konzepte wie Versions- und Konfigurationsmanagement sowie Transaktionen zur Konfliktauflösung hier nicht im Vordergrund. Es ist jedoch vorstellbar, auch Werkzeuge zur Unterstützung dieser Konzepte in ein Werkzeugsystem zu integrieren. Die Aufgabe eines Werkzeugsystems liegt vielmehr darin, den vollständig automatisierbaren Teil des Entwicklungsprozesses selbständig zu berechnen und auszuführen. Dieser Teil des Software-Entwicklungsprozesses wird im folgenden *Herstellungsprozeß* genannt.

Der Herstellungsprozeß wird mit Hilfe der deklarativen Spezifikationssprache des Werkzeugkontrollsystems *Odin* beschrieben. Das *Odin*-System bildet zusammen mit den anwendungsunabhängigen Werkzeugen den invarianten Teil für alle anwendungsspezifischen Werkzeugsysteme. Der variante Teil besteht aus den eingesetzten anwendungsspezifischen Werkzeugen und Objekten sowie der Spezifikation ihrer Abhängigkeiten. Der Ansatz ist offen für alle Arten von Werkzeugen und Objekten, so daß ein Werkzeugsystem beliebig erweiterbar ist. Das Werkzeugkontrollsystem *Odin* wird zur Modellierung und automatischen Ausführung des anwendungsspezifischen Herstellungsprozesses eingesetzt, indem das Ein-/Ausgabeverhalten der allgemein einsetzbaren und der anwendungsspezifischen Werkzeuge beschrieben wird. Die dabei anfallenden Zwischenergebnisse werden automatisch persistent gespeichert. Das *Odin*-System gehört somit zur Infrastruktur jedes Werkzeugsystems. Die Aufgaben eines Werkzeugkontrollsystems im allgemeinen und das *Odin*-System im speziellen werden im folgenden genauer beschrieben.

2.5.2 Werkzeugkontrollsysteme

Ein Werkzeugkontrollsystem – oder Objekt-Manager – übernimmt bei einer Anfrage an ein Werkzeugsystem die automatische Steuerung der eingesetzten Werkzeuge und die Verwaltung der erzeugten Zwischenprodukte. Dazu untersucht es, wie die vom Anwender in der Anfrage geforderten Objekte mit Hilfe der im Werkzeugsystem integrierten Werkzeuge hergestellt werden können.

Die bei einer Anfrage erzeugten Zwischenobjekte können in einem Informationsspeicher festgehalten werden, um sie bei weiteren Anfragen nicht unnötig neu erzeugen zu müssen. Dazu umfaßt das Werkzeugkontrollsystem Mechanismen, um zu jedem zwischengespeicherten Objekt dessen Aktualitätszustand zu bestimmen. Eine Information kann dabei als ungültig erkannt werden, wenn sich ein Objekt oder ein Werkzeug auf dem Herleitungsweg geändert hat. Bei einer Anfrage an das Werkzeugsystem entscheidet das Werkzeugkontrollsystem abhängig vom Aktualitätszustand eines Objekts, ob dieses aus dem Informationsspeicher entnommen wird, oder ob ein Werkzeug zur Neuberechnung aufgerufen wird.

Ein Werkzeugkontrollsystem sollte mindestens folgende Komponenten enthalten:

- Eine Anfragesprache, die dem Anwender des Systems den bequemen Zugriff auf die von ihm gewünschten Informationen erlaubt.

- Eine Spezifikationssprache zur Beschreibung der von einem Werkzeugsystem verwalteten Objekte und Werkzeuge. Um den Herleitungsweg für ein Anfrageobjekt bestimmen zu können, muß das Werkzeugkontrollsystem Informationen über alle Werkzeuge eines Systems sowie deren Ein-/Ausgabeverhalten haben. Die Spezifikationen sollten leicht erweiterbar sein, so daß jederzeit neue Objekte und Werkzeuge in ein System integriert werden können.

52   2. STAND DER FORSCHUNG

- Ein Interpreter bestimmt zu einer Anfrage an das Werkzeugsystem, wie die angeforderten Objekte effizient produziert werden können. Dazu bestimmt der Interpreter anhand der Spezifikation des Werkzeugsystems, welche Werkzeuge zur Herstellung der angeforderten Objekte aufgerufen werden müssen. Falls möglich, werden dabei aktuelle Objekte aus dem Informationsspeicher entnommen.

Das am weitesten verbreitete Werkzeug zur Automatisierung des Herstellungsprozesses ist das Standard-*Unix*-Werkzeug *Make*. Es hat allerdings zwei wesentliche Nachteile beim Einsatz in großen Software-Projekten. Einerseits ist die Information über die Abhängigkeiten zwischen den erzeugten Zwischenprodukten ungenau. Dies kann zu unnötigen Neuberechnungen von Objekten führen und mindert damit die Effizienz des Herstellungsprozesses. Andererseits unterstützt es die Erzeugung von Varianten nur mäßig, so daß Probleme bei der Spezifikation der Varianten und beim Speichern der Zwischendateien für die Varianten entstehen.

Das Werkzeugkontrollsystem *Odin* weist gegenüber *Make* viele Vorteile auf. Aus diesem Grund habe ich bei der Entwicklung des hier beschriebenen anwendungsspezifischen Werkzeugsystems das Werkzeugkontrollsystem *Odin* [Cle95b, Cle95a] eingesetzt.

Im folgenden stelle ich die Konzepte von *Odin* vor, und führe anschließend einen Vergleich mit verwandten Systemen durch.

2.5.2.1   Das Werkzeugkontrollsystem *Odin*

In der Spezifikationssprache des Werkzeugkontrollsystems *Odin* lassen sich alle beteiligten Objekte und jedes Werkzeug mit beliebigem Ein-/Ausgabeverhalten in Form eines sogenannten *Ableitungsgraphen* beschreiben. Die *Anfragesprache* erlaubt dem Anwender, ein beliebiges im Ableitungsgraphen definiertes Objekt vom System anzufordern. Der *Interpreter* untersucht dabei den Ableitungsgraphen, um die dazu nötigen Schritte zu berechnen und auszuführen. Alle bei einer Anfrage erzeugten Zwischenobjekte werden im *Cache* zwischengespeichert, um unnötige Neuberechnungen zu vermeiden.

Ein Beispiel für den erfolgreichen Einsatz von *Odin* liefert die Übersetzerentwicklungsumgebung Eli (s. Kapitel 2.3). Hier wurde mit *Odin* z. B. eine sogenannte *Pipelining-Struktur* modelliert, die den Herstellungsprozeß abhängig von den bereits erzeugten Zwischenobjekten in Stufen einteilt. Eine Stufe wird dabei durch ein Objekt repräsentiert, das alle bis dahin erzeugten Zwischenobjekte vereinigt. Die Werkzeuge können dann gezielt eingesetzt werden, um aufbauend auf den Objekten einer Stufe die Objekte der nächsten definierten Stufe zu erzeugen. Beispielsweise kann eine Pipeline-Stufe definiert werden, auf der alle – sowohl vom Benutzer bereitgestellte als auch von anderen Werkzeugen generierte – *C*-Module

2.5 SOFTWARE-ENTWICKLUNGSPROZESSE

vollständig vorliegen und dem Binder zugeführt werden können. Die folgende Stufe enthält dann dementsprechend alle Objektdateien.

Die wesentlichen Komponenten von *Odin* werden im folgenden genauer vorgestellt.

Odin-Objekte und Cache *Odin*-Objekte können Dateien, Zeichenketten, Listen oder Referenzen sein. Jeder Objekttyp wird im Ableitungsgraphen als Untertyp eines anderen Objekttyps definiert, wodurch eine Hierarchie von Objekttypen entsteht. Die Typisierung der Objekte ist dabei durch verschiedene Dateinamen definiert. So werden z. B. *C*-Implementierungsdateien durch die Dateiendung *.c* definiert. Listen dienen zur Vereinigung mehrerer Objekte in einem Objekt, während Referenzen Verweise auf andere Objekte sind, die von *Odin* bei ihrer Benutzung automatisch dereferenziert werden.

Odin unterscheidet zwischen Quellobjekten und abgeleiteten Objekten. Quellobjekte werden vom Anwender direkt zur Verfügung gestellt, während abgeleitete Objekte unter Kontrolle von *Odin* von den modellierten System integrierten Werkzeugen erzeugt werden.

Alle abgeleiteten Objekte werden in einem *Odin*-internen Objekt-Speicher, dem Cache, gespeichert. Sie können jederzeit durch eine entsprechende Anfrage an das System in das Arbeitsverzeichnis des Anwenders kopiert werden. Der Einsatz des Cache erlaubt die verteilte Erzeugung von Varianten. Außerdem sind alle beteiligten Werkzeuge im Cache abgelegt.

Der Cache enthält neben diesen Zwischenobjekten auch eine Datenbank, die die Abhängigkeiten zwischen den Aus- und Eingabeobjekten eines Werkzeuglaufs sowie die Zugehörigkeit von Objekten zu Listen speichert. Außerdem werden alle bei einem Herstellungsschritt auftretenden Fehlermeldungen in der Datenbank gespeichert. Dadurch bleiben Fehler- und Ausgabemeldungen persistent.

Im Gegensatz zum Standard-*Unix*-Werkzeug *Make* ist die Abhängigkeitsberechnung in *Odin* wertbasiert und nicht zeitbasiert. Bei einem zeitbasierten Konzept werden nur die Erzeugungsdaten der Objekte verglichen, so daß oft unnötige Herstellungsschritte ausgeführt werden. Das wertbasierte Konzept beruht darauf, daß zur Herstellung eines Objekts keine weiteren Schritte nötig sind, wenn sich die auf dem Herstellungsweg erzeugten Zwischenobjekte nicht geändert haben. Zum Beispiel ändert das Hinzufügen eines Kommentars zu einer Quelldatei im Normalfall nicht den Objekt-Code, so daß ein erneutes Binden zur Erzeugung eines ausführbaren Programms nicht nötig ist. Das Konzept der wertbasierten Abhängigkeiten ist insbesondere hilfreich beim Einsatz von Werkzeugen zur Versionskontrolle. So können die Objekte aus dem Archiv als Quellobjekte definiert werden, ohne sie aus dem Archiv in ein Quellverzeichnis zu extrahieren. Das erlaubt das Arbeiten mit einer beliebigen Version, ohne alle von der Version abhängigen Schritte neu durchführen zu müssen. Außerdem kann mit Hilfe der wertbasierten Abhängigkeiten vermieden werden, daß sich an eine Werkzeugänderung automatisch eine unnötige Folge weiterer Werkzeugaufrufe anschließt.

Spezifikationssprache Jedes Werkzeug wird durch einfache Produktionsregeln definiert, die das Ein-/Ausgabeverhalten des Werkzeugs beschreiben. Für jedes Werkzeugsystem definieren diese Regeln den Ableitungsgraphen, der die Beziehungen zwischen den bei der Herstellung eines Software-Produkts anfallenden Zwischenobjekten und den sie produzierenden Werkzeugen beschreibt. Ein Ableitungsgraph ist ein azyklischer, bipartiter gerichteter Graph, dessen Knoten Werkzeuge und Objekttypen repräsentieren. Eine Kante von einem Objekt- zu einem Werkzeugknoten existiert genau dann, wenn Objekte dieses Typs als Eingabe für das Werkzeug dienen. Entsprechend repräsentieren Kanten von Werkzeugknoten zu Objektknoten eine Ausgabebeziehung.

Neben Objekttypen können auch Parametertypen, Zeichenketten aber auch *Odin*-Ableitungen Eingaben für ein Werkzeug sein. Parametertypen definieren optionale Eingaben für ein Werkzeug und ermöglichen so die Erzeugung von Varianten für Ausgabeobjekte. Ausgaben sind immer Objekttypen.

Eingaben können Ableitungen zweiter Ordnung enthalten. Diese erhalten eine Liste als Eingabe und erzeugen eine Liste als Ergebnis. So können einerseits alle Objekte, die (nicht) zu einem bestimmten Typ gehören, extrahiert werden. Andererseits kann auf jedes Element eine beliebige Ableitung angewendet werden. Es können auch rekursive Regeln formuliert werden, die bewirken, daß eine Ableitung solange auf neu erzeugte Elemente angewendet wird, bis sie nicht mehr anwendbar ist.

Die Beschreibung des Ableitungsgraphen für das Werkzeugsystem ist intern in getrennte Pakete zur Beschreibung zusammengehöriger Herstellungsschritte eingeteilt. Diese Pakete bilden zusammen eine Bibliothek. Jedes Paket definiert einen Teil des Ableitungsgraphen und die darin beschriebenen Werkzeuge und kapselt so das Wissen über diesen Teil des Systems. *Odin* stellt Pakete für die gebräuchlichsten *Unix*-Werkzeuge zur Verfügung, so daß der Standard-*Odin*-Anwender selbst keine *Odin*-Pakete definieren muß. Alle Pakete werden bei der Installation im Cache abgelegt.

Die *Odin*-Spezifikationssprache stellt mehrere Kommandos zur Verarbeitung von *Odin*-Objekten zur Verfügung. Das *EXEC*-Kommando dient zur Beschreibung des Ein-/Ausgabeverhaltens von Werkzeugen nach obigem Muster. Es erhält als Parameter das auszuführende Werkzeug sowie die Eingaben, *Odin*-Parameter und

2.5 SOFTWARE-ENTWICKLUNGSPROZESSE

Ausgaben des Werkzeugs. Diese werden im Ableitungsgraphen als *Odin*-Objekte modelliert. Der Interpreter berechnet bei einer Anfrage, ob ein Ausgabeobjekt zur Herstellung des Anfrageobjekts benötigt wird. In diesem Fall stellt *Odin* die Eingabeobjekte und *Odin*-Parameterwerte bereit und leitet sie an das Werkzeug weiter. Das Werkzeug selbst ist in der Regel ein *Shell*-Skript. Das Skript untersucht gegebenenfalls die Parameter und leitet sie an das eigentliche Werkzeug weiter. Anschließend verarbeitet es die Ausgaben und hinterlegt sie so, daß *Odin* sie als Objekte weiterverarbeiten kann. Die Übergabe der Ausgabeobjekte wird dabei über Namenskonventionen realisiert.

Weitere Kommandos dienen zur Behandlung von Listen. *COLLECT* faßt eine Menge von Eingabeobjekten zusammen, während *READ-LIST* aus einer Menge von *Odin*-Ausdrücken eine Liste mit Referenzen auf die dazugehörigen Elemente erzeugt.

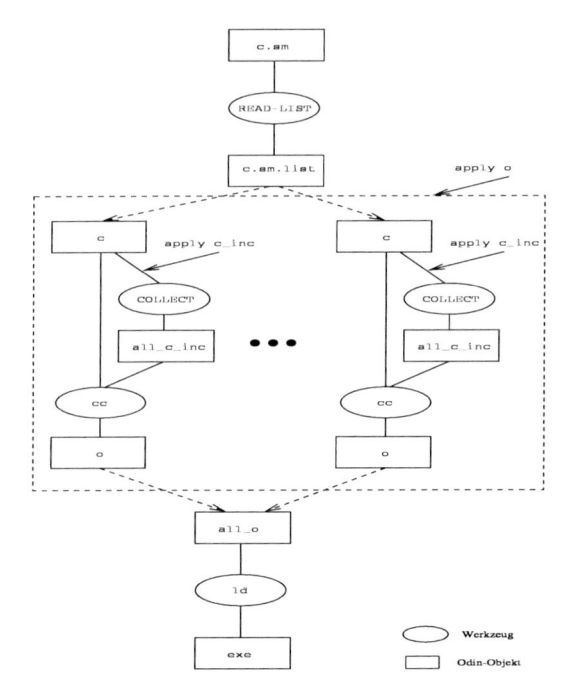

Abbildung 10: Ableitungsgraph für Übersetzung

Abbildung 10 zeigt ein Beispiel für einen Ableitungsgraphen zur Übersetzung von *C*-Dateien. Alle zu einem System gehörenden *C*-Dateien werden dazu in einer

Datei (*Systemmodell*:c.sm) gesammelt. Wenn der Anwender an das System die Anfrage richtet, aus seinem Systemmodell ein ausführbares Programm zu erzeugen, berechnet das System, welche Schritte zur Übersetzung konkret ausgeführt werden müssen. Dies hängt sowohl vom Typ des gewünschten Zielobjekts als auch vom Systemmodell ab. Zur Übersetzung einer *C*-Datei werden zunächst alle indirekt in der zu übersetzenden *C*-Datei enthaltenen **include**-Dateien gesammelt und dann zusammen mit der *C*-Datei an den Übersetzer weitergeleitet. Dieser Vorgang wird für alle im Systemmodell definierten *C*-Dateien durchgeführt. Der Linker erzeugt aus der dadurch entstehenden Liste der Objektdateien ein ausführbares Programm.

Anfragesprache Die Anfragesprache von *Odin* erlaubt es dem Anwender, Objekte beliebigen Typs vom System herstellen zu lassen. Dazu gibt er eine Ableitung in der Form `Basisobjekt: Zielobjekttyp` an. Der Interpreter berechnet die nötigen Schritte zur Ableitung eines Objekts vom gewünschten Typ aus dem Basisobjekt und ruft die entsprechenden Werkzeuge mit den richtigen Eingaben auf. Das System bietet dem Anwender dazu eine Übersicht über alle möglichen Objekttypen an, die aus einem Basisobjekt abgeleitet werden können.

Anfragen können mit Parametern versehen werden, um Varianten zu erzeugen. Bei einer Anfrage sind alle Parameter erlaubt, die mindestens ein zur Ableitung benötigtes Werkzeug beeinflussen. *Odin* leitet die Parameter einer Anfrage automatisch an alle Werkzeuge weiter, für die dieser Parameter im Ableitungsgraphen definiert ist. Die für eine Anfrage gültigen Parameter kann der Anwender ebenfalls vom System erfragen. Schließlich kann eine Anfrage auch die Selektion von Komponenten aus einem komplexen Objekt enthalten.

Häufig benutzte Ableitungen können in einem *Odinfile* zusammengefaßt werden, in dem *virtuelle Zielobjekte* als abkürzende Schreibweise für komplizierte Ableitungen definiert werden können. Ein Zielobjekt kann beim Aufruf von *Odin* als Parameter übergeben werden. In diesem Fall untersucht *Odin* automatisch, ob im Aufrufverzeichnis ein *Odinfile* mit einer entsprechenden Definition existiert und erzeugt das Zielobjekt, falls es nicht aktuell ist. Zielobjekte, die als ausführbar gekennzeichnet sind, werden nach ihrer Erzeugung direkt ausgeführt.

Interpreter Der Interpreter berechnet mit Hilfe des Ableitungsgraphen die zur Erfüllung einer Anfrage nötigen Schritte und ruft die entsprechenden Werkzeuge mit den richtigen Eingabeobjekten auf. Er speichert alle dabei erzeugten Zwischenergebnisse im Cache. Bei einer Anfrage werden bereits aktuell verfügbare Objekte aus dem Cache entnommen, um sie nicht unnötig neu zu berechnen. Da Werkzeuge nur dann aufgerufen werden, wenn sich ein Eingabeobjekt geändert

2.5 SOFTWARE-ENTWICKLUNGSPROZESSE

hat, stellt der Interpreter so eine effiziente Produktion von Anfrageobjekten sicher.

Vergleich mit verwandten Systemen Das am weitesten verbreitete Werkzeug für die Erzeugung von Software-Systemen ist das Standard-*Unix*-Werkzeug *Make*. *Odin* verfügt gegenüber *Make* über viele Vorteile:
- *Odin* trennt zwischen der Beschreibung und der Implementierung der Objekt-Abhängigkeiten. Die Ein-/Ausgabeabhängigkeiten der Werkzeuge werden im Ableitungsgraphen beschrieben. Dieser enthält Angaben über die Herleitung der Eingabeobjekte, den Typ der erzeugten Ausgabeobjekte sowie einen Verweis auf die Implementierung des Werkzeugs. Die Implementierung wird außerhalb des Ableitungsgraphen abgelegt. Der dadurch verbesserte Überblick über die Systemstruktur erleichtert Entwicklung, Wartung und Erweiterung eines Werkzeugsystems.
Bei *Make* hingegen sind die Abhängigkeiten und die Implementierung der auszuführenden Schritte miteinander in einem *Makefile* vereint. Im Gegensatz zum *Odinfile* kann der Anwender sich dabei nicht darauf beschränken, nur die zu erzeugenden Objekte zu beschreiben.
- *Odin* verfügt über eine Abhängigkeitsdatenbank. *Odin* ruft bei Bedarf Werkzeuge auf, die Informationen über die Abhängigkeiten neu berechnen, und speichert die Informationen in der persistenten Datenbank, ohne daß der Anwender dazu das *Odinfile* anpassen muß. Im Gegensatz dazu werden die Abhängigkeitsinformationen in *Makefiles* oft von Hand berechnet, wodurch die Fehlerwahrscheinlichkeit erhöht wird. Einerseits können fehlende Abhängigkeiten zu falschen Ergebnissen bei der Herstellung eines Objekts führen. Andererseits können überflüssige Abhängigkeiten zu ineffizienten Lösungen führen. Es gibt zwar auch für *Make* Werkzeuge, die die Abhängigkeiten automatisch berechnen, wie z. B. *Make-Depend*. Da dieses Werkzeug aber das gesamte System auf Abhängigkeiten untersucht, wird wegen der damit verbundenen langen Laufzeit dieser Schritt meistens nicht automatisch durchgeführt, was die Anwendung wiederum unsicher macht.
- Bei der Benutzung von *Make* werden Varianten bei der Herstellung von Objekten normalerweise erzeugt, indem die entsprechenden *Make*-Variablen im *Makefile* geändert werden. Da diese Variablen im gesamten *Makefile* gültig sind, können so keine unterschiedlichen Varianten für verschiedene Zwischenobjekte hergestellt werden. In diesem Fall muß für jede Variante eine spezielle Herstellungsregel definiert werden. In *Odin* kann jede Ableitung mit einer beliebigen Anzahl von Parametern versehen werden.
- Da *Make* üblicherweise alle Zwischenobjekte im selben Verzeichnis ablegt wie die Quellobjekte, existiert immer nur eine Variante einer solchen Datei. Dies kann zu falschen Ergebnissen führen, wenn die Varianten verwechselt werden. Um dieses Problem zu umgehen, werden Varianten oft in verschie-

58 2. STAND DER FORSCHUNG

denen Unterverzeichnissen abgelegt. Dies wirft allerdings das Problem auf, daß gemeinsam nutzbare Zwischenobjekte nicht allgemein benutzt werden können.
Diese Probleme werden in *Odin* durch die Benutzung des Cache für alle abgeleiteten Objekte umgangen. Dadurch wird der Namensraum von Dateien um Parameter für verschiedene Varianten erweitert.

- *Odin* erlaubt die explizite Definition von Listenobjekten. Diese können neben den Standard-*Odin*-Werkzeugen, die z. B. die Definition rekursiver impliziter Regeln erlauben, von beliebigen *Unix*-Werkzeugen verarbeitet werden. Diese Bearbeitung ist effizient, da *Odin* die Ergebnisse dieser Werkzeuge in der Abhängigkeitsdatenbank speichert. Außerdem erlaubt *Odin* die Definition zirkulärer Abhängigkeiten. So können Werkzeuge Teile ihrer eigenen Implementierung generieren, bis ein Fixpunkt erreicht ist.
In einigen *Make*-Varianten gibt es Operationen zur Manipulation von Listen von Dateinamen. Dies ist jedoch nicht standardisiert.
- Ein mit *Odin* modelliertes Werkzeugsystem ist beliebig erweiterbar. Neue Werkzeuge können hinzugefügt werden, ohne bereits existierende Modelle zu modifizieren. Es können auch interaktive Werkzeuge und Versionskontrollsysteme integriert werden.
- Der Cache und die dazugehörige Abhängigkeitsdatenbank garantieren die Effizienz von *Odin*. Die Abhängigkeitsberechnung ist proportional zur Anzahl der geänderten Abhängigkeiten und nicht zur Gesamtanzahl der Abhängigkeiten.
Bei der Herstellung eines Objekts wird außer den Zwischenobjekten auch die Aktualität der beteiligten Werkzeuge überprüft. Durch den Einsatz der Abhängigkeitsdatenbank zieht die Änderung eines Werkzeugs dabei nicht automatisch eine unnötige Folge von Schritten nach sich.

Alle aufgezählten Punkte zeigen deutlich die Vorteile des Werkzeugkontrollsystems *Odin* gegenüber dem Standard-Werkzeug *Make*. Einige von *Make* abgeleitete Systeme heben diese Defizite zum Teil wieder auf [Som87, Mil93]. Bei diesen neuen Entwicklungen haben sich allerdings keine Standards durchgesetzt. Im folgenden wird als Beispiel für ein solches System das *Jam*-System vorgestellt.

Jam [Sei94] ist ein Werkzeug zur Unterstützung des Herstellungsprozesses, das eine erweiterbare Sprache zur Beschreibung von Abhängigkeiten zwischen Dateien benutzt. Im Gegensatz zu *Make*, wo die einzige Beziehung zwischen Objekten die direkte Abhängigkeit ist, kann in *Jam* die Art der Beziehung zwischen Objekten vom Anwender in Form von Regeln definiert werden. Eine solche Regel besteht aus den *Jam*-Anweisungen, die bei Aufruf der Regel ausgeführt werden sollen, und den externen Aktivitäten, die zur Aktualisierung der Zielobjekte einer Regel nötig sind. Der Aufruf einer Regel kann drei unterschiedliche Arten von Seiteneffekten bewirken:

2.5 SOFTWARE-ENTWICKLUNGSPROZESSE

- den Aufruf einer eingebauten Regel zur Veränderung des Abhängigkeitsgraphen. Der Abhängigkeitsgraph speichert ähnlich wie die Abhängigkeitsdatenbank in *Odin* die Abhängigkeiten zwischen Objekten. Eingebaute Regeln definieren direkte oder indirekte Abhängigkeiten oder beschreiben für bestimmte Objekte Spezialbehandlungen beim Durchlauf durch den Abhängigkeitsgraphen.
- das Setzen einer *Jam*-Variablen. Der Wert einer *Jam*-Variablen ist wie bei *Make* eine Liste von Zeichenketten. Mit der Produktbildung von solchen Listen liefert *Jam* einen mächtigen Mechanismus zur Manipulation von Variablen. Variablen können global oder spezifisch für ein Zielobjekt gesetzt werden.
- die Bindung von aktualisierenden Aktivitäten an die Zielobjekte.

Die Vorteile von *Jam* im Vergleich zu *Make* liegen in der Definition lokaler Variablen und einem ausgefeilten Mechanismus zum Suchen und Erzeugen von Objekten in beliebigen benutzerdefinierten Verzeichnissen. Im Zusammenhang mit der frühen Expansion von Variablen lassen sich so Varianten von Objekten erstellen. *Jam* benutzt eine Mustererkennungsmethode zur Suche nach Header-Dateien, die zwar effizient ist, aber nicht in allen Fällen korrekt funktioniert.

Ein wesentlicher Nachteil von *Jam* im Vergleich zu *Odin* liegt darin, daß es keine typisierten Objekte gibt. Im Unterschied zu *Odin*, wo allgemeine Regeln auf Objekttypen definiert werden, die dann während der Konstruktion der konkreten Objekte vom Interpreter ausgewertet werden, verlangt *Jam* deshalb die explizite Benennung der konkret herzustellenden Objekte. Die Expansion von Listenvariablen als Kreuzprodukt liefert zwar mehr Möglichkeiten als *Make*, ist aber nicht so mächtig wie das Konzept der Listenobjekte in *Odin*.

Änderungen des Abhängigkeitsgraphen müssen durch die Angabe von Abhängigkeiten explizit definiert werden. Die Abhängigkeit der Objekte ist dabei zeitbasiert und nicht wertbasiert wie in *Odin*. Außerdem sind die Herstellungsregeln nicht von den Werkzeugen getrennt. Die Werkzeuge werden als *Shell*-Aufrufe zusammen mit den Regeln in einer Datei beschrieben, wobei die Verbindung über den Regelnamen definiert wird.

Im Gegensatz zu *Odin* verwaltet *Jam* keinen eigenen Cache. Die erzeugten Objekte müssen explizit persistent gespeichert werden. Der Pfadsuchmechanismus ermöglicht die Speicherung von Objekten auch außerhalb des Arbeitsverzeichnisses. Varianten können dabei explizit durch die Benutzung lokaler Variablen erzeugt werden.

Ein *Jamfile* enthält im Gegensatz zu einem *Odinfile* neben den Anfrageobjekten im allgemeinen auch noch Regeln zu deren Herstellung. Der Anwender muß zur Benutzung also auch die Sprache zur Beschreibung der Regeln kennen.

60 2. STAND DER FORSCHUNG

Durch die Sammlung von Regeln zum Übersetzen von Dateien mit *Make*-ähnlicher Funktionalität, die als Basis zum *Jam*-System mitgeliefert wird, läßt sich *Jam* zwar für Übersetzungsvorgänge eingeschränkt einsetzen, die allgemeine Anwendbarkeit ist jedoch noch nicht gezeigt worden.

3 Struktur und Realisierung anwendungsspezifischer Werkzeugsysteme zur Entwicklung paralleler Programme

Das Ziel eines Werkzeugsystems zur Entwicklung paralleler Programme ist, das Expertenwissen aus speziellen Bereichen der parallelen Programmierung dem Anwender zur Verfügung zu stellen. So kann er sich auch ohne die dazu normalerweise erforderlichen Kenntnisse in der parallelen Programmierung bei der Programmentwicklung darauf beschränken, die zur Lösung seines Problems relevanten Teile zu spezifizieren. Das Werkzeugsystem erzeugt daraus automatisch ein lauffähiges paralleles Programm.

Dieses Kapitel beschreibt die allgemeinen Komponenten und die generelle Struktur eines solchen Werkzeugsystems. Ein wesentlicher Bestandteil ist dabei die anwendungsspezifische Modulbibliothek. Da die Ausprägung der Modulbibliothek stark vom Anwendungsbereich abhängt, muß der Vorgang der Entwicklung eines anwendungsspezifischen Werkzeugsystems für jeden Bereich wiederholt werden. Auch die dazu nötigen Schritte sind Gegenstand dieses Kapitels. Die beschriebene Vorgehensweise wurde bei der Entwicklung der in Kapitel 4 und Kapitel 5 beschriebenen Werkzeugsysteme für die konkreten Anwendungsbereiche „Paralleles Branch-&-Bound" und „Paralleles Sortieren" erprobt.

Das zur Entwicklung eines parallelen Programms nötige Expertenwissen reicht von der technischen Ansteuerung verschiedener Rechnerplattformen über die Auswahl und Parametrisierung von Algorithmenschemata bis hin zu anwendungsspezifischen Software-Architekturen und Herstellungsprozessen. Mein Ansatz verfolgt das Ziel, für ausgesuchte Bereiche das anwendungsspezifische Wissen dem Benutzer des Systems mit der jeweils am besten geeigneten Wiederverwendungsmethode zur Verfügung zu stellen. Um dies zu erreichen, nutzt das Werkzeugsystem das breite Spektrum der Wiederverwendungsmethoden, das durch die Klassifizierung nach Prieto-Díaz (s. Kapitel 2.1.2) charakterisiert ist, weitgehend aus.

Der systematische Einsatz von Software-Wiederverwendungsmethoden hat eine drastische Vereinfachung des Software-Entwicklungsprozesses zur Folge. Zudem zeichnen sich die mit dem Werkzeugsystem entwickelten Lösungen durch eine Verbesserung von Software-Qualitäten aus. Die Wiederverwendung von Komponenten steigert die Zuverlässigkeit von Programmen, da die Wahrscheinlichkeit, neue Fehlerquellen zu entdecken, mit zunehmender Anzahl der Benutzungen abnimmt. Darüber hinaus werden auch effiziente Lösungen erzielt, da Experten aus dem Anwendungsbereich und Experten der parallelen Programmierung die wiederverwendbaren Bibliothekskomponenten unter Berücksichtigung von Effizienz-

62 3. WERKZEUGSYSTEME/STRUKTUR UND REALISIERUNG

kriterien entwickelt haben. Schließlich sind die Programme leicht adaptierbar und wartbar, da der Anwender nur für seine eigene Spezifikation verantwortlich ist. Die wiederverwendbaren Komponenten der Anwendungsbibliothek werden vom Verwalter des Werkzeugsystems zentral gewartet.

Um diese Ziele zu erreichen, identifiziert der Entwickler eines Werkzeugsystems systematisch lösbare Aufgaben beim Entwurf paralleler Programme. Er untersucht dazu die Lösungen für diese Aufgaben, entwirft darauf aufbauend wiederverwendbare Komponenten für die ausgesuchten Anwendungsgebiete und faßt sie in anwendungsspezifischen Bibliotheken zusammen. Er wird im folgenden oft auch als Experte bezeichnet, um ihn vom Anwender des Werkzeugsystems zu unterscheiden.

Die Integration aller benötigten Entwicklungswerkzeuge in ein Werkzeugsystem ermöglicht die weitgehende Automatisierung der Implementierung eines parallelen Programms. Dazu wird ein wiederverwendbares, ausführbares Modell des Herstellungsprozesses definiert. Dabei kann das Werkzeugsystem die wiederverwendbaren Komponenten der Anwendungsbibliothek automatisch aus der Bibliothek abrufen. Der Anwender kann so sein Problem in der für ihn angemessenen Terminologie des Anwendungsbereichs beschreiben. Der Ansatz ist völlig sprachunabhängig: Einerseits ist die Unterstützung beliebiger Programmiersprachen durch die Integration der zugrundeliegenden Übersetzungswerkzeuge möglich. Andererseits ist auch der Einsatz anwendungsspezifischer Spezifikationssprachen vorgesehen, indem entsprechende Generierungswerkzeuge in das System integriert werden können.

Das Werkzeugsystem unterstützt verschiedene Implementierungsplattformen. Da die Spezifikation des Anwenders ohne Modifikation für alle unterstützten Plattformen wiederverwendet werden kann, sind die Anwendungen portabel. Das Werkzeugsystem wählt abhängig von der gewünschten zugrundeliegenden Plattform automatisch die passenden Werkzeuge und Bibliothekskomponenten aus.

Ganz allgemein kann die Lösung für ein Problem durch eine der drei folgenden Arten beschrieben werden [Wai93]:
- deklarative Spezifikation der Eigenschaften des Problems,
- Identifikation mit der Beschreibung eines ähnlichen Problems,
- Beschreibung der Lösung.

Im folgenden werde ich die Problembeschreibung des Anwenders als Spezifikation bezeichnen. Dieser Begriff ist weiter gefaßt als der der deklarativen Spezifikation im obigen Sinne, da er alle drei Beschreibungsarten umfaßt.

Der Anwender eines Werkzeugsystems trifft bei der Spezifikation eines Problems viele voneinander abhängige Entscheidungen, die Bedingungen bezüglich Kon-

3.1 ENTWICKLUNG EINES PARALLELEN PROGRAMMS

sistenz und Vollständigkeit unterliegen. Der Entwickler eines Werkzeugsystems stellt dem Anwender dazu ein Konfigurierungsprogramm mit einer grafischen Oberfläche zur Verfügung, das ihn systematisch bei der Spezifikation führt und die Konsistenz seiner Angaben überprüft.

Dieses Kapitel gibt eine Vorgehensweise für die systematische Entwicklung eines Werkzeugsystems zur Entwicklung und Implementierung von Programmen aus dem untersuchten Anwendungsbereich an. Dazu stellt Kapitel 3.2 die generelle Struktur eines Werkzeugsystems zur parallelen Programmierung vor, die unabhängig vom Anwendungsbereich ist. Als Grundlage dient dabei das Werkzeugkontrollsystem *Odin*. Dieses erlaubt die Modellierung der bei der Herstellung eines Programms erzeugten Zwischenobjekte sowie der dazu eingesetzten Werkzeuge. Daraus resultiert einerseits die automatische Steuerung der Werkzeuge bei einer speziellen Anfrage an das System. Andererseits unterstützt dieser Ansatz die Integration beliebiger Werkzeuge in das System. Die in diesem Abschnitt vorgestellten Methoden und Techniken decken den Bereich der horizontalen Wiederverwendung ab.

Bei der Entwicklung eines konkreten Werkzeugsystems hängen die benötigten Komponenten von den Ergebnissen der Bereichsanalyse ab. Kapitel 3.3 stellt Methoden für die Umsetzung dieser Ergebnisse bei der Konstruktion wiederverwendbarer Komponenten für ein anwendungsspezifisches Werkzeugsystem vor. Diese Methoden sind dem Bereich der vertikalen Wiederverwendung zuzuordnen.

Zuvor zeigt Kapitel 3.1 jedoch, welche Vorteile die Benutzung eines Werkzeugsystems dem Anwender bietet, indem es die bei der Entwicklung eines parallelen Programms nötigen Schritte mit und ohne Einsatz des Werkzeugsystems gegenüberstellt.

3.1 Entwicklung eines parallelen Programms

Das Ziel dieses Abschnitts ist, zu zeigen, wie sich der Aufwand bei der Entwicklung eines parallelen Programms durch die Benutzung eines Werkzeugsystems reduziert. Dazu wird zunächst am Beispiel Branch-&-Bound demonstriert, welche Schritte der Entwickler eines parallelen Programms ohne Einsatz des Werkzeugsystems ausführen muß. Dabei werden insbesondere die Schwierigkeiten aufgezeigt, die sich für Anwender ohne Erfahrungen in der Entwicklung paralleler Programme ergeben, da diese die Hauptzielgruppe für ein Werkzeugsystem darstellen. Anschließend wird der Einsatz des in Kapitel 4 vorgestellten Werkzeugsystems *BBSYS* und des dazugehörigen Konfigurierungsprogramms *BBCONF* zur Lösung des Problems veranschaulicht.

64   3. WERKZEUGSYSTEME/STRUKTUR UND REALISIERUNG

Die Entwicklung eines parallelen Branch-&-Bound-Programms erfordert neben der Implementierung problemspezifischer Komponenten, wie z. B. der Verzweigungsstrategie (Branching) oder der Berechnung von guten Lösungsabschätzungen (Bounding), tiefgehende Kenntnisse über die Techniken zur Parallelisierung der Lösung, wie z. B. eine möglichst gute Auslastung der Prozessoren und den dazu nötigen Austausch von Daten zwischen ihnen. Die Lösung hängt dabei stark vom zugrundeliegenden Parallelitätsmodell ab. Es können zwar allgemeine Lösungsprinzipien für die dabei auftretenden Probleme bekannt sein. Sie können aber nicht ohne weiteres für die zugrundeliegende Maschine und Sprache eingesetzt werden. Der Nicht-Experte muß die Algorithmen erst auf sein Modell übertragen. Zur Terminierung eines Programms müssen z. B. bei Programmiermodellen, die auf asynchroner Kommunikation über Botschaften beruhen, andere Algorithmen eingesetzt werden, als bei Modellen auf der Basis von gemeinsamem Speicher.

Der Entwickler muß also das seiner Lösung zugrundeliegende Programmiermodell erlernen und algorithmische Lösungen für das Modell entwerfen. Desweiteren muß er die dazugehörigen Programmiertechniken beherrschen, die z. B. zur Kommunikation zwischen Prozessen und zur Ein-/Ausgabe von Daten eingesetzt werden.

Er zerlegt sein Problem zunächst in Teilprobleme. Dabei muß er auch die Aufgaben berücksichtigen, die sich zusätzlich zu einer sequentiellen Lösung aus der Parallelisierung der Lösung ergeben. Der Anwender muß im Gegensatz zu einer rein sequentiellen Lösung außer dem eigentlichen Branch-&-Bound-Algorithmus u. a. das allgemeine Lösungskonzept der verteilt arbeitenden Worker-Prozesse kennen. Außerdem muß er zusätzliche bei der Parallelisierung auftretende Probleme wie die Terminierung des Programms oder die Verteilung der Last für die auftretenden Arbeitspakete erkennen und lösen. Schließlich muß er Lösungen zur Realisierung verteilter Datenstrukturen zur Verfügung stellen. Dabei hat er u. a. Entwurfsentscheidungen darüber zu treffen, wie die Daten auf die Prozessoren verteilt werden. Außerdem muß er Strategien für die Initialisierung des Prozessornetzes, die Lastverteilung und die Terminierung gegeneinander abwägen. Auch die Ein- und Ausgabe von Daten unterscheidet sich drastisch gegenüber den dem Anwender bekannten sequentiellen Lösungen.

Die von ihm gefundene Problemzerlegung ist dabei im allgemeinen zwar zur Lösung seines Problems geeignet, jedoch nicht allgemein unabhängig vom Programmiermodell wiederverwendbar.

Die Implementierung der Module erfordert gegebenenfalls, daß er sich mit einer an das Modell angepaßten Sprache und dazugehörigen Bibliotheksroutinen befassen muß. Um ein ausführbares paralleles Programm zu erstellen, benutzt er in der Regel eine spezielle Entwicklungsumgebung, die an die zugrundeliegende Maschine angelehnt ist. Dazu muß er die entsprechenden Entwicklungswerkzeuge

3.1 ENTWICKLUNG EINES PARALLELEN PROGRAMMS 65

und deren Abhängigkeiten kennen. Bevor das Programm gestartet werden kann, werden Werkzeuge eingesetzt, um den Zugang zum Rechner und dessen Konfigurierung zu realisieren.

Gegebenenfalls kann der Entwickler auf Bibliotheken mit Basisoperationen zugreifen. Die *PPBB*-Bibliothek [TP96] stellt z. B. für einige Architekturen, die auf dem Modell der Kommunikation über Botschaften basieren, Basisoperationen für die Kommunikation von Lastpaketen zur Verfügung, wobei die Schnittstelle an übliche Heap-Operationen angepaßt ist. Außerdem bietet sie Unterstützung für die Terminierung und Ein-/Ausgabe. Er muß dazu die Techniken beherrschen, mit denen sie zu benutzen sind.

Zur Entwicklung eines parallelen Programms ist also ein enormes Expertenwissen nötig. Der Experte kann dieses Wissen mit der hier vorgestellten Vorgehensweise in Form eines Werkzeugsystems wiederverwendbar zur Verfügung stellen. Er entwickelt dazu mit dem Ziel der Wiederverwendbarkeit eine allgemeingültige Struktur der Lösung in Form einer anwendungsspezifischen Software-Architektur, die für alle unterstützten Parallelrechner eingesetzt werden kann. Zusätzlich stellt er verallgemeinerte wiederverwendbare Lösungskomponenten zur Verfügung, die vom Anwender in einfacher Weise spezialisiert werden können. Der Anwender wird damit in die Lage versetzt, sich bei der Lösung auf die problemspezifischen Komponenten zu beschränken. Insbesondere entwickelt er ausschließlich sequentielle Lösungskomponenten.

Der Experte des Anwendungsbereichs weiß, welche Teilprobleme bei der Lösung auftreten, welche Teile der Lösung für alle Probleme des Bereichs gleich sind, und worin diese sich unterscheiden können. Er kennt also die Varianten, die sich ergeben, und stellt Lösungen dafür mit dem Werkzeugsystem zur Verfügung, die der Anwender durch Parameter einstellen und durch problemspezifische sequentielle Lösungskomponenten ergänzen kann. Außerdem kann er Muster für die problemspezifischen Lösungskomponenten vorgeben, weil er viele Varianten davon kennt. Darüber hinaus weiß er, wie der Anwender bei der Problembeschreibung strukturell vorgehen soll.

Der Anwender konfiguriert die parallele Lösung durch die Auswahl von Komponenten und das Ausfüllen vorgegebener Muster. In diesem Sinn kann die Aufgabe der Benutzung des Werkzeugsystems als Konfigurierungsaufgabe betrachtet werden.

Das Wissen über die zweckmäßige Benutzung des Werkzeugsystem stellt der Experte dem Anwender in Form eines Konfigurierungsprogramms mit grafischer Oberfläche zur Verfügung, das den Benutzer beim Treffen seiner Entscheidungen führt. Im folgenden zeige ich, wie der Anwender das Konfigurierungsprogramm *BBCONF* zur Lösung des Rucksack-Problems einsetzt.

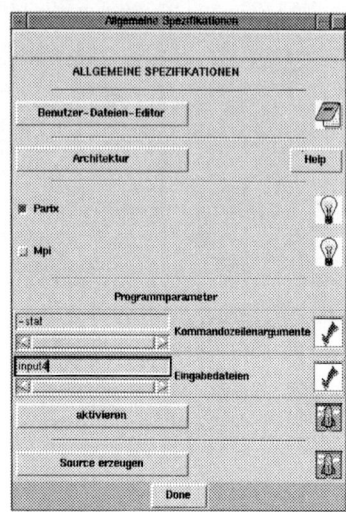

66 3. WERKZEUGSYSTEME/STRUKTUR UND REALISIERUNG

(a) Allgemeine Spezifikationen

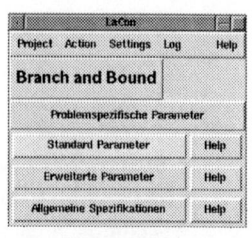

(b) Hauptmenü

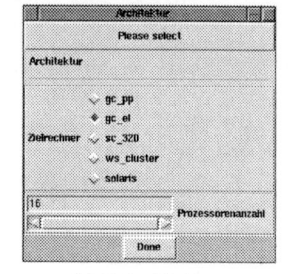

(c) Zielarchitektur

Abbildung 11: Konfigurierung mit grafischer Oberfläche

Der Benutzer gelangt über das Hauptmenü von *BBCONF* (Abbildung 11(b)), das die unterschiedlichen Schichten des Werkzeugsystems widerspiegelt, zu den **Standard-Parametern** (Abbildung 12(a)). Von hier aus kann er die Untermenüs zur Angabe der **Problem-Parameter** und Implementierung der notwendigen problemspezifischen Datentypen und Funktionen ansteuern. Diese Angaben reichen für den Standard-Anwender aus. Die **Problem-Parameter** (Abbildung 12(b)) dienen zur Klassifizierung des Problems. Der Benutzer charakterisiert hier das Rucksackproblem als Maximierungsproblem mit ganzzahligem Lösungstyp, und gibt an, daß er alle optimalen Lösungen als Ergebnis erhalten will.

Zur Implementierung der problemspezifischen Datentypen und Funktionen benutzt er problemspezifische Editoren. Im folgenden demonstriere ich das Vorgehen am Beispiel der Branching-Funktion (Abbildung 13). Der problemspezifische Editor gibt ein Muster für die Implementierung vor. Dieses enthält neben der Schnittstelle der Funktion Kommentare, die Teile des möglichen Codes für die Funktion enthalten. Durch das automatische Einsetzen von bereits spezifizierten Teilen (Instanzname, Teillösungstyp) bietet es einen bezogen auf die aktuelle Konfigurierungssituation korrekten Rahmen für die Implementierung. Der Kommentar bietet dem Benutzer eine Hilfe bei der Implementierung. Er kann sich

3.2 GENERELLE STRUKTUR DES WERKZEUGSYSTEMS 67

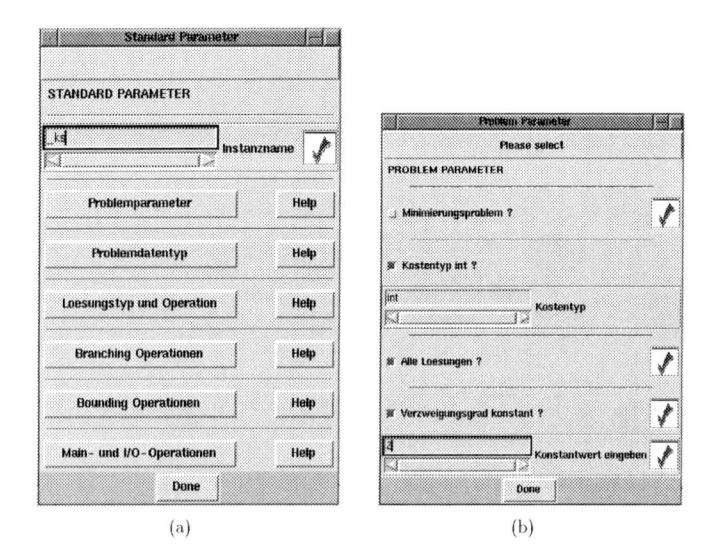

Abbildung 12: Standard- und Problemparameter

auf die Implementierung des Rumpfs beschränken, wobei er die für seine Lösung passenden Teile durch Entfernen der Kommentare einfach übernehmen kann. So kann er sich auf die Implementierung der problemspezifischen Berechnung des Nachfolger-Knotens konzentrieren. Für die anderen problemspezifischen Datentypen und Funktionen ist das Vorgehen analog.

Über das Hauptmenü gelangt der Anwender zu den **Allgemeinen Spezifikationen**, wo er die Zielarchitektur auswählen (Abbildung 11(c)) und das Programm ausführen lassen (Abbildung 11(a): **Aktivieren**) kann. Er kann sich also auf die Konfigurierung der Lösung durch die Auswahl von Komponenten und die Definition der sequentiellen problemspezifischen Programmteile beschränken und automatisch ein paralleles Programm erzeugen und ausführen lassen.

3.2 Generelle Struktur des Werkzeugsystems

Dieses Kapitel beschreibt die allgemeine Struktur eines Werkzeugsystems zur Entwicklung paralleler Programme, die unabhängig vom Anwendungsbereich ist. Außerdem zeigt es die bei der Konstruktion jedes Systems eingesetzten bereichsunabhängigen Werkzeuge auf.

68   3. WERKZEUGSYSTEME/STRUKTUR UND REALISIERUNG

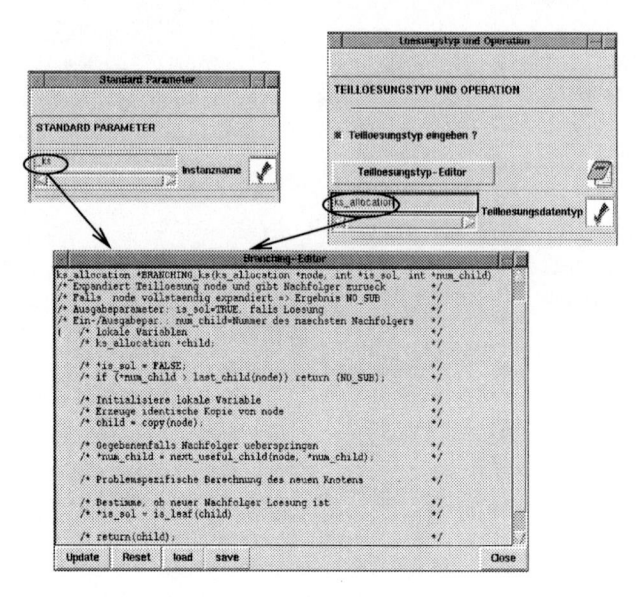

Abbildung 13: Branching-Editor mit eingesetzten Textelementen

Aus der Sicht des Anwenders ist das System in Schichten eingeteilt, die unterschiedlichen Abstraktionsebenen entsprechen. Der Anwender kann das System je nach Wissensstand über parallele Programmierung und den untersuchten Anwendungsbereich von jeder Schicht aus benutzen. Kapitel 3.2.1 stellt die allgemeine Schichtenstruktur des Werkzeugsystems vor.

Anschließend gibt Kapitel 3.2.2 einen Überblick über die interne Struktur und die allgemeinen Komponenten jedes Werkzeugsystems. Die Modellierung eines wiederverwendbaren Herstellungsprozesses durch einen Ableitungsgraphen mit Hilfe des Werkzeugkontrollsystems *Odin* ist dabei die Grundlage für die automatische Erzeugung eines parallelen Programms. Der Schwerpunkt liegt dabei auf der horizontalen Wiederverwendung.

Bei den in der untersten Schicht eingesetzten Werkzeugen handelt es sich um die maschinennahen Werkzeuge für die unterstützten Implementierungsplattformen und allgemein anwendbare Spezialwerkzeuge. Da die unterste Schicht unabhängig vom Anwendungsbereich ist, können die hier eingesetzten Werkzeuge in allen Werkzeugsystemen unverändert wiederverwendet werden.

3.2 GENERELLE STRUKTUR DES WERKZEUGSYSTEMS

Die höheren Schichten beinhalten Expertenwissen über den Anwendungsbereich. Eine Vorgehensweise für die Entwicklung anwendungsspezifischer Werkzeuge, die für jeden Anwendungsbereich wiederholt werden muß, ist Thema des nächsten Kapitels 3.3.

3.2.1 Schichtenmodell

Das Werkzeugsystem ist unabhängig vom Anwendungsbereich in vier Schichten eingeteilt, die das im Werkzeugsystem enthaltene Wissen auf mehreren Ebenen widerspiegeln. Eine Schicht beschreibt dabei einerseits die Abstraktionsebene aus der Sicht des Anwenders. Andererseits repräsentiert sie funktional zusammengehörige Teilabschnitte des Herstellungsprozesses innerhalb des Werkzeugsystems. Abbildung 14 demonstriert dieses Schichtenmodell, wobei die Schichten mit wachsendem Abstraktionsniveau aufsteigend numeriert sind. Jede der skizzierten Treppenstufen stellt eine Schicht dar. Die direkt oberhalb jeder Treppenstufe angegebenen Aktivitäten beschreiben, wie der Anwender auf der jeweiligen Abstraktionsebene das Werkzeugsystem benutzt. Im folgenden werden die einzelnen Schichten des Systems genauer vorgestellt.

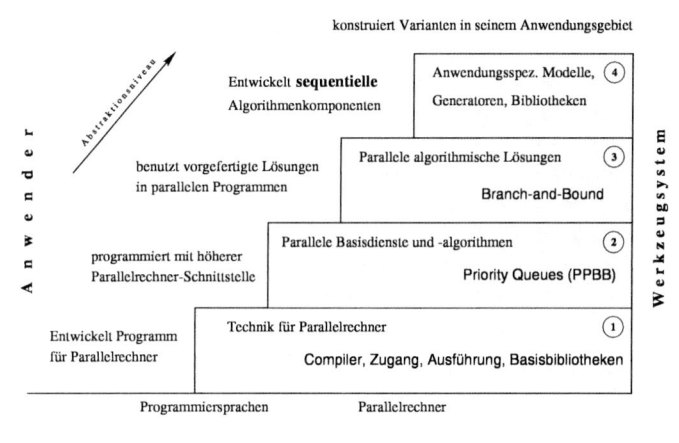

Abbildung 14: Schichtenmodell des Werkzeugsystems

Die unterste **Schicht 1** abstrahiert von der Technik zur Übersetzung, Konfigurierung und Ausführung von parallelen Programmen. Das Werkzeugsystem unterstützt dabei ein breites Spektrum von verschiedenen Parallelrechnerarchitekturen. Die unterstützten Entwicklungsplattformen reichen von lose gekoppelten Workstation-Clustern bis hin zu massiv parallelen Rechnern wie Transputernetze oder MasPar. Die Implementierung auf verschiedenen Plattformen ermöglicht die Portabilität der Anwenderprogramme. Eine mögliche Erweiterung des Systems ist durch die Integration von Debugging- und Profiling-Werkzeugen für die einzelnen Zielrechner gegeben.

Neben den eigentlichen Entwicklungsplattformen wie z. B. *PARIX* für Transputernetze enthält diese Schicht außerdem Standardbibliotheken wie *MPI*, die auf der Kommunikation über Botschaften basieren. Eine weitere Variante bildet eine rein sequentielle Plattform, die insbesondere für das Debugging, bei der Erstellung von Prototypen und die Wartung der Anwenderspezifikation von Interesse ist. Dabei sind die zu einer Entwicklungsplattform gehörenden Schritte jeweils in einem eigenen *Odin*-Paket zusammengefaßt. Diese Technik erlaubt jederzeit die Erweiterung dieser Schicht um neue Plattformen.

Statt ein paralleles Programm auf Basis der zugrundeliegenden Programmiersprachen und Zugangsmechanismen für den Parallelrechner völlig selbständig zu entwickeln, bietet diese Schicht dem Anwender des Werkzeugsystems eine höhere Schnittstelle zum Parallelrechner an. Das Werkzeugsystem übernimmt dabei die Aufgabe, die Schritte des Herstellungsprozesses zu automatisieren, die von der Entwicklung eines Programms bis hin zu seiner Ausführung auf einem Parallelrechner nötig sind.

Diese Schicht des Werkzeugsystems ist noch völlig unabhängig vom Anwendungsbereich, den ein konkretes Werkzeugsystem unterstützt. Sie realisiert somit die horizontale Wiederverwendung des Herstellungsprozesses für die verschiedenen Rechnerplattformen. Alle anwendungsspezifischen Werkzeugsysteme können diese Schicht unverändert übernehmen. Kapitel 3.2.2 beschreibt die in dieser Schicht eingesetzten Werkzeuge.

Die darüberliegenden Schichten enthalten Expertenwissen aus speziellen Anwendungsbereichen und realisieren so die vertikale Software-Wiederverwendung. So integriert die **Schicht 2** parallele Basisdienste und -algorithmen in das Werkzeugsystem. Beispiele dafür sind parallele abstrakte Datentypen wie Prioritätsschlangen oder auch Bibliotheken für die Realisierung von Lastverteilung oder Simulation gemeinsamen Speichers. Dazu stellt das Werkzeugsystem spezielle Herstellungsschritte zur Verfügung, die die Bereitstellung der zur Benutzung eines Basisdienstes benötigten Komponenten garantieren. Zusätzlich gibt es für den Anwender spezielle Anfrageobjekte auf einer höheren Abstraktionsebene, um die konkreten Schritte für ihn zu verbergen. So erhöht diese Schicht die Abstraktionsebene für den Anwender, so daß er bei der Entwicklung eines parallelen Programms vorgefertigte Lösungen einsetzen kann, ohne Kenntnisse über die dazu erforderlichen konkret auszuführenden Schritte zu haben.

3.2 GENERELLE STRUKTUR DES WERKZEUGSYSTEMS 71

Die nächsthöhere **Schicht 3** leistet die Integration wiederverwendbarer paralleler algorithmischer Lösungen, zunächst noch aus Anwendungsbereichen innerhalb der Informatik. Dazu zählen z. B. parallele Lösungen für Branch-&-Bound- oder Sortierprobleme. Hier fließen auch spezifische Programmierparadigmen für die in der darunterliegenden Schicht bereitgestellten parallelen Basisdienste in das Werkzeugsystem ein.

Diese Schicht leistet die Integration der Modulbibliothek für den Anwendungsbereich in das Werkzeugsystem. Dazu stellt das System neben den eigentlichen generischen Bibliotheksmodulen Mechanismen zu deren Instanziierung zur Verfügung. Die Entwicklung von Komponenten für die Bibliothek hängt stark vom Anwendungsbereich ab und wird in Kapitel 3.3 näher beschrieben.

Die Abstraktionsebene erhöht sich dadurch auf das Niveau der Konzepte des Anwendungsbereichs. Da es sich hier noch um Bereiche aus der Umgebung der Informatik handelt, ist es hier auch noch sinnvoll, diese Konzepte in Form einer höheren Programmiersprache wie C auszudrücken. Die vom Anwender entwickelten Datenstrukturen und Algorithmenkomponenten sind dabei allerdings rein sequentiell, so daß er selbst kein Experte im Bereich der parallelen Programmierung sein muß. Das Werkzeugsystem setzt die Anwenderkomponenten dann an vordefinierten Einstiegspunkten ein und konfiguriert daraus ein vollständiges paralleles Programm. Durch die Angabe von generischen Parametern kann der Anwender dabei verschiedene Lösungsvarianten erstellen lassen.

Konkrete Beispiele für diese Abstraktionsebene liefern die in Kapitel 4 und Kapitel 5 vorgestellten Werkzeugsysteme für parallele Branch-&-Bound-Lösungen und für parallele Sortierverfahren.

Die oberste **Schicht 4** umfaßt schließlich anwendungsspezifische Modelle sowie Generatoren und Bibliotheken für beliebige Anwendungsgebiete. Neben der Art des Anwendungsgebiets liegt der Unterschied zur dritten Schicht darin, daß auf dieser Ebene der Einsatz von Generatoren und damit verbunden der Entwurf von Spezifikationssprachen eine größere Rolle spielt. Im Idealfall muß der Anwender keine Programmfragmente mehr in Form einer Programmiersprache angeben, sondern kann das Problem vollständig in Form von anwendungsspezifischen Spezifikationssprachen auf einer höheren Abstraktionsebene beschreiben. So können auch Anwender das Werkzeugsystem benutzen, die keinerlei Erfahrung in der Entwicklung von komplexen Software-Systemen haben. In diesem Fall konstruiert der Anwender mit Unterstützung des Systems Varianten von Lösungen in seinem Anwendungsgebiet.

Obwohl diese Arbeit kein konkretes Beispiel für ein Werkzeugsystem auf dieser Abstraktionsebene beinhaltet, sind die in Kapitel 3.3 vorgestellten Methoden auch für diese Schicht anwendbar. Aufgrund obiger Überlegungen ist zu erwarten, daß dabei wegen der höheren Abstraktionsebene ein größerer Schwerpunkt auf die Entwicklung und Integration generierender Werkzeuge gelegt wird. Die weitere Untersuchung von Werkzeugsystemen auf der höchsten Abstraktionsebene ist Gegenstand weiterer Arbeiten auf diesem Gebiet.

Grundsätzlich können bei der Entwicklung eines Werkzeugsystems auf einer Ebene die Komponenten der darunterliegenden Schichten als Lösungskomponenten dienen. Dazu wählt der Entwickler genauso wie ein externer Anwender des Systems die benötigten Komponenten aus der entsprechenden Modulbibliothek aus.

Schließlich weise ich noch darauf hin, daß die Grenzen zwischen den dargestellten Ebenen nicht starr definiert sind, sondern Grenzfälle denkbar sind, in denen eine eindeutige Einordnung in eine der Schichten nicht offensichtlich ist. Das Schichtenmodell dient hauptsächlich der Demonstration der verschiedenen Abstraktionsebenen.

3.2.2 Eingesetzte Werkzeuge und Werkzeugsteuerung

Dieses Kapitel stellt die allgemeinen Konzepte beim Entwurf eines Werkzeugsystems und die in der untersten Schicht eingesetzten Werkzeuge vor. Ausgangspunkt für die Entwurfsentscheidungen ist das Ziel, den Prozeß der Herstellung und Ausführung eines parallelen Programms aus einem gegebenen Anwendungsbereich weitgehend zu automatisieren. Die Grundlage für die automatische Werkzeugsteuerung bildet das Werkzeugkontrollsystem *Odin*. Das Werkzeugsystem wendet dabei sowohl die horizontale als auch die vertikale Wiederverwendung des Herstellungsprozesses an. In diesem Kapitel liegt der Schwerpunkt auf der Beschreibung des Teils des Herstellungsprozesses, der unabhängig vom Anwendungsbereich ist.

Das Werkzeugkontrollsystem *Odin* übernimmt die Verwaltung aller bei der Entwicklung eines Software-Produkts anfallenden Informationen sowie der dazu eingesetzten Werkzeuge. Der wiederverwendbare Herstellungsprozeß wird dabei in Form eines Ableitungsgraphen modelliert. Der Ableitungsgraph beschreibt alle beim Herstellungsprozeß erzeugbaren Zwischenobjekte sowie das Ein-/Ausgabeverhalten der dazu eingesetzten Werkzeuge (s. Kapitel 2.5). Er wird während der Konstruktionszeit des Programms von *Odin* interpretiert, um aus einer gegebenen Eingabespezifikation bei einer Anfrage an das System die nötigen Herstellungsschritte dynamisch zu berechnen. Das Modell umfaßt dabei sowohl allgemeine maschinennahe Werkzeuge als auch anwendungsspezifische Schritte.

Abbildung 15 illustriert vereinfacht die Werkzeugsteuerung innerhalb des Systems. Sie demonstriert, wie das Werkzeugsystem aus den Eingaben des Anwenders mit Hilfe der in den verschiedenen Schichten des Systems eingesetzten

3.2 GENERELLE STRUKTUR DES WERKZEUGSYSTEMS 73

Werkzeuge ein lauffähiges Programm für die Zielarchitektur konstruiert. Dabei repräsentieren Kästen die Werkzeuge und abgerundete Kästen Objekte verschiedener Art. Durchgezogene Kanten bezeichnen den Fluß von Objekten. Sie können einerseits direkt vom entsprechenden Objekt auf das Werkzeug zeigen, das es benutzt. Andererseits können auch Objektflußkanten direkt zwischen zwei Werkzeugen bestehen, wenn die dabei fließenden Objekte nicht näher benannt werden sollen. Gestrichelte Kanten deuten eine Aktivität an, wie z. B. den Zugriff auf eine Bibliothek, während gepunktete Kanten die automatische Erzeugung einer gültigen Spezifikation als Ergebnis eines Konfigurierungsprogramms mit grafischer Oberfläche beschreiben. Die verschiedenen Zielrechner sind schließlich durch Ellipsen gekennzeichnet.

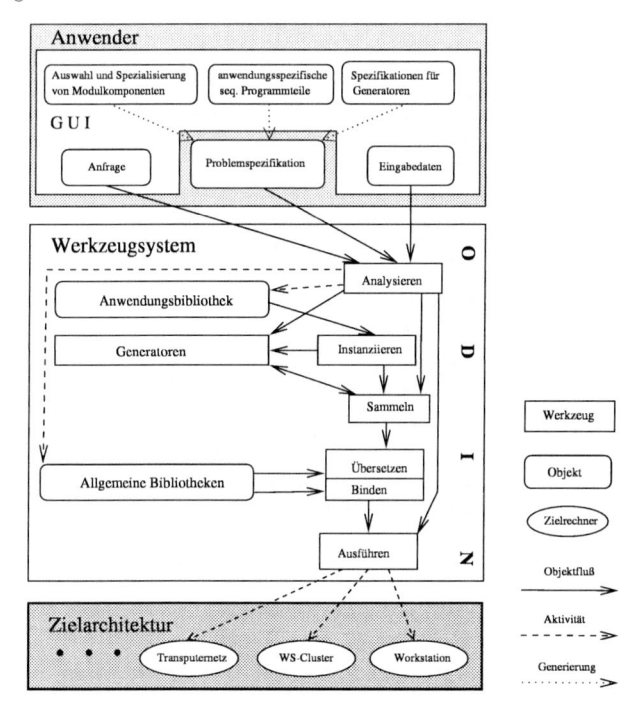

Abbildung 15: Werkzeugsteuerung

Die Werkzeuge der untersten Schicht umfassen neben den maschinennahen Werkzeugen einige weitere allgemein einsetzbare Spezialwerkzeuge zur Analyse der Anwenderspezifikation, Instanziierung von Bibliothekskomponenten und Sammeln gleichartiger Objekte.

Zu den maschinennahen Werkzeugen gehören Übersetzungs-, Konfigurations- und Zugangswerkzeuge für die jeweilige Zielarchitektur. Momentan werden folgende Zielarchitekturen unterstützt:

- Eng gekoppelte Transputernetzwerke mit synchroner Kommunikation für grobgranulare Parallelität. Dazu gehören
  - der *GC-el 1024* mit 1024 gitterförmig verbundenen Transputerprozessoren,
  - der *GC-PP* mit 64 ebenfalls gitterförmig miteinander verbundenen Knoten, wobei jeder Knoten einem Power-PC- und einen Transputer-Prozessor für die Kommunikation enthält,
  - der *SC-320* mit 320 Transputern, wobei die Topologie frei konfigurierbar ist.

  Allen Transputernetzwerken liegt als Software-Umgebung das *PARIX*-System zugrunde. Es definiert eine *C*-Schnittstelle für Prozeßverwaltungs- und Kommunikationsroutinen und stellt eine entsprechende Laufzeitumgebung zur Verfügung.

- Die *MasPar MP-1* mit 2048 eng gekoppelten *SIMD*-Prozessoren für feingranulare Parallelität in einer fest vorgegebenen Gittertopologie. Hier werden Programme mit Hilfe der Programmiersprache *MPL*, einer Erweiterung von *C*, und der Entwicklungsumgebung *MPPE* entwickelt.

- Lose gekoppelte Workstation-Cluster. Hier kommen bei der Programmentwicklung Standard-Kommunikations-Bibliotheken wie *MPI* zum Einsatz.

Zusätzlich existiert die Möglichkeit der Ausführung auf einer sequentiellen Maschine. Diese Variante dient im wesentlichen zu Testzwecken in der Entwicklungsphase einer Spezifikation.

Um dem Anwender die Auswahl zwischen den Zielarchitekturen zu ermöglichen sind verschiedene Strategien möglich. Einerseits kann die Zielmaschine als Parameter in die betroffenen Herstellungsschritte einfließen. Diese Strategie ist jedoch nur dann sinnvoll, wenn die Schritte für alle unterstützen Zielarchitekturen ähnlich sind. Aufgrund des breiten Spektrums der vorgestellten Architekturen und um das Ziel der Erweiterbarkeit beizubehalten, verfolge ich hier die Strategie, für jede Zielarchitektur ein eigenes Anfrageobjekt zur Verfügung zu stellen. Neben den bereits erwähnten Gründen ist diese Strategie besonders gut mit dem *Odin*-Konzept der Zusammenfassung von Werkzeugen in Pakete vereinbar. So faßt jeweils ein Paket das nötige Expertenwissen über die Anwendung der maschinennahen Werkzeuge und die speziellen Ableitungen für eine Zielmaschine zusammen.

3.2 GENERELLE STRUKTUR DES WERKZEUGSYSTEMS 75

Abbildung 16 veranschaulicht den Teil des Ableitungsgraphen für die Übersetzung und Ausführung paralleler Programme auf verschiedenen Plattformen.

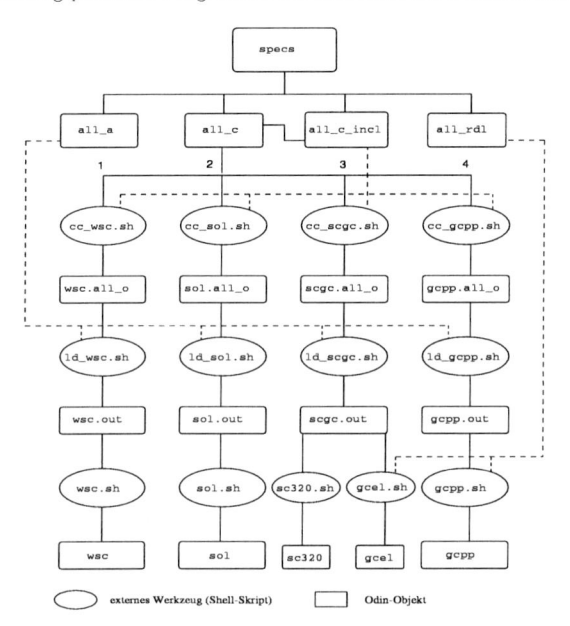

```
                                specs
        ┌───────────┬─────────────┼──────────────┐
      all_a       all_c       all_c_incl      all_rdl
        1           2             3              4
      cc_wsc.sh   cc_sol.sh    cc_scgc.sh     cc_gcpp.sh
      wsc.all_o   sol.all_o    scgc.all_o     gcpp.all_o
      ld_wsc.sh   ld_sol.sh    ld_scgc.sh     ld_gcpp.sh
      wsc.out     sol.out      scgc.out       gcpp.out
      wsc.sh      sol.sh    sc320.sh gcel.sh  gcpp.sh
      wsc         sol       sc320    gcel     gcpp
```

○ externes Werkzeug (Shell-Skript)   ☐ Odin-Objekt

Abbildung 16: Ableitungsgraph für Übersetzung und Ausführung

Neben den allgemein üblichen Übersetzungswerkzeugen können hier noch Werkzeuge nötig sein, um das Prozessornetzwerk wie gewünscht zu konfigurieren, wie das in Kapitel 2.4.2 beschriebene *Grade2cfs*. Bis auf das *SC-320*-System ist allerdings bei allen unterstützten Parallelrechnern eine feste Topologie vorgegeben. Da *PARIX* als Entwicklungsumgebung für den *SC-320* fest eine Gitter-Topologie vorschreibt, sind bisher keine solchen Werkzeuge in das System integriert.

Bevor ein paralleles Programm ausgeführt werden kann, muß schließlich ein physikalisches Prozessornetz vom Zugangssystem des Parallelrechners angefordert werden. Dieser Mechanismus kann unterschiedlich komplex sein und hängt z. B. davon ab, ob Multiuser-Betrieb unterstützt wird und ob eine Reservierung vorgenommen werden kann. Schließlich existieren noch Werkzeuge, um ein Programm auf einem allokierten Rechnernetz auszuführen. Diese dienen dazu, das fertig übersetzte Programm und die Eingabedaten auf den Parallelrechner zu übertragen, sowie die Ausgabedaten zurückzuliefern. Das Werkzeugsystem ruft alle diese Werkzeuge unsichtbar für den Anwender auf, so daß seine Sicht auf den

Parallelrechner für alle unterstützten Zielmaschinen gleich ist. Statt das ausführbare Programm direkt unter Kontrolle des Werkzeugsystems ausführen zu lassen, enthält das System auch ein Werkzeug, das dem Anwender ein *Shell*-Skript zur Verfügung stellt, das der Anwender außerhalb des Systems ausführen kann.

Die Umgebungsvariablen, die für den Einsatz der maschinennahen Werkzeuge notwendig sind, werden zentral für alle Plattformen in einem *Odin*-Paket definiert.

Zu den Werkzeugen der untersten Schicht gehören weiterhin die allgemeinen Analysewerkzeuge. Diese Werkzeuge dienen dazu, die Spezifikation des Anwenders zu untersuchen, und daraus die für die Erzeugung des angeforderten Zielobjekts benötigten Objekte zu bestimmen und an die entsprechenden Werkzeuge weiterzuleiten. Da sich eine Anfrage an das Werkzeugsystem immer auf ein spezielles Eingabeobjekt beziehen muß, ist ein Mechanismus nötig, die Spezifikationsteile des Anwenders zentral in einem Dokument zu sammeln. Dazu können alle für die Erzeugung eines parallelen Programms benötigten Komponenten in einer Spezifikationsdatei angegeben werden, aus der ein Analysewerkzeug alle Basisobjekte extrahiert. Statt einer Spezifikationsdatei, die die Elemente einfach aufzählt, kann auch eine Beschreibung in Form einer *funnelweb*-Datei erstellt werden, die alle Spezifikationsteile als Text enthält [Wil92]. Diese Variante hat den Vorteil, daß daraus direkt eine textuelle Dokumentation der Spezifikation erzeugt werden kann. Diese beiden Spezifikationstypen können beliebig ineinander geschachtelt werden. Zusätzlich können an beliebiger Stelle *C*-Präprozessor-Anweisungen eingesetzt werden. Die dazu benötigten Werkzeuge konnten direkt aus dem Eli-System übernommen werden.

Ein weiteres allgemeines Analysewerkzeug ist das ebenfalls aus Eli übernommene *include*-Werkzeug. Es untersucht rekursiv alle *C*-Modulimplementierungen nach den von ihnen benötigten Schnittstellendateien und stellt die entsprechenden Dateien für ihre spätere Verwendung zur Verfügung. So müssen die zu einem parallelen Programm gehörigen *C*-Schnittstellen-Dateien nicht in der Spezifikation angegeben werden. Die zu untersuchenden Verzeichnisse werden dabei entweder vom Anwender explizit als Parameter angegeben oder aus der Modulbibliothek entnommen.

Der Instanziierungsmechanismus erzeugt aus den generalisierten Bibliothekskomponenten gemäß der Parametrisierung des Anwenders eine konkrete Instanz eines Bibliotheksmoduls. Er besteht aus einem allgemeinen Mechanismus für die Parameterübergabe, der zur untersten Schicht gehört, und einem modulspezifischen Instanziierungswerkzeug. Der allgemeine Teil des Instanziierungsmechanismus kann bis auf die Modifikation der Namen der anwendungsspezifischen Parameter für alle Werkzeugsysteme übernommen werden.

3.2 GENERELLE STRUKTUR DES WERKZEUGSYSTEMS

Die Aufgabe dieses allgemeinen Werkzeugs besteht darin, die Instanziierungsparameter an das anwendungsspezifische Instanziierungswerkzeug weiterzuleiten und alle zu einer Modulinstanz gehörigen Komponenten für die weitere Bearbeitung in einem *Odin*-Objekt zur Verfügung zu stellen. Da dieses Werkzeug eng mit dem anwendungsspezifischen Teil der Instanziierung zusammenhängt, wird es in Kapitel 3.3.4 näher beschrieben.

Schließlich enthält die unterste Schicht noch Werkzeuge zum Sammeln gleichartiger Objekte. Diese Methode bewirkt eine Strukturierung des Herstellungsprozesses, indem sie ihn in Stufen bezüglich der bereits erzeugten Objekte einteilt (*Pipelining*). Das Erreichen einer Stufe stellt dabei sicher, daß alle Objekte eines bestimmten Typs vorhanden sind. Die bereits vorhandenen Objekte werden dabei von Stufe zu Stufe akkumuliert.

So können einzelne Werkzeuge abhängig von der Herstellungsstufe angesteuert werden. Die Stufen dienen somit zur Synchronisation voneinander abhängiger Werkzeuge. Diese Technik ist insbesondere dann von Vorteil, wenn die Spezifikation deklarative Beschreibungen enthält, die in mehreren voneinander unabhängigen Teilen beschrieben werden können, aber gemeinsam an ein Werkzeug weitergegeben werden. Es wird dazu eine Stufe definiert, die alle diese Teile enthält. Sie können dann aus der Sammlung extrahiert und zusammen an das Werkzeug weitergeleitet werden.

Beispiele dafür liefern die Spezifikation der konkreten Grammatik und der attributierten Grammatik in Eli. Diese können aufgrund des deklarativen Charakters der Spezifikationssprachen stückweise definiert werden. Das Eli-System gibt die Spezifikationsteile dann gesammelt an die entsprechenden Generierungswerkzeuge weiter.

Das *source*-Werkzeug dient dazu, sämtliche aus einer Spezifikation abgeleiteten, bezüglich der zugrundeliegenden Entwicklungsplattform elementaren Objekte dem Anwender zur Verfügung zu stellen. Dazu gehören im allgemeinen Fall C-Schnittstellen- und -Implementierungsdateien, Ressourcedateien für die Konfiguration sowie ein *Makefile* zur Übersetzung und Ausführung des Programms. Das *Makefile* beschreibt, basierend auf den aus einer Spezifikation erzeugten elementaren Objekten, die maschinennahen Schritte bis zur Ausführung des Programms. Die anwendungsspezifischen Schritte des Herstellungsprozesses werden intern im Werkzeugsystem ausgeführt und spiegeln sich im *Makefile* in Form der beteiligten elementaren Objekte wider. Mit Hilfe dieses Werkzeugs ist der Anwender in der Lage, das vom Werkzeugsystem erstellte Programm auf dem gewünschten Zielrechner unabhängig vom System auf einem Parallelrechner zu installieren und auszuführen.

Die Implementierung dieses Werkzeugs basiert auf dem bereits vorgestellten Sammelwerkzeug. Dazu wird eine Stufe definiert, die alle aus der Spezifikation abgeleiteten elementaren Objekte enthält. Die *Makefile*-Abhängigkeiten der Implementierungsdateien von den Schnittstellendateien werden mit Hilfe des *include*-Werkzeugs erzeugt.

Der Zugriff auf die allgemeinen Bibliotheken der nächsten Schicht erfolgt durch Parametrisierung der von der Benutzung der Bibliotheken betroffenen Ableitungsschritte. Die Angabe der benötigten Parameterwerte kann dabei für den Anwender verborgen bleiben. Dazu benutzt er spezielle Ableitungsschritte, die intern die erforderlichen Parameter mit Werten belegen, diese an die allgemeinen Schritte weiterleiten, und das Ergebnis der parametrisierten Herleitung zurückliefern.

Ein zentraler Bestandteil der höheren Schichten eines Werkzeugsystems ist die anwendungsspezifische Modulbibliothek. Dabei kommen Werkzeuge zum Einsatz, die in Kombination mit dem allgemeinen Mechanismus die Instanziierung der Bibliotheksmodule realisieren. Außerdem erfolgt hier die Integration anwendungsspezifischer Werkzeuge wie Generatoren. Die Ergebnisse der Instanziierung und die Ausgaben der Generatoren werden zusammen mit den anderen Teilen der Anwenderspezifikationen in den oben beschrieben Herstellungsstufen zusammengefaßt.

Zusätzlich kann der Entwickler eines Werkzeugsystems dem Benutzer ein anwendungsspezifisches Konfigurierungsprogramm mit grafischer Benutzungsoberfläche zur Verfügung stellen, die ihn bei der Entwicklung der Problemspezifikation führt und seine Angaben dabei auf Konsistenz überprüft. Die Entwicklung anwendungsspezifischer Werkzeuge bildet einen Schwerpunkt von Kapitel 3.3.

3.3 Konstruktion anwendungsspezifischer Werkzeugsysteme

In diesem Kapitel wird die Entwicklung der anwendungsspezifischen Komponenten des Werkzeugsystems beschrieben. Die so entstehende Anwendungsbibliothek wird zusammen mit den anwendungsspezifischen Entwicklungswerkzeugen in das Werkzeugsystem integriert. Dazu wird die bisherige Beschreibung des generellen Herstellungsprozesses um den Aufruf dieser Werkzeuge und die automatische Auswahl der Bibliothekskomponenten erweitert.

Der Schwerpunkt der hier beschriebenen Methoden liegt auf der vertikalen Wiederverwendung von Expertenwissen aus speziellen Anwendungsbereichen. Die für diese Art der Wiederverwendung grundlegende Methode der Bereichsanalyse wird

3.3. KONSTRUKTION ANWENDUNGSSPEZIFISCHER SYSTEME

in Kapitel 3.3.1 vorgestellt. Die Bereichsanalyse liefert Informationen über die wiederverwendbaren Komponenten einer Anwendungsbibliothek sowie die Kriterien für die Definition ihrer Parameter.

Die anschließenden Kapitel beschreiben, welche Methoden eingesetzt werden können, um die Ergebnisse der Bereichsanalyse in die Entwicklung wiederverwendbarer Komponenten für ein Werkzeugsystem umzusetzen. Die eingesetzten Methoden sind dabei unabhängig von einer konkreten Sprache. Als ein wesentliches Ergebnis entsteht eine Bibliothek zur Lösung bestimmter Klassen von Anwendungsproblemen und Mechanismen zu deren Instanziierung.

Dazu erläutert Kapitel 3.3.2 zunächst die Entwicklung einer anwendungsspezifischen Software-Architektur. Anschließend geht Kapitel 3.3.3 auf die Definition eines wiederverwendbaren anwendungsspezifischen Herstellungsprozesses ein. Ein wesentlicher Bestandteil des Werkzeugsystems ist die Anwendungsbibliothek. Kapitel 3.3.4 beschreibt ausführlich eine Methode zur Entwicklung einer wiederverwendbaren Bibliothekskomponente. Abschließend stellt Kapitel 3.3.5 die Integration generierender Werkzeuge in das System vor.

Ein wesentlicher Faktor für die Akzeptanz eines Werkzeugsystems ist die einfache Handhabung. Die Schnittstelle zum Anwender sollte sich auf die aus Benutzersicht relevanten Aspekte des Anwendungsbereichs beschränken und ihn beim Treffen seiner Entscheidungen unterstützen. In Kapitel 3.3.6 wird die systematische Entwicklung eines Konfigurierungsprogramms mit einer grafischen Benutzungsoberfläche für ein anwendungsspezifisches Werkzeugsystem beschrieben.

3.3.1 Bereichsanalyse als Grundlage für anwendungsspezifische Werkzeugsysteme

Die Bereichsanalyse basiert auf der Annahme, daß die Anforderungen an verschiedene Software-Systeme aus dem gleichen Anwendungsgebiet sich nur geringfügig unterscheiden. Dementsprechend kann ein großer Anteil von Software-Komponenten, die zur Lösung gleichartiger Probleme entwickelt werden, einschließlich des dabei eingesetzten Expertenwissens, wiederverwendet werden. Man kann die Bereichsanalyse als eine Verallgemeinerung der Systemanalyse auf eine ganze Familie von verwandten Problemen beschreiben. Es werden insbesondere die Ähnlichkeiten und die Unterschiede zwischen verschiedenen Systemen des Anwendungsbereichs untersucht, wobei die Anforderungen an zukünftige Systeme so weit wie möglich antizipiert werden müssen. Somit ist die Bereichsanalyse eine wesentliche Voraussetzung für den systematischen Einsatz von Software-Wiederverwendungsmethoden innerhalb eines Anwendungsbereichs.

Zur Durchführung einer Bereichsanalyse sind sowohl Expertenwissen aus dem Anwendungsbereich als auch im Bereich der systematischen Software-Wiederverwendung nötig. In diesem speziellen Fall, wo die Anwendungsbereiche aus der parallelen Programmierung stammen, ist auch Expertenwissen über die Entwicklung paralleler Programme notwendig. Das Ergebnis der Bereichsanalyse ist ein Bereichsmodell. Dabei handelt es sich um eine Beschreibung der allgemein verwendeten Objekte und Operationen, die zur Spezifikation eines Systems aus dem Anwendungsbereich nötig sind, sowie ihrer Beziehungen untereinander. Sie bildet damit die Grundlage zur Modellierung des wiederverwendbaren Herstellungsprozesses sowie der Komponenten der Anwendungsbibliotheken wie anwendungsspezifische Software-Architekturen, Algorithmenschemata und abstrakte Datentypen.

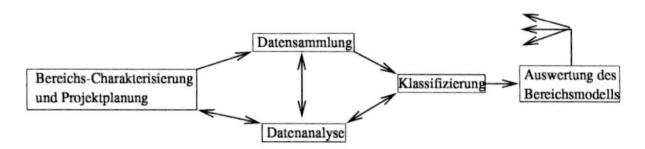

Abbildung 17: Vorgehensmodell für Bereichsanalyse

Abbildung 17 zeigt ein Vorgehensmodell für die Bereichsanalyse (nach [Ara94]). Ausgangspunkt ist eine Charakterisierung des Anwendungsbereichs. Es folgt die Sammlung und Analyse der für den Anwendungsbereich relevanten Daten. Dann findet eine Klassifizierung des Anwendungsbereichs statt. Anschließend wird das dabei erstellte Bereichsmodell ausgewertet. Die Grafik macht deutlich, daß es sich bei der Bereichsanalyse um einen iterativen Prozeß handelt. Im Prinzip kann jedes neue Zwischenergebnis, das in einer der Phasen anfällt, Rückwirkungen auf alle anderen Phasen haben.

Der **Charakterisierung des Anwendungsbereichs** geht eine Abschätzung voraus, ob sich eine Bereichsanalyse rentiert, d. h. ob ein genügend großes Wiederverwendungspotential zu erwarten ist. Danach werden die Grenzen des Anwendungsbereichs festgelegt. Anschließend werden die relevanten Informationen identifiziert und gesammelt. Daran schließt sich eine Projektplanung an.

Die **Datensammlungsphase** dient der Beschaffung von Informationen über den Anwendungsbereich aus verschiedenen Quellen. Einerseits werden vorhandene Systeme untersucht, um die in den Lösungen verwendeten Abstraktionen zu erkennen. Um die Struktur und das Verhaltens eines Systems besser zu verstehen, können dabei Reverse-Engineering-Werkzeuge eingesetzt werden. Allerdings ist dieses Verfahren auch mit der Gefahr verbunden, schlechte Abstraktionen zu übernehmen und weiterzuverbreiten. Um diese Gefahr zu minimieren, wird die Datensammlung durch Sichtung bereichsspezifischer Literatur und Befragung von

3.3. KONSTRUKTION ANWENDUNGSSPEZIFISCHER SYSTEME 81

Experten aus dem Anwendungsgebiet fundiert. Durch die Entwicklung von Anwendungsszenarios werden weitere Daten produziert. Die Datensammlung wird von der Datenanalyse- und der Klassifizierungsphase gesteuert.

Während zur Datensammlung bekannte Techniken eingesetzt werden, beginnt mit der **Datenanalyse** der eigentliche Modellierungsprozeß der Bereichsanalyse. Sie beginnt mit der Identifikation der Objekte, Ereignisse, Operationen und deren Beziehungen innerhalb des Anwendungsbereichs, um Beschreibungen wiederverwendbarer Module zu bestimmen. Die Art dieser Daten hängt von der eingesetzten Software-Engineering-Methode ab. Es kann sich dabei sowohl um strukturierte Datentypen, Funktionen oder Prozeduren in der Welt der imperativen Programmierung als auch um Objekte im Sinne der objekt-orientierten Programmierung handeln. Dementsprechend kann bei der anschließenden Modularisierung der Informationen eine Zerlegung der Funktionen und Daten genauso eingesetzt werden wie eine objekt-orientierte Analysemethode. Im Bereich der parallelen Programmierung ist hier auch die Aufteilung in Prozesse und deren Kommunikation untereinander zu untersuchen. Dabei werden die zu treffenden Entwurfsentscheidungen identifiziert. Schließlich werden Ähnlichkeiten analysiert, um Ansätze zur Vereinigung von Komponenten zu finden. Die Analyse von Variationen liefert Möglichkeiten zur Kapselung und Parametrisierung. Außerdem werden durch die Untersuchung sich wiederholender Kombinationen typische Strukturmuster identifiziert. Trade-offs liefern Ansatzpunkte für mögliche Zerlegungen von Modulen und Software-Architekturen, um unvereinbare Anforderungen erfüllen zu können.

Diese Art der Modellierung ist im wesentlichen vergleichbar mit der klassischen Systemanalyse. Sie unterscheidet sich nur dadurch, daß sie auf ganze Klassen von ähnlichen Anwendungen statt nur auf ein Problem angewendet wird.

Die **Klassifizierung** ist der Hauptmodellierungsschritt der Bereichsanalyse. Sie findet in enger Rückkopplung mit der Datenanalyse statt, die dafür verantwortlich ist, die Modellierung der Daten im Hinblick auf die Klassifizierungsphase vorzunehmen. In dieser Phase werden ähnliche Beschreibungen zu Clustern zusammengefaßt, deren Gemeinsamkeiten zu Beschreibungen auf einer höheren Abstraktionsebene zusammengefaßt werden. Die so neu entstandenen Beschreibungen werden unter Verwendung bereits bestehender Cluster klassifiziert. Die Abstraktionen werden in Verallgemeinerungshierarchien eingeordnet, die taxonomisch relevante Informationen über den Anwendungsbereich einteilen. Dies können z.B. Klassenhierarchien im objekt-orientierten Paradigma sein. Die Taxonomie des Anwendungsbereichs kann aber auch als Sammlung semantischer Netze, als facettiertes Klassifizierungsschema oder als Kombination aller dieser Varianten strukturiert sein [PDF87].

Durch diesen Prozeß wird ein einheitliches Vokabular geschaffen, falls dieses noch nicht existiert. Es besteht die Möglichkeit, dieses Vokabular so zu formalisieren, daß die darin enthaltenen Terme und ihre Beziehungen untereinander in eine anwendungsspezifische Spezifikationssprache umgesetzt werden. Dieser Ansatz wird hier allerdings nicht verfolgt. Die Klassifizierungsphase macht den eigentlichen Unterschied zur klassischen Systemanalyse aus.

Der letzte Schritt sollte die **Auswertung** des entwickelten Bereichsmodells sein. Die Validierungskriterien sind allerdings schwer definierbar, so daß bisher keine Evaluierungsmethoden bekannt sind. Diese Tatsache mindert natürlich die Akzeptanz für die Durchführung einer Bereichsanalyse.

An die eigentliche Bereichsanalyse schließt sich die Kapselung der Komponenten an. Die Qualität der Kapselung – und damit die Wiederverwendbarkeit – der Komponenten kann verbessert werden, indem je nach Komplexität auch die Anwendungsbereiche der Komponenten analysiert werden [PD91].

Darüber hinaus werden die Richtlinien für die Benutzung der wiederverwendbaren Komponenten üblicherweise in Form von Dokumentation für den Anwender festgehalten. Mein Ansatz behandelt diesen Aspekt dadurch, daß der Experte zusätzlich zum Werkzeugsystem ein Konfigurierungsprogramm mit grafischer Oberfläche entwickelt, das den Benutzer bei der Entwicklung der Spezifikation führt und dabei die Konsistenz seiner Angaben überprüft (s. Kapitel 3.3.6).

Speziell im Fall von Anwendungsgebieten der parallelen Programmierung bietet sich eine weitere Variante der Datensammlung an. Hier ist es bisher noch üblich, daß Spezialisten aus dem Anwendungsgebiet zusammen mit Spezialisten der parallelen Programmierung jeweils für ein Problem eine individuelle Lösung entwickeln. Hier ergibt sich die Möglichkeit, einen Wiederverwendungsexperten mit in diese Individuallösung einzubeziehen, um während dieses Prozesses die dabei anfallenden Daten zu sammeln und eventuell Einfluß auf den Entwurf zu nehmen und die Wiederverwendbarkeit zu verbessern. Anschließend arbeitet dieser in der Datenanalyse- und Klassifizierungsphase die wiederverwendbaren Komponenten heraus und integriert sie in das Werkzeugsystem. Als erster Evaluationsschritt kann dann die Originallösung noch einmal unter Zuhilfenahme des Werkzeugsystems rekonstruiert werden. Abbildung 18 verdeutlicht dieses Vorgehen.

Ein Hauptergebnis der Bereichsanalyse ist die Information darüber, welche Komponenten zur Lösung eines Problems aus dem Anwendungsbereich benötigt werden. Die Auswahl der Attribute, die zur Klassifizierung benutzt werden, liefert die Information, wie sich Anwendungen aus dem untersuchten Bereich unterscheiden können. Daraus können die Parameter für die wiederverwendbaren Komponenten der Anwendungsbibliothek bestimmt werden, die zur Adaption für eine spezielle Anwendung zur Verfügung gestellt werden müssen.

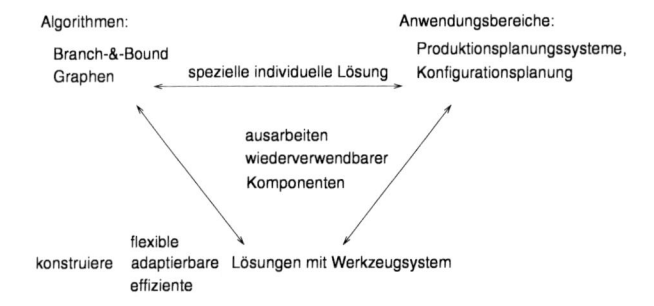

3.3. KONSTRUKTION ANWENDUNGSSPEZIFISCHER SYSTEME 83

```
Algorithmen:                              Anwendungsbereiche:
Branch-&-Bound                            Produktionsplanungssysteme,
Graphen      spezielle individuelle Lösung   Konfigurationsplanung

                    ausarbeiten
                    wiederverwendbarer
                    Komponenten

              flexible
konstruiere   adaptierbare  Lösungen mit Werkzeugsystem
              effiziente
```

Abbildung 18: Bereichsanalyse in der parallelen Programmierung

Die mögliche Zusammensetzung der Komponenten der Anwendungsbibliothek ist ein weiteres wichtiges Ergebnis der Bereichsanalyse. Die Zusammenarbeit verschiedener Module während der Laufzeit des erzeugten Programms wird durch eine anwendungsspezifische Software-Architektur beschrieben. Diese beschreibt eine für alle Systeme des Anwendungsgebiets gültige Zerlegung des Systems in Komponenten mit festgelegten Schnittstellen und deren Beziehungen untereinander.

Ein weiteres wichtiges Ergebnis ist, wie die zu einem lauffähigen Programm gehörenden Lösungskomponenten erzeugt werden. Dieser anwendungsspezifische Aspekt des Herstellungsprozesses wird in Form von Konstruktionsregeln für die Erzeugung von Komponenten beschrieben.

Die folgenden Kapitel beschreiben die Software-Wiederverwendungsmethoden, die unter den gegebenen Voraussetzungen eingesetzt werden können, um die Ergebnisse der Bereichsanalyse systematisch in die Entwicklung eines anwendungsspezifischen Werkzeugsystems einfließen zu lassen.

3.3.2 Software-Architektur

Die Software-Architektur bestimmt die Qualität eines gesamten Software-Systems. Die Bereichsanalyse kann durch die Inspektion bereits vorhandener Systeme aus dem Anwendungsbereich als Ergebnis eine anwendungsspezifische Software-Architektur liefern, die alle an der Lösung eines Problems beteiligten Komponenten sowie deren Zusammensetzung zu einem Gesamtprogramm modelliert. Eine anwendungsspezifische Software-Architektur beschreibt ein Muster für die Dekomposition von Problemen in Teilprobleme. Solche Architekturmuster beschreiben eine Familie von Architekturen als offene strukturierte Sammlung von Architekturelementen. Die gemeinsamen Eigenschaften von Architekturen können sowohl struktureller Art als auch in Form von Randbedingungen für die Benutzung ihrer Komponenten sein.

Eine anwendungsspezifische Software-Architektur dient als Referenzarchitektur für alle Probleme aus dem Bereich. Die Spezialisierung auf einen Anwendungsbereich erhöht dabei die Aussagekraft der zugrundeliegenden Strukturen. Die Entwicklung einer Software-Architektur ist ein wesentlicher Schritt, um ausführbare Programme von einem Werkzeugsystem automatisch generieren zu lassen.

Beispiele für häufig verwendete Architekturstile sind *Pipes and Filters*, *objektorientierte* oder *ereignisgesteurte Systeme*, *Schichtensysteme*, *Repositories*, *Interpreter* oder *Prozeßkontrollschleifen* [SG96]. Die spezielle Ausprägung einer anwendungsspezifischen Software-Architektur hängt natürlich stark vom Anwendungsbereich ab. Im allgemeinen wird sie nicht direkt einem dieser Stile entsprechen, sondern verschiedene Stilrichtungen miteinander kombinieren. Deshalb kann hier auch keine allgemeine Methode für die Entwicklung einer anwendungsspezifischen Software-Architektur angegeben werden. Vielmehr liefert die Auswertung der Daten in der Bereichsanalyse Informationen über die allen Anwendungen gemeinsamen Strukturen. Es können Standardmethoden der Software-Entwicklung eingesetzt werden, um eine Software-Architektur für den Anwendungsbereich zu entwickeln. Dabei können allgemein anwendbare Strategien eingesetzt werden, um ausgehend von bereits bestehenden Software-Architekturen der in der Bereichsanalyse untersuchten Systeme zu einer Software-Architektur zu gelangen, die leichter adaptierbar ist, und die die Wiederverwendbarkeit der beteiligten Komponenten und der eingesetzten Konzepte unterstützt [Nag90, Kap. 8]. Diese Strategien reichen von der Extraktion von Basisbausteinen über die Konzeption eines Software-Systems als anwendungsspezifischer Bausteinkasten, die Eingliederung veränderlicher Teile in Form von Daten bis hin zum Einsatz von *Bootstrapping*. Darüber hinaus können Strategien zur Erzeugung von Programmen wie mechanische Transformation, Generierung von Programmfragmenten und ausführbare Spezifikationen verfolgt werden.

Die Gemeinsamkeit bei der Entwicklung einer wiederverwendbaren Software-Architektur als Element einer Anwendungsbibliothek für das Werkzeugsystem besteht in dem Ansatz, die Software-Architektur mit Einstiegspunkten für die problemspezifischen Teile des Anwenders zu versehen. In diesem Zusammenhang ist ein *Einstiegspunkt* eine offene Stelle in der Software-Architektur, die zur Entwicklung einer konkreten Anwendung mit problemspezifischen Programmfragmenten ausgefüllt werden kann. Da ein Einstiegspunkt immer in einem konkret Modul verankert ist, kann dieser Begriff äquivalent auch für Module definiert werden. Der Experte des Anwendungsbereichs muß dazu untersuchen, welche Aspekte von

3.3. KONSTRUKTION ANWENDUNGSSPEZIFISCHER SYSTEME 85

Anwendung zu Anwendung unterschiedlich sind, und welcher Grad der Flexibilität zur Anpassung des Systems notwendig ist.

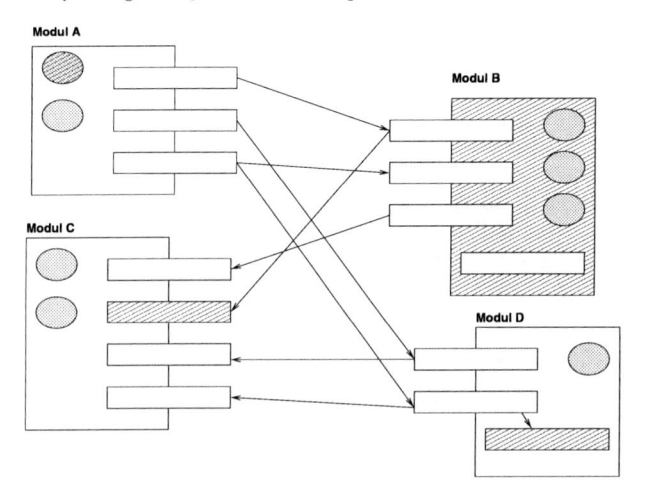

Abbildung 19: Software-Architektur mit Einstiegspunkten

Abbildung 19 zeigt ein Beispiel für eine Software-Architektur mit Einstiegspunkten. Dabei entsprechen die äußeren Kästen Software-Modulen. Die darin geschachtelten Rechtecke und Ovale symbolisieren Funktionen und Daten. Funktionen, die über den Rand eines Moduls hinausgehen, bilden die Schnittstelle des Moduls. Eine Kante zwischen zwei Funktionen beschreibt einen Aufruf. Die Einstiegspunkte sind in der Grafik schraffiert dargestellt. Ein Einstiegspunkt kann demnach also sowohl ein Datenobjekt als auch eine Funktion oder gar ein ganzes Modul sein. Dabei können sowohl Funktionen aus der Schnittstelle eines Moduls als auch interne Funktionen als Einstiegspunkte definiert werden.

Die durch die Einstiegspunkte entstehenden Lücken können vom Anwender ausgefüllt werden, um die Software-Architektur zu vervollständigen. An den Einstiegspunkten werden dann während der Konstruktionszeit des Programms vom Werkzeugsystem die problemspezifischen Angaben des Benutzers wie z. B. Funktionen und Datentypen in den betroffenen Modulen eingesetzt. Wenn Flexibilität auch während der Laufzeit des erzeugten Programms benötigt wird, können veränderliche Teile in Form von Daten in das Software-System eingegliedert werden. Die Gesamtarchitektur eines mit Hilfe des Werkzeugsystems erstellten Programms setzt sich dabei sowohl aus instanziierten Modulen aus der Anwendungsbibliothek, aus von generierenden Werkzeugen erzeugten Komponenten als auch aus anwendungsspezifischen Lösungskomponenten zusammen.

Ein wesentlicher Aspekt bei der Entwicklung einer anwendungsspezifischen Software-Architektur für Bereiche der parallelen Programmierung ist die Zerlegung des Programms in sequentielle und parallele Programmteile. Diese Zerlegung muß vollständig im festen Teil der Software-Architektur verankert sein, weil der Anwender des Werkzeugsystems in der Regel keine Erfahrungen mit der Entwicklung paralleler Programme hat. Insbesondere sollen an den Einstiegspunkten nur sequentielle Komponenten eingesetzt werden, so daß seine Sicht auf das Problem nur noch aus einer Spezifikation in Form von sequentiellen Programmteilen besteht. Ein wichtiger in allen Anwendungsbereichen wiederkehrender Aspekt bei dieser Zerlegung ist die Eingabe der Daten in den Parallelrechner sowie die Ausgabe der Daten zurück an den Host-Rechner.

Ein Beispiel für eine anwendungsspezifische Software-Architektur für parallele Branch-&-Bound-Programme zeigt Abbildung 31 in Kapitel 4.2.1. Sie besteht aus den dort gezeigten Modulen mit festgelegten Schnittstellen und legt deren Beziehungen untereinander fest. Die parallelen Programmteile, wie **Worker-Prozesse**, **Terminierung** und **Verteilte Optimum-Berechnung**, sind in der Bibliothek abgelegt. Die Module sind dabei mit Einstiegspunkten für die sequentiellen problemspezifischen Komponenten, wie Branching- und Bounding-Funktion, versehen.

Zusammenfassend realisiert die Entwicklung einer anwendungsspezifischen Software-Architektur die zusammensetzende Wiederverwendung von Entwurf und Code.

3.3.3 Herstellungsprozeß

Die horizontale Wiederverwendung des Herstellungsprozesses sowie die dabei eingesetzten Werkzeuge wurden bereits in Kapitel 3.2 beschrieben. Dieser Teil des Herstellungsprozesses kann bei der Entwicklung eines Werkzeugsystems für einen anderen Anwendungsbereich unverändert übernommen werden. Hier wird nun der anwendungsspezifische Teil des Herstellungsprozesses vorgestellt.

Die oberen Schichten des Werkzeugsystems unterstützen die vertikale Wiederverwendung des Herstellungsprozesses, indem sie die anwendungsspezifischen Lösungskomponenten bereitstellen. Dazu stellt der Entwickler eines Bibliotheksmoduls eine Herstellungsvorschrift für die Erzeugung einer konkreten Instanz des Bibliotheksmoduls zur Verfügung, die das Wissen darüber beinhaltet, wie sich die in der Bereichsanalyse gewonnenen Parameter auf die Erzeugung unterschiedlicher Varianten der Modulkomponenten auswirkt. Außerdem müssen dem Instanziierungswerkzeug, das einen allgemeinen Mechanismus zur generischen Instanziierung von Modulen bereitstellt, die anwendungsspezifischen Parameter bekannt

3.3. KONSTRUKTION ANWENDUNGSSPEZIFISCHER SYSTEME 87

gemacht werden. Die Entwicklung einer solchen Vorschrift wird in Kapitel 3.3.4 näher beschrieben.

Einen weiteren Ansatzpunkt für die Wiederverwendung anwendungsspezifischer Herstellungsschritte liefert der Einsatz von generierenden Werkzeugen. In diesem Fall wird das Wissen über die benötigten Eingabeobjekte, die erzeugten Ausgabeobjekte sowie die Anwendung und Parametrisierung des Generators in einem anwendungsspezifischen *Odin*-Herstellungspaket gekapselt. Ein solches Paket kann neben dem eigentlichen Generator auch Werkzeuge zur Vorbereitung der Eingabeobjekte und Nachbehandlung der Ausgaben für spätere Schritte enthalten. Kapitel 3.3.5 geht auf die Entwicklung eines solchen Pakets genauer ein.

Eine wichtige Software-Wiederverwendungsmethode bei der Modellierung des Herstellungsprozesses ist die automatische Auswahl von Lösungskomponenten aus der Anwendungsbibliothek. Dabei wählt das Werkzeugsystem anhand von problemspezifischen Auswahlkriterien, die entweder vom Anwender selbst spezifiziert werden oder aus anderen Informationen während des Herstellungsprozesses abgeleitet werden können, automatisch aus einer Menge gleichartiger Kandidaten die am besten geeignete aus. Dazu muß im Ableitungsgraphen ein spezieller Schritt definiert werden, der unter Zuhilfenahme einer Wissensbasis die Informationen über das Verhalten der Auswahlkandidaten bei gegebenen Parametern auswertet und den entsprechenden Favoriten zur Verfügung stellt. Die Wissensbasis kann dabei sowohl statisch auswertbare Informationen als auch Meßdaten aus vorherigen Programmläufen aufnehmen.

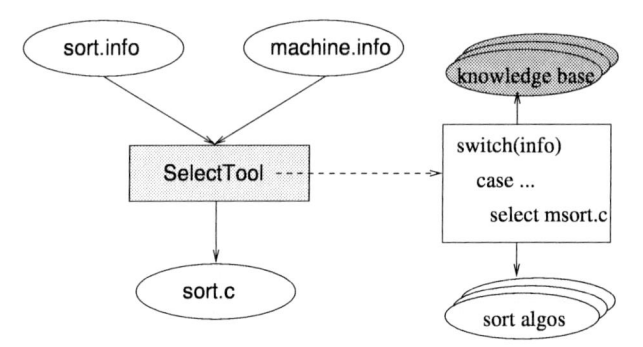

Abbildung 20: Automatische Auswahl von Komponenten

Abbildung 20 demonstriert den Auswahlmechanismus am Beispiel der automatischen Auswahl des vielversprechendsten Sortierverfahrens anhand der Anzahl der zu sortierenden Schlüssel, der Prozessoranzahl sowie weiterer Parameter. Außerdem wird die Auswahl geeigneter Komponenten von den Parametern der zugrundeliegenden Maschine kontrolliert (Kapitel 5).

Diese Methode realisiert die Wiederverwendung des Herstellungsprozesses und der dabei zu treffenden Entwurfsentscheidungen mit zusammensetzender Technik.

3.3.4 Entwurf von Bibliotheksmodulen

Hier wird der Entwurf eines Moduls der Anwendungsbibliothek beschrieben. Ich beschränke mich dabei auf die Entwicklung eines Moduls in der Programmiersprache C. Die Methode kann aber auch auf beliebige in anderen Sprachen formulierte Bibliothekskomponenten angewendet werden.

Die Parameter einer Bibliothekskomponente sind ein Ergebnis der Bereichsanalyse. Dabei ist abhängig von der gewünschten Flexibilität der Komponente zu unterscheiden, ob ein Parameter die Adaption zur Laufzeit oder zur Konstruktionszeit der Software steuert. Im Falle eines C-Moduls werden Laufzeitparameter auf Funktionsparameter entsprechender C-Funktionen abgebildet. Die so definierte Schnittstelle des Moduls ist ein Bestandteil der Beschreibung der Software-Architektur. Hier gehe ich im wesentlichen auf die Modellierungsschritte bei der Entwicklung zur Konstruktionszeit instanziierbarer Module ein. Abhängig von der Art des Parameters können unterschiedliche Methoden eingesetzt werden.

In dieser Arbeit werden keine Techniken eingesetzt, die direkt mit dem objektorientierten Paradigma zusammenhängen, weil entsprechende allgemeine Entwicklungsumgebungen im Bereich der parallelen Programmierung nicht existieren. Dagegen sind auf Basis von C als Programmiersprache beruhende Umgebungen für Parallelrechner weit verbreitet. Die im folgenden vorgestellten Engineering-Konzepte hängen jedoch mit bekannten objekt-orientierten Konzepten wie Generizität und Vererbung zusammen.

Generizität wird durch generische Parameter realisiert. Es handelt sich dabei um Generizität im allgemeinsten Sinn. Beliebige Dokumente können auf die gleiche Art mit generischen Parametern versehen werden. Zur Erzeugung von Instanzen wird ein allgemeiner Instanziierungsmechanismus eingesetzt, der auf einfacher Textersetzung beruht. Diese Technik wird hier insbesondere für C-Programme eingesetzt. Der Vorteil dieser Methode ist, daß sie unabhängig von einem zugrundeliegenden Programmiermodell universell anwendbar ist. Die Flexibilität wird allerdings dadurch bezahlt, daß auf Möglichkeiten der Prüfung des Entwurfs, die bei objekt-orientierten Konzepten möglich sind, verzichtet wird. Diese Einschränkung ist deshalb akzeptabel, weil sie nur den Experten betrifft, der die generischen Module entwickelt. Für den Anwender erleichtert sie die Programmentwicklung, da er ein allgemeines Prinzip zur Instanziierung anwenden kann.

3.3. KONSTRUKTION ANWENDUNGSSPEZIFISCHER SYSTEME 89

Das Konzept der Einstiegspunkte kann als Vererbung im Sinne von Spezialisierung verstanden werden. Einstiegspunkte definieren offene Stellen in einem Modul, die vom Anwender durch Implementierung problemspezifischer Funktionen ausgefüllt werden. Dies ist vergleichbar mit dem Überschreiben einer abstrakten Methode einer Klasse bei der Vererbung. Die Mechanismen zur Auswahl unterschiedlicher Realisierungen eines Moduls zur Lösung einer Aufgabe können als eingeschränkte Vererbung angesehen werden.

Durch den Einsatz dieser einfachen Methoden wird die Software-Entwicklung mit Konzepten ermöglicht, die den angesprochenen objekt-orientierten Techniken ähnlich sind. Der Anwender eines Werkzeugsystems muß dabei nur über Kenntnisse in der Programmiersprache C verfügen.

3.3.4.1 Einstiegspunkte Die Integration von problemspezifischen Funktionen und Datentypen erfolgt mit Hilfe von Einstiegspunkten. Die vom Anwender bereitzustellenden Spezifikationsteile werden im Bibliotheksmodul durch entsprechende Deklarationen bekannt gemacht und an den Stellen, wo sie benötigt werden, eingesetzt. Aus der Sicht des Anwenders werden die problemspezifischen Funktionen also automatisch aus dem Programm heraus aufgerufen.

Um bei der Modellierung seiner Lösung vom Werkzeugsystem nicht unnötig eingeschränkt zu werden, hat der Anwender dabei die Möglichkeit, alle vorgegebenen Namen für die Einstiegspunkte beliebig umzubenennen. Aus diesem Grund werden für alle problemspezifischen Funktionen und Datentypen generische Parameter zur Verfügung gestellt, die die Namen der eingesetzten Programmteile in der konkreten Instanz des Moduls beeinflussen können.

Die vom Anwender zu spezifizierenden Funktionen und Datentypen werden vom Werkzeugsystem nicht explizit auf Korrektheit untersucht. Durch die Deklaration wird sichergestellt, daß eventuelle Fehler in der Spezifikation des Anwenders bei der Übersetzung des Bibliotheksmoduls vom System an den Anwender weitergereicht werden können.

3.3.4.2 Instanziierung Der Entwickler eines Bibliotheksmoduls stellt zusätzlich zum eigentlichen C-Code in Form von instanziierbaren Dateien ein *Shell*-Skript zur Verfügung, das abhängig von den generischen Parametern des Moduls die gewünschten Instanzen der beteiligten Dateien erstellt. Die zur Entwicklung eines Bibliotheksmoduls nötigen Schritte werden im folgenden genauer aufgeführt.

Die Entwicklung eines Bibliotheksmoduls kann grob in drei Schritte unterteilt werden. Einerseits erfolgt eine Anpassung der zum Modul gehörenden instanziierbaren Dateien entsprechend den vorgegebenen generischen Parametern. Zusätzlich werden die generischen Parameter als Parameter des Instanziierungsschritts im Ableitungsgraphen von *Odin* definiert. Desweiteren wird ein modulspezifisches *Shell*-Skript erstellt, das von *Odin* automatisch mit den aktuellen Parametern einer Anfrage an das Werkzeugsystem aufgerufen wird. Dieses Skript wertet die generischen Parameter aus und wendet einfache Textersetzungsmechanismen an, um die in der Anfrage formulierte konkrete Instanz des Moduls zu erzeugen.

Im folgenden werden diese Schritte am oben erwähnten Beispiel der Umbenennung der an den Einstiegspunkten einzusetzenden Programmelemente durch einen generischen Parameter (**ProblemType**) demonstriert.

Zunächst wird der Instanziierungsschritt des *Odin*-Ableitungsgraphen und das dazugehörige Werkzeug *InstTool* um einen entsprechenden generischen Parameter erweitert (Abbildung 21). Bei einer Instanziierung wird dieser Schritt dann mit den konkreten Parametern auf ein zum Bibliotheksmodul gehöriges Instanziierungs-Skript (**gnrc**) angewendet. Das Ergebnis des Schritts ist eine an die aktuellen Werte der generischen Parameter der Anfrage angepaßte konkrete Instanz des Bibliotheksmoduls, die aus einer Sammlung aller zum Modul gehörigen instanziierten Objekte besteht.

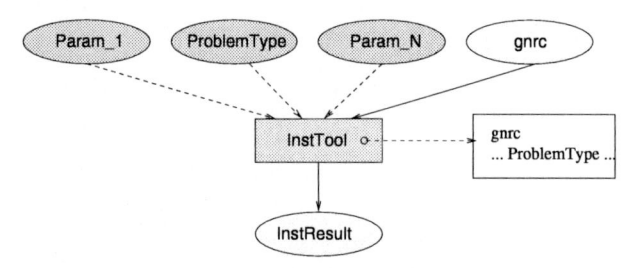

Abbildung 21: Instanziierungswerkzeug

Da die generischen Parameter im Instanziierungsschritt ungefiltert an das **gnrc**-Skript weitergegeben werden, muß auch dieses entsprechend parametrisiert werden können. Dieses Skript erzeugt für jede Datei des Bibliothekmoduls eine konkrete von den generischen Parametern abhängige Instanz (Abbildung 22).

Odin unterscheidet dabei drei mögliche Zustände von Parameterwerten, die bei einer Anfrage auftreten können. Der Parameter kann entweder gar nicht gesetzt sein, er kann ohne Wert gesetzt sein, oder es kann ihm ein beliebiger Wert zugewiesen werden. Für alle Einstiegspunkte wird in der Regel vom Modulentwickler ein Name vorgegeben, der verwendet wird, wenn der Anwender keinen Parameter angibt. Dies ist notwendig, um zu gewährleisten, daß das instanziierte Modul

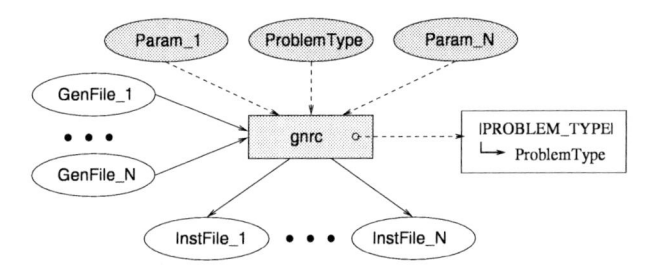

3.3. KONSTRUKTION ANWENDUNGSSPEZIFISCHER SYSTEME 91

Abbildung 22: gnrc-Skript

im Sinne der Sprache C korrekt ist. Dieser Name kann bei der Instanziierung überschrieben werden, indem bei der Instanziierung ein Wert an ihn zugewiesen wird. Je nach dem Zustand des Parameters gibt das gnrc-Skript den aktuellen Parameterwert oder den Vorgabewert an ein Textsetzungswerkzeug weiter.

Schließlich wird in allen Dateien, die von diesem Parameter beeinflußt werden, eine Textsetzung mit Hilfe eines Standard-Werkzeugs durchgeführt. Dabei wird ein Makro (|PROBLEM_TYPE|) in einer Standard-Form, das bei der Entwicklung der zum Modul gehörigen C-Dateien benutzt wird, durch den vom gnrc-Skript berechneten Wert ersetzt und das Ergebnis in einer Datei abgelegt, die im Normalfall in mehreren Varianten vorliegen kann, um gleichzeitig mehrere unabhängige Instanzen eines Bibliotheksmoduls zu erlauben. Um dies zu realisieren, sollte jedes Bibliotheksmodul einen generischen Parameter zur Verfügung stellen, der es erlaubt, Instanzen des Moduls unterschiedlich zu benennen. Es ist zu beachten, daß einerseits die Form des Makros unabhängig von der zugrundeliegenden Programmiersprache ist, und daß der Textsetzungsmechanismus auch das Zusammensetzen von Bezeichnern erlaubt.

Um die Textsetzung mit Hilfe des gnrc-Skripts zu gewährleisten, werden in den C-Dateien des Bibliotheksmoduls an den Stellen, an denen die generischen Parameter in die Lösung einfließen, die im Skript definierten Makros benutzt:

```
|PROBLEM_TYPE| AnyFunction(...)
{ |PROBLEM_TYPE| result;
    result = ...;
    return(result);
}
```

Der Anwender benutzt dann das Bibliotheksmodul, indem er den entsprechenden problemspezifischen Datentyp definiert und, falls er einen eigenen Namen vergeben will, diesen als Parameter bei der Instanziierung angibt.

Die Trennung zwischen eigentlichem Instanziierungsschritt und **gnrc**-Skript dient der Unterscheidung zwischen dem allgemeinen, modulunabhängigen Herstellungsprozeß einer Modulinstanz und der Beschreibung des modulspezifischen Instanziierungsprozesses. Der einzige Grund für eine mögliche Anpassung des Instanziierungsschritts im Herstellungsprozeß liegt in der Benennung der Parameter. Man könnte diese Hürde umgehen, in dem man die Parameter des Instanziierungsschritts im Ableitungsgraphen mit allgemeinen, anwendungsunabhängigen Namen belegt. Dies würde jedoch für den Anwender des Systems das Verständnis der Parameter und damit die Akzeptanz des Systems negativ beeinflussen. Die Nachteile dieser Lösung für den Entwickler eines Bibliotheksmoduls können jedoch weitestgehend kompensiert werden, indem die Anpassung des Instanziierungsschritts − wie in Kapitel 3.3.4.8 näher beschrieben − automatisiert wird.

3.3.4.3 Ersetzungsparameter Aus der Bereichsanalyse ergeben sich außer den Einstiegspunkten für die problemspezifischen Funktionen und Datentypen weitere Möglichkeiten für den Anwender, sein Problem bezüglich der Klassifizierung zu parametrisieren.

So ergibt sich oft die Situation, daß zwischen zwei möglichen Varianten einer Lösung ausgewählt werden kann. Ein Beispiel hierfür bietet die Auswahl der Zielfunktion bei kombinatorischen Optimierungsproblemen. Hier wird in der Regel die bezüglich eines definierten Kostenmaßes abhängig vom Problem die minimale oder maximale Lösung gesucht. Um diese Auswahl zu ermöglichen, versieht der Entwickler des Bibliotheksmoduls zunächst wie bereits gezeigt den Instanziierungsschritt des *Odin*-Ableitungsgraphen mit einem entsprechenden Parameter (**Max**), wobei als Vorgabe ein Minimierungsproblem angenommen wird. Weiterhin paßt er das modulspezifische **gnrc**-Skript an. Im Falle solcher binärer Parameter ist es in der Regel sinnvoll, einen Vorgabewert zu definieren, der benutzt wird, wenn der Anwender keine weiteren Angaben macht.

Im Gegensatz zu den problemspezifischen Funktionen und Datentypen, bei denen die Ersetzung des Namens nur Auswirkungen auf ein Makro in der Implementierung hat, ist es bei klassifizierenden Parametern dieser Art in der Regel so, daß durch eine Entscheidung des Anwenders mehrere Aspekte der Lösung betroffen sind. Deshalb bewirkt die Auswahl einer Variante normalerweise mehrere voneinander unabhängige Variationen − und damit die Definition mehrerer Ersetzungsparameter − in der Lösung. Der Entwickler eines Bibliotheksmoduls untersucht also zunächst die Auswirkungen eines klassifizierenden Parameters auf davon abhängige Ersetzungsparameter für die Lösungsvarianten. In diesem Fall könnte die Auswahl dieses Parameters einerseits den Aufruf unterschiedlicher Funktionen bewirken, andererseits bei einfachen Vergleichen den Vergleichsoperator beeinflussen.

3.3. KONSTRUKTION ANWENDUNGSSPEZIFISCHER SYSTEME

Dementsprechend werden die betroffenen C-Module mit den Makros |MIN_MAX| und |VGL_OP| parametrisiert, deren Werte vom gnrc-Skript wie bereits beschrieben eingesetzt werden (Abbildung 23). Die beiden Funktionen liefern jeweils

```
int compare_simple(int c1, int c2)
{
    if (c1 |VGL_OP| c2) return(-1);
    if (c2 |VGL_OP| c1) return(1);
    return 0;
}

int *compare_complex(int a1[], int a2[])
{
    return(CALC_|MIN_MAX|(a1, a2));
}
```

Abbildung 23: C-Modul mit Ersetzungparametern

abhängig von der Einstellung des Parameters Max das kleinere bzw. das größere Element zurück, wobei die komplexe Version den Vergleich unter Benutzung der an anderer Stelle definierten Funktionen CALC_MIN oder CALC_MAX auf allen Elementen eines Feldes durchführt.

3.3.4.4 Parametrisierung der Schnittstelle

Da der Ersetzungsmechanismus die Ersetzung beliebiger Texte zuläßt, können weitere Techniken zur Manipulation der Lösung eingesetzt werden. Eine Möglichkeit besteht darin, die Textersetzung unter Einsatz des C-Präprozessors in zwei Stufen durchzuführen, wobei ein Teil der eigentlichen Variantenauswahl auf die Übersetzungszeit der C-Module verschoben wird. So können z. B. die Werte binärer Schalter durch Präprozessor-Makros definiert werden, die abhängig von den Ersetzungsparametern bei der Instanziierung gesetzt werden können. Diese Methode unterscheidet sich von der direkten Ersetzung dadurch, daß so sichtbar für den Anwender die Schnittstelle der nach außen sichtbaren Module parametrisiert werden kann. Das folgende Beispiel zeigt, wie der Anwender in dem von ihm vorgegebenen Rahmenprogramm abhängig vom Wert des Präprozessor-Makros ALL_SOLUTIONS unterschiedliche Routinen zur Ausgabe der von einem Bibliotheksmodul berechneten Ergebnisse aufrufen kann.

Der Entwickler der Anwendungsbibliothek führt dazu abhängig von einem Klassifizierungsparameter einen Ersetzungsparameter |DEF_ALL_SOLUTIONS| ein, der vom gnrc-Skript in ein entsprechendes Präprozessorkommando umgesetzt wird. Das Resultat wird dann in einem C-Schnittstellenmodul dem Anwender zur Verfügung gestellt:

#|DEF_ALL_SOLUTIONS| ALL_SOLUTIONS

Der Wert des Makros kann dann sowohl innerhalb des Bibliotheksmoduls als auch vom Anwender des Werkzeugsystems benutzt werden, um verschiedene Varianten von Lösungen zu erzeugen:

```
#ifdef ALL_SOLUTIONS
    WRITE_SOLUTIONS(solutions);
#else
    WRITE_SOLUTION(solution);
#endif
```

Diese Technik kann auch eingesetzt werden, um ganze Textblöcke, wie z. B. die Implementierung der Funktion WRITE_SOLUTIONS, abhängig von Ersetzungsparametern mit einzubinden oder auszuschließen.

3.3.4.5 Ausschluß von Modulkomponenten Mit Hilfe des C-Präprozessors können auch ganze C-Module aus einer konkreten Instanz eines Bibliotheksmoduls wahlweise ausgeschlossen werden. Um z. B. das C-Modul local herausnehmen zu können, wird ein binärer Parameter Local definiert, von dem ein weiterer Ersetzungsparameter InclLocal abhängt. Das Modul local wird bei der Instanziierung nur dann erzeugt, falls der entsprechende Parameter gesetzt ist. In allen Modulen, die local möglicherweise benutzen, wird durch das Makro |INCL_LOCAL| gesteuert, ob die Schnittstellen-Datei vom Präprozessor eingesetzt wird.

3.3.4.6 Parameteruntersuchung Grundsätzlich können alle binären Parameter, wie bei den problemspezifischen Funktionen und Datentypen gezeigt, mit einem Wert versehen werden, der einen default-Wert überschreibt. So können vom Anwender an allen Stellen, wo dies vom Entwickler des Bibliotheksmoduls als sinnvoll angesehen wird, bei der Instanziierung des Moduls Standard-Werte vorgegeben werden. Dabei kann der Entwickler des Moduls das **gnrc**-Skript entweder so auslegen, daß beliebige Werte einfach durchgereicht werden, oder der Wert des Parameters kann noch weiter untersucht werden, um damit nur die Auswahl zwischen verschiedenen erlaubten Varianten zu treffen.

An dieser Stelle können auch mögliche Fehler bei der Instanziierung erkannt werden. Fehlersituationen können durch die Belegung eines Parameters mit einem unerlaubten Wert entstehen. In diesem Fall kann der Standardfehlermechanismus von *Odin* ausgenutzt werden, um den Instanziierungsschritt als fehlerhaft zu markieren und die modulspezifischen Fehlermeldungen an das Werkzeugsystem weiterzuleiten.

3.3. KONSTRUKTION ANWENDUNGSSPEZIFISCHER SYSTEME 95

3.3.4.7 Umbenennung von Modulkomponenten Zuletzt wird noch ein Mechanismus zum Umbenennen aller instanzspezifischen Modulkomponenten vorgestellt. Um die mehrfache Benutzung eines Bibliotheksmoduls innerhalb eines Programms zu gewährleisten, müssen sowohl die Namen der erzeugten Dateien als auch die in der Schnittstelle des Moduls enthaltenen extern sichtbaren Namen für alle Instanzen disjunkt sein. Dazu wird ein Klassifizierungsparameter **Name** zur Verfügung gestellt, mit dem der Anwender eine Instanz eines Bibliotheksmoduls benennen kann. Dieser Name fließt einerseits, wie bereits angedeutet, bei jedem Instanziierungsschritt in den Namen der vom gnrc-Skript erzeugten Dateien ein. Andererseits werden alle Schnittstellen-Deklarationen textuell um diesen eindeutigen Namen durch Anhängen eines entsprechenden Makros erweitert (Abbildung 24). So werden Namenskonflikte zwischen verschiedenen Instanzen desselben Moduls ausgeschlossen.

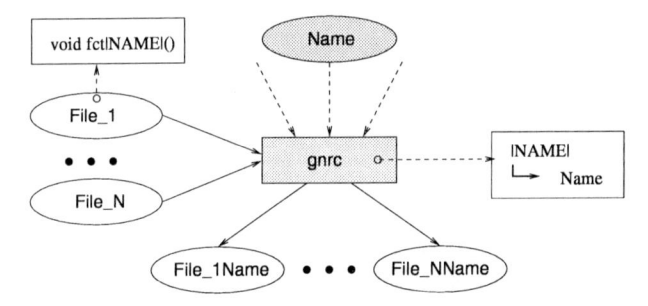

Abbildung 24: Umbenennung instanzspezifischer Komponenten

Im gnrc-Skript wird also die Klassifizierung im Sinne der Parameter der Bereichsanalyse auf Varianten in der Lösung abgebildet. In diesen Schritt fließt das Expertenwissen über die Auswirkungen der Klassifizierungsparameter auf die Lösungen ein. Da die Ersetzungsparameter für den Anwender unsichtbar sind, kann er sich in seiner Problemspezifikation auf die Klassifizierungsparameter beschränken, wodurch die Abstraktionsebene erhöht und der Spezifikationsaufwand erheblich reduziert wird.

Die instanziierten Bibliotheksmodule werden dann zusammen mit den vom Anwender spezifizierten Programmteilen vom Werkzeugsystem automatisch zu einem Gesamtprogramm zusammengesetzt.

3.3.4.8 Werkzeugunterstützung Bei der Entwicklung einer Modulbibliothek können die Anpassung des Instanziierungsschritts im Ableitungsgraphen sowie die Implementierung des **gnrc**-Skripts weitgehend durch Werkzeuge unterstützt werden. Dazu können die generischen Parameter sowie die davon abhängigen Ersetzungsschritte in einer speziellen Instanziierungssprache formuliert werden. Aus den Definitionen der generischen Parameter kann dann automatisch ein *Odin*-Modul für die Instanziierung generiert werden. Zusätzlich wird aus den Parametern und den Ersetzungskommandos ein entsprechendes **grnc**-Skript erstellt. Das Beispiel in Abbildung 25 demonstriert die Konzepte der Sprache anhand der vorher gezeigten Beispiele.

Zunächst wird der generische Parameter für die Instanzbenennung definiert. Dann werden die betroffenen Modulkomponenten angegeben, wobei mit Hilfe des **IF**-Konstrukts eine Abhängigkeit einzelner Komponenten von Parametern ausgedrückt werden kann. Schließlich werden die generischen Parameter und die davon abhängigen Ersetzungsregeln definiert. Generische Parameter können als binär oder wertbehaftet eingeführt werden. Bei der Definition der Ersetzungsregeln werden die bereits erwähnten Zustände für generische Parameter unterschieden. Um die Auswahl zwischen vorgegebenen Werten für einen Parameter zu realisieren, kann das erweiterte **CASE**-Konstrukt eingesetzt werden, das den Vergleich des Parameterwertes mit vorgegebenen Werten erlaubt. Die Anwendung einer Ersetzungsregel wird im Regelfall auf alle Modulkomponenten angewendet. Sie kann jedoch auch mit dem **IN**-Konstrukt explizit auf einzelne Komponenten eingeschränkt werden.

Eine solche Beschreibung enthält alle Informationen, die zur Definition des Instanziierungsschritts und eines anwendungsspezifischen **gnrc**-Skripts nötig sind. Es kann leicht ein Übersetzer entwickelt werden, der die beschriebene Instanziierungssprache in die gewünschten Ausgabeformate transformiert.

Die Instanziierungssprache bietet keine Unterstützung bei der Entwicklung der eigentlichen Bibliothekskomponenten. Da die Stellen, an denen die Ersetzungsparameter einfließen, stark von der Lösung abhängen, und dementsprechend nicht vorhersagbar sind, ist eine allgemeine Automatisierung bei der Erstellung der Komponenten ohne weiteres nicht vorstellbar. Eine Möglichkeit, den Anwender hier zu unterstützen, besteht darin, einen automatischen Umbenennungsmechanismus einzuführen, der aus dem Instanzparameter und einer Schnittstellenbeschreibung der Komponenten die Namenserweiterung der Schnittstellen-Objekte durchführt.

Die Entwicklung von Bibliotheksmodulen ist ein Beispiel für die zusammensetzende Wiederverwendung beliebiger Produkte.

```
INSTANCEPARAM Name;
FILES          datei1.h, datei1.c
               IF (Local)
               local.h, local.c
               END;

GENERIC BINARY Max
               CASE SET:
                       REPLACE MIN_MAX = "MAX" ;
                       REPLACE VGL_OP = ">" ;
               DEFAULT:
                       REPLACE MIN_MAX = "MIN" ;
                       REPLACE VGL_OP = "<" ;
               IN datei1.h, datei1.c
               END;

GENERIC VALUE ProblemType
               CASE SET:
                       ERROR "value must be specified for ProblemType";
               CASE VAL:
                       REPLACE PROBLEM_TYPE = VALUE ;
               DEFAULT:
                       REPLACE PROBLEM_TYPE = "ProblemType";
               END;

GENERIC BINARY Local
               CASE SET:
                       REPLACE INCL_LOCAL = "#include \"local.h\"";
               DEFAULT:
                       REPLACE INCL_LOCAL = EMPTY;
               END;

GENERIC VALUE SelectAlgo
               CASE VAL = "Algo1":
                       REPLACE INCL_ALGO = "#include \"algo1.h\"";
               CASE VAL = "Algo2":
                       REPLACE INCL_ALGO = "#include \"algo2.h\"";
               CASE VAL:
                       ERROR "unallowed value for SelectAlgo";
               DEFAULT:
                       REPLACE INCL_ALGO = "#include \"default_algo.h\"":
               END;
```

Abbildung 25: Beispiel für Instanziierungssprache

98   3. WERKZEUGSYSTEME/STRUKTUR UND REALISIERUNG

3.3.5 Generatoren

Wenn sich bei der Bereichsanalyse Komponenten aus genügend erforschten Anwendungsgebieten als grundlegende Bausteine der Software-Architektur für den Anwendungsbereich des Werkzeugsystems herauskristallisieren, können für diese Gebiete generierende Werkzeuge in das Werkzeugsystem integriert werden. Um Verwechslungen auszuschließen, weise ich darauf hin, daß im folgenden Teil dieses Abschnitts mit dem Anwendungsbereich der Teilbereich gemeint ist, der vom Generator abgedeckt wird.

Generatoren erlauben die automatische Umsetzung deklarativer Spezifikationen auf der Abstraktionsebene des entsprechenden Anwendungsgebiets in ausführbare Software. Ein solcher Anwendungsgenerator legt einen Standard für die Software-Architektur des Anwendungsgebiets fest, der in der Implementierung des Generators verborgen ist. Diese Technologie bietet ein hohes Wiederverwendungspotential, da der Gesamtentwurf eines Systems aus dem Anwendungsbereich ohne Veränderung wiederverwendbar zur Verfügung gestellt wird. Komplexe Optimierungen des Entwurfs können zentral im Generator durchgeführt werden, so daß alle generierten Programme davon profitieren können, ohne angepaßt werden zu müssen.

Nach der in der Einleitung dieses Kapitels vorgestellten Klassifizierung entspricht die Instanziierung einer Modulbibliothek der Identifikation mit der Beschreibung eines ähnlichen Problems. Hingegen findet die Problembeschreibung bei Generatoren in Form einer deklarativen Spezifikation statt.

Die Entwicklung eines Generators ist dann besonders vorteilhaft, wenn viele ähnliche Systeme entwickelt werden müssen, ein Software-System während des Lebenszyklus oft modifiziert oder neu geschrieben wird oder viele Prototypen notwendig sind, bis ein fertiges Produkt entsteht.

Im Vergleich zur Instanziierung von Modulen bietet die Generatortechnologie den Vorteil, daß der Anwender das Problem auf einer hohen Sprachebene spezifizieren kann, statt eine Spezialisierung auf der Ebene von C-Code und Instanziierungsparametern vorzunehmen. Dies ist besonders dann von Vorteil, wenn dazu ein allgemein bekanntes Kalkül eingesetzt werden kann, wie z. B. reguläre Ausdrücke für Scannergeneratoren oder kontextfreie Grammatiken für Parsergeneratoren. Außerdem kann der Generator mehrere Ausgaben mit klar definierten Schnittstellen aus einer einzigen Spezifikation erzeugen, die zentral die komplette Problembeschreibung enthält.

Durch die Erzeugung der Ausgaben automatisiert ein Generator Teile des Software-Lebenszyklus, da die Änderung der Spezifikation direkt die Modifikation der generierten Objekte beeinflußt. Außer der Möglichkeit, Optimierungen zentral im

3.3. KONSTRUKTION ANWENDUNGSSPEZIFISCHER SYSTEME

Generator durchzuführen, erlaubt diese Technologie im Gegensatz zur Instanziierung von Bibliotheksmodulen auch eine Fehlerüberprüfung auf der Ebene der Sprachkonzepte. Alle diese Eigenschaften erlauben es auch dem Nichtprogrammierer einen Generator zu benutzen, indem er sein Problem auf einer hohen Abstraktionsebene beschreibt.

Die Entwicklung eines Anwendungsgenerators und seine Integration in das Werkzeugsystem umfaßt folgende Schritte. Zunächst werden die Bereichsgrenzen genau definiert. Hier muß einerseits genügend Flexibilität zugelassen werden, um möglichst viele Probleme mit Hilfe des Generators lösen zu können. Andererseits darf der Bereich nicht zu allgemein definiert werden, um die Mächtigkeit der Abstraktionskonzepte nicht einzuschränken. Ausgehend von dieser Abgrenzung werden die zugrundeliegenden Abstraktionen definiert. Ein besonders kritischer Aspekt ist die Einteilung der Bereichskonzepte in einen festen und einen variablen Teil. Je mehr Variationsmöglichkeiten dem Anwender geboten werden, desto größer ist die Gefahr, Effizienzverluste in der Lösung zu erleiden. Andererseits vermindert die Einschränkung der variablen Konzepte die Einsetzbarkeit des Generators.

Wenn der Anwendungsbereich mit seinen festen und variablen Konzepten festgelegt ist, entwirft der Entwickler des Generators zunächst eine Sprache, in der der Anwender sein Problem spezifizieren kann. Dabei kann es sich neben der allgemein üblichen Beschreibung in textueller Form z. B. auch um eine grafische Darstellung handeln. Die Konstrukte einer solchen Sprache werden aus den Ergebnissen der Analyse des zugrundeliegenden Anwendungsbereichs abgeleitet und spiegeln die Konzepte des gesamten Bereichs wider. Die Spezifikationen des Anwenders erhalten so einen deklarativen Charakter, d. h. er beschränkt sich auf die Formulierung des Problems und beschreibt nicht die Lösung.

Um das Einsatzgebiet nicht zu stark einzuschränken, erlauben viele Spezifikationssprachen die Definition sogenannter *Escapes*. Diese erlauben die Einbindung beliebiger Code-Sequenzen in der Sprache, die das Werkzeug generiert. Diese Sequenzen werden dann an definierten Stellen in den generierten Code eingesetzt. Diese Flexibilität erlaubt es dem Anwender, vom Generator nicht vorhersehbare Anpassungen der Lösung vorzunehmen.

Es gibt Werkzeuge, die die Entwicklung von Anwendungsgeneratoren unterstützen. Ein solcher *application generator generator* ist z. B. Draco [Fre87, Nei89]. Dieses Werkzeug bietet Unterstützung vom Entwurf der Spezifikationssprache bis hin zur Entwicklung von Komponenten, die die Konzepte der Sprache implementieren. Es unterstützt einen systematischen Entwurfsprozeß, indem die meisten internen Entwurfsentscheidungen nur einmal während der Bereichsanalyse getroffen werden, und die Entwurfsinformationen beim Einsatz des Generators unverändert wiederverwendet werden. Draco ermöglicht zudem die Wiederverwendung von Optimierungsinformationen durch Transformationen innerhalb einer Abstraktionsebene. Außerdem können Generatoren hierarchisch aufgebaut sein, d. h. die Komponenten einer Sprache können mit Hilfe von Anwendungssprachen auf niedrigeren Abstraktionsebenen implementiert werden.

Der Aufwand zur Entwicklung eines Anwendungsgenerators kann auf die Implementierung des Generators beschränkt werden, falls bereits eine standardisierte Sprache für den Anwendungsbereich existiert. Falls bereits ein solches generierendes Werkzeug existiert, kann auch dieser Schritt entfallen. Unabhängig davon muß auf jeden Fall die Integration des Generators in das Werkzeugsystem realisiert werden.

Als Beispiel wird in Abbildung 26 die Integration des Werkzeugs für die Generierung von Konfigurationsdateien aus Kapitel 2.4.2 vorgestellt. Hier besteht die Eingabe aus einer Datei, die dem Eingabeformat des zugrundeliegenden grafischen Werkzeugs entspricht (**1st**) und z. B. interaktiv mit Hilfe dieses Werkzeugs hergestellt werden kann. Außerdem können die Ausgabeobjekte als spezielle Objekte ihrer Klasse definiert werden, so daß sie im weiteren Herstellungsprozeß gesondert behandelt werden können (**Special**). Dies kann z. B. erforderlich sein, um eine besondere Nachbehandlung der Ausgaben durchzuführen.

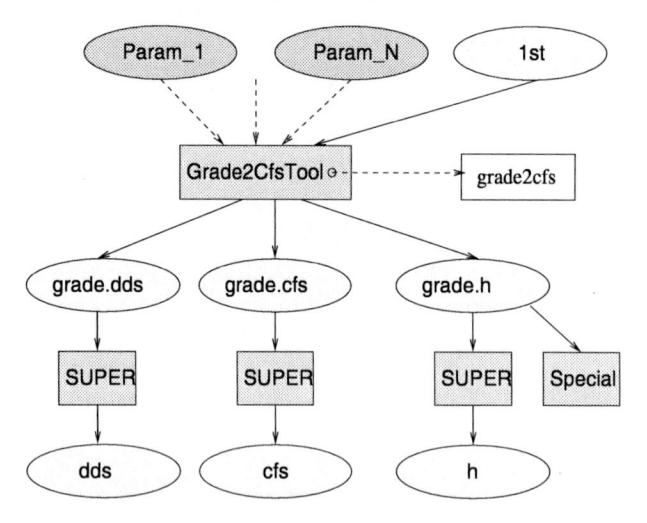

Abbildung 26: Generierungsschritt für *Grade2cfs*

Das Generierungswerkzeug **Grade2CfsTool** verarbeitet die Parameter und wendet den eigentlichen Generator an. Dieser Schritt wird zusammen mit allen Schritten,

3.3. KONSTRUKTION ANWENDUNGSSPEZIFISCHER SYSTEME 101

die nötig sind, um die Eingabe für den Generator aufzubereiten oder um die Ergebnisse für die weitere Bearbeitung zu transformieren in einem *Odin*-Paket zusammengefaßt.

Die Ausgaben des Generators werden dann in späteren Schritten genauso benutzt, als wenn sie von Hand geschrieben worden wären. So wird z. B. die erzeugte Header-Datei durch einen allgemein definierten Schritt in ein Sammelobjekt für alle Header-Dateien, die zu einer Spezifikation gehören, aufgenommen. Hier werden auch die von *Grade2cfs* generierten Header-Dateien miteinbezogen, da sie in der Objekt-Typ-Hierarchie von *Odin* als Untertypen des allgemeinen Typs für Header-Dateien eingeführt werden. In der Grafik ist dies durch das Werkzeug SUPER angedeutet.

Generatoren können beim Entwicklungsprozeß auf zwei Ebenen eingesetzt werden. Einerseits kann das Werkzeug unsichtbar für den Anwender vom Entwickler zur Herstellung systeminterner Zwischenobjekte eingesetzt werden. Andererseits kann das Werkzeug auch, wie im Beispiel gezeigt, sichtbar für den Anwender zur Verfügung gestellt werden, um Teile seiner Spezifikation auf einer höheren Abstraktionsebene beschreiben zu können.

Schließlich muß noch das Zusammenwirken voneinander abhängiger Generatoren beachtet werden. Einerseits kann ein Generator Ausgaben erzeugen, die als Eingaben für einen anderen Generator dienen. Diese Abhängigkeit wird durch die Herstellungsregeln der Werkzeuge im Abhängigkeitsgraphen ausgedrückt. Andererseits können Abhängigkeiten zwischen den generierten Objekten bestehen. Ein Beispiel hierfür sind die in Eli integrierten Generatoren *GLA* und *COLA* (Kapitel 2.3.1). Hierbei ist zu beachten, daß die Schnittstelle zwischen den generierten Dateien in Form von Konzepten einer höheren Abstraktionsebene, sogenannten *tokens*, beschrieben wird. Dieses Vorgehen erleichtert den Austausch von Daten zwischen den beteiligten Werkzeugen sowohl während des Herstellungsprozesses als auch während der Laufzeit des Programms.

Im Bereich der parallelen Programmierung bietet neben dem oben gezeigten Beispiel auch die Umwandlung allgemeiner Typbeschreibungen einen Ansatzpunkt für Generatortechnologie. Aus diesen Beschreibungen können außer äquivalenten beliebigen *C*-Datenstrukturen automatisch kompakte Datenstrukturen für die Kommunikation zwischen Prozessoren, die keine dynamischen Speicherstrukturen mehr enthalten dürfen, sowie Umwandlungsroutinen zwischen beiden Datenformaten generiert werden. Außerdem können Berechnungen für Kodierungen von Datentypen, wie sie z. B. für die Kommunikation in *MPI* benutzt werden, von der Laufzeit des Programms in die Generierungszeit verlagert werden. Dieser Ansatz beruht auf der Idee der *Interface Description Language* [Sno89], die u. a. in Eli eingesetzt wird, um das Format für den Datenaustausch zwischen den einzelnen Phasen des Attributauswertergenerators *LIGA* sowie Implementierungen für abstrakte Datentypen zu generieren.

Während der eigentliche Generator die generative Wiederverwendung realisiert, verfolgt dieser Ansatz auch die zusammensetzende Wiederverwendung sowohl durch die Integration des Generierungsvorgangs in den Herstellungsprozeß als auch durch die Einbettung der generierten Komponenten in das Gesamtsystem und der dementsprechenden Auslegung ihrer Schnittstellen.

3.3.6 Konfigurierungsprogramm mit grafischer Oberfläche

Der Anwender eines Werkzeugsystems trifft bei der Spezifikation eines Problems viele Einzelentscheidungen. Er macht dabei Angaben zu verschiedenen Teilthemen der Anwendung. Die Entscheidungen können voneinander abhängig sein. Sie unterliegen Bedingungen bezüglich Konsistenz und Vollständigkeit der Spezifikation. In diesem Sinn kann die Bedienung eines Werkzeugsystem als Konfigurierungsaufgabe angesehen werden.

Um den Benutzer bei der Lösung dieser Aufgabe zu unterstützen, entwickelt der Experte ein Konfigurierungsprogramm mit einer grafischen Oberfläche, das den Benutzer systematisch beim Treffen seiner Entscheidungen führt. Damit stellt er dem Benutzer neben dem Werkzeugsystem auch das Expertenwissen über dessen korrekte und zweckmäßige Anwendung zur Verfügung.

Ein solches Programm unterstützt den Benutzer bei der Spezifikation eines Problems und kontrolliert dabei die Bedingungen, die an die Entscheidungen geknüpft sind. Es erlaubt ihm eine intuitive, strukturierte Problembeschreibung und fördert somit auch die Akzeptanz des zugrundeliegenden Werkzeugsystems. Für den Benutzer sollte dabei die Führung bei der eigentlichen Spezifikationsaufgabe gegenüber der Konsistenzprüfung dominierend sein.

Jedes Werkzeugsystem benötigt ein individuell auf das Anwendungsgebiet abgestimmtes Konfigurierungsprogramm zur Lösung dieser Aufgabe. Aus diesem Grund bietet es sich an, Instanzen solcher Programme mit Hilfe eines Werkzeugs generieren zu lassen. Der Experte kann dazu das Werkzeug zur wissensbasierten Konfigurierung *LaCon* einsetzen. Dieses Kapitel beschreibt, wie der Experte mit *LaCon* ein anwendungsspezifisches Konfigurierungsprogramm mit grafischer Oberfläche konstruieren kann. Um die Lösungen zu verdeutlichen, wird dabei gegebenenfalls demonstriert, welche Konsequenzen sich daraus für den Benutzer des Konfigurierungsprogramms ergeben.

Der Entwickler eines Werkzeugsystems beschreibt in der *LaCon*-Eingabesprache die Struktur des Entscheidungsraums und legt Regeln und Voreinstellungen

3.3. KONSTRUKTION ANWENDUNGSSPEZIFISCHER SYSTEME 103

für die zu treffenden Entscheidungen fest. Der *LaCon*-Generator erzeugt daraus automatisch ein Konfigurierungsprogramm mit einer grafischen Oberfläche, das sowohl die vom Entwickler vorgegebenen Regeln als auch die bisher getroffenen Entscheidungen des Benutzers in einer Wissensbasis speichert, und das Ergebnis einer Konfigurierungssitzung an das Werkzeugsystem übergibt.

LaCon wurde aufbauend auf einem Prototyp [PK97] im Rahmen einer Diplomarbeit entwickelt und erstmals zur Konfigurierung bereichsspezifischer Sprachen eingesetzt [Mey97]. Das Werkzeug kann allerdings auch auf beliebige andere Anwendungsbereiche übertragen werden, wie sein Einsatz bei der Entwicklung des Konfigurierungsprogramms *BBCONF* für das Werkzeugsystem *BBSYS* aus dem Anwendungsbereich „Paralleles Branch-&-Bound" zeigt. Die Abbildungen der Oberfläche, auf die hier verwiesen wird, finden sich in Kapitel 3.1, wo die Entwicklung eines parallelen Programms mit *BBCONF* beispielhaft demonstriert wurde.

Im folgenden zeige ich am Beispiel dieses Anwendungsbereichs den Einsatz des *LaCon*-Systems bei der Entwicklung eines Konfigurierungsprogramms. Dazu demonstriere ich zunächst die Gliederung des Entscheidungsraums nach Themen und verschiedenen Detaillierungsstufen. Anschließend stelle ich die wichtigsten Konstrukte und deren Darstellung in der grafischen Oberfläche sowie einige Beispiele für Konsistenzregeln vor.

Der Experte faßt thematisch zusammengehörige Elemente mit Hilfe des *LaCon*-Konzepts der geschachtelten *Subjekte* zusammen. In der grafischen Oberfläche bewirkt die Definition eines Subjekts die Anzeige eines Fensters, von dem aus der Benutzer alle zu diesem Themenbereich gehörigen Entscheidungen direkt oder indirekt über geschachtelte Subjekte treffen kann. Außerdem enthält das Fenster für das umgebende Subjekt eine Schaltfläche, über die er den Themenbereich ansteuern kann. Ein Subjekt kann aus Objekten zur Auswahl von Parametern, Textelementen zur Eingabe von einfachen Zeichenketten, problemspezifischen Editoren, Objekten zum Starten von Kommandos und aus geschachtelten Subjekten bestehen. Außerdem kann der Experte zu jedem Subjekt einen spezifischen Hilfetext zu dem Thema definieren, der dem Benutzer bei Bedarf angezeigt wird.

Weitere Konstrukte der *LaCon*-Eingabesprache unterstützen die Auswahl aus einer vorgegebenen Menge von Bausteinen und deren Parametrisierung. *Tristate*-Elemente bieten dem Experten die Möglichkeit, Entscheidungen zu modellieren, die unabhängig von anderen Entscheidungen getroffen werden können. Sie beschreiben den Zustand der Entscheidung mittels einer dreiwertigen Logik. Dabei gibt es zusätzlich zu den Zuständen *Ausgewählt* und *Nicht ausgewählt* noch den Wert *Nicht entschieden*, der anzeigt, daß der Benutzer selbst keine Entscheidung getroffen hat. Der Experte kann vom Zustand eines Tristate-Elements abhängige Regeln definieren. Durch die dreiwertige Logik kann er dabei erreichen, daß das Konfigurierungsprogramm unterschiedlich auf den expliziten Ausschluß und die Nichtbeachtung eines Bausteins durch den Benutzer reagiert. Ein Beispiel für ein Tristate-Konstrukt ist die Auswahl der *PARIX*-Bibliothek im Menü für **Allgemeine Spezifikationen** aus Abbildung 11(a).

Oneof-Elemente dienen zur Auswahl genau eines Elements aus einer Menge von Komponenten, die sich gegenseitig ausschließen. So kann der Experte die Auswahl sich widersprechender Bausteine von vornherein explizit verhindern, was auch in der Oberfläche grafisch deutlich wird. Genau wie bei Tristates kann auch eine solche *OneOf-Menge* den Zustand *Nicht entschieden* annehmen. Der Experte kann dieses Konzept einsetzen, um die exklusive Auswahl aus einer fest vorgegebenen Menge von Entscheidungen zu modellieren. Ein Beispiel für die Anwendung ist die Auswahl einer Zielarchitektur aus der Menge der unterstützten Plattformen (*GC-el 1024* in Abbildung 11(c)).

Textelemente nehmen Zeichenketten als Werte auf, die zur Parametrisierung von Software-Bausteinen in der Wissensbasis und der Benutzungsschnittstelle dienen. Der Experte setzt sie zur Belegung von Parametern ein, die beliebige Werte annehmen können. Ein Beispiel ist die Angabe eines Namens für eine vom parallelen Programm einzulesende Datei für die Eingabe (Abbildung 11(a)).

Der Experte kann durch die Initialisierung von Tristate-Elementen, OneOf-Mengen und Textelementen eine Standard-Einstellung vorgeben, die ausgewählt wird, wenn der Benutzer keine anderen Angaben macht.

Durch die Kombination einer OneOf-Menge mit einem dazugehörigen Textelement kann der Experte Parameter modellieren, denen der Anwender zwar beliebige Werte zuweisen kann, für die das Werkzeugsystem aber auch eine Auswahl vordefinierter Werte zur Verfügung stellt, die zur Beschreibung der meisten Probleme ausreicht. Ein Beispiel hierfür ist die Auswahl einer Topologie im *BBSYS*-System.

Die Bereitstellung der problemspezifischen Datentypen und Funktionen als *C*-Code erfordert, daß der Benutzer die Eingabe beliebiger Texte als Spezifikationsfragmente eingeben kann. Um dies zu realisieren, setzt der Experte das Editor-Konstrukt von *LaCon* ein. *Problemspezifische Editoren* sind Objekte, die mit einem beliebigen Text initialisiert werden können. Dieser Text kann speziell gekennzeichnete Platzhalter enthalten, für die das Konfigurierungsprogramm abhängig vom aktuellen Zustand die Werte anderer Textelemente einsetzen kann. So kann der Experte z. B. bereits die Signaturen problemspezifischer Funktionen mit problemspezifischen Datentypen vorgeben. Durch das Einfügen von Kommentaren in den Initialtext hat er außerdem eine weitere Möglichkeit, dem Benutzer situationsbezogene Hilfe anzubieten. Der Benutzer erhält damit ein speziell auf die bisherige Konfiguration angepaßtes Muster als Vorlage für die Definition pro-

3.3. KONSTRUKTION ANWENDUNGSSPEZIFISCHER SYSTEME 105

blemspezifischer Funktionen. Kapitel 3.1 zeigt beispielhaft einen Editor für eine Branching-Funktion.

Der Entwickler kann durch Angabe von Regeln das System mit *Konsistenzprüfungen* versehen. Damit kann er den Konfigurationsraum auf diejenigen Konfigurationen einschränken, aus denen eine korrekte Spezifikation für das Werkzeugsystem abgeleitet werden kann. Inkonsistenzen können entstehen, wenn der Benutzer miteinander unverträgliche Entscheidungen trifft, also z. B. Bausteine auswählt, die nicht miteinander kombinierbar sind. Ein Beispiel für die Angabe einer Konsistenzregel ist die Überprüfung, ob eine vom Benutzer ausgewählte Basisbibliothek überhaupt für den Zielrechner vorhanden ist. So widerspricht z. B. die Benutzung von *PARIX* der Auswahl von *Solaris* als Zielrechner (s. Abbildungen 11(a),11(c)). Das Konfigurierungsprogramm erkennt inkonsistente Zustände in der Wissensbasis, teilt die Ursachen dem Anwender mit und verhindert im Fall der Inkonsistenz die Erstellung des Produkts. Die Oberfläche informiert den Benutzer in diesem Fall durch die Darstellung eines Fensters, in dem die Entscheidungen angezeigt werden, die die Konsistenzverletzung bewirkt haben. Außerdem werden die am Konflikt beteiligten Elemente markiert.

Ein weiteres Modellierungsmittel ist die Angabe von *Konsequenzen*. Damit kann der Experte vom Konfigurierungszustand abhängige Regeln formulieren, nach denen das Konfigurierungsprogramm automatisch Änderungen an der aktuellen Konfiguration vornimmt. So kann der Experte den Benutzer davon befreien, Entscheidungen treffen zu müssen, die sich automatisch aus der aktuellen Situation ergeben. Eine Konsequenz-Regel besteht aus der Angabe einer Vor- und einer Nachbedingung für die Zustände der beteiligten Elemente. Mit der Nachbedingung kann er dabei auch Einfluß auf die Elemente der Oberfläche nehmen. Einerseits kann er Textelementen Texte zuordnen. Andererseits können Textelemente oder problemspezifische Editoren in den Zustand *Disabled* oder *Enabled* versetzt werden, und damit für den Benutzer gesperrt oder freigegeben werden.

Ein Beispiel für die Anwendung einer Konsequenzregel ist die bereits erwähnte Kombination von OneOf-Mengen mit Textelementen. Hier stellt eine Konsequenz-Regel sicher, daß bei der Auswahl eines OneOf-Elements durch den Benutzer dem dazugehörigen Textelement automatisch der entsprechende Text zugewiesen wird. Der Experte kann so aber auch komplexe Zusammenhänge zwischen Entscheidungen in verschiedenen Subjekten definieren, wie z. B. die automatische Auswahl eines konkreten Bausteins als Reaktion auf eine allgemeine Entscheidung in einem anderen Kontext.

Weiterhin hat der Experte die Möglichkeit, Regeln für sinnvolle Entscheidungen in bestimmten Konfigurierungssituationen zu definieren, nach denen das Konfigurierungsprogramm dem Benutzer *Vorschläge* machen kann, um ihn beim Entwurf aktiv zu unterstützen. Vorschläge werden durch gleichermaßen strukturier-

106   3. WERKZEUGSYSTEME/STRUKTUR UND REALISIERUNG

te Regeln beschrieben wie Konsequenzen. Statt die Nachbedingung automatisch herzustellen, bietet die Oberfläche dem Benutzer ein Fenster an, in dem ihm ein Vorschlag zur Erfüllung der Bedingung angezeigt wird. Diese Methode kann demnach als eine Abschwächung des Konzepts der Konsequenz-Regeln angesehen werden.

Die Ergebnisse einer Konfigurierungssitzung des Benutzers werden dem Werkzeugsystem über eine Datei-Schnittstelle mitgeteilt, die den Zustand der Wissensbasis mit allen getroffenen Entscheidungen und definierten Parametern in Form von C-Präprozessor-Kommandos repräsentiert. Um das zugrundeliegende Werkzeugsystem zu aktivieren, kann der Entwickler *Kommandos* definieren. Ein Kommando ist ein *Shell*-Skript, in dem er auf die Schnittstellen-Datei zugreifen kann. Er entwickelt zusätzlich ein verallgemeinertes *Odinfile*, das aus die Schnittstellen-Datei einfügt und Ableitungen für das Werkzeugsystem enthält, die mit den in der Schnittstellen-Datei definierten Makros parametrisiert sind. Das *Shell*-Skript wendet dann den Präprozessor darauf an und fordert das Werkzeugsystem auf, das gewünschte Zielobjekt zu erzeugen. Beispiele für Kommandos sind die Ausführung des Programms und die Erzeugung der vollständigen Programm-Quellen (Abbildung 11(a): **Aktivieren, Source erzeugen**).

Die anwendungsspezifischen Teile werden in Kapitel 4.2.6 am Beispiel des Konfigurierungsprogramms *BBCONF* für das Werkzeugsystem *BBSYS* anschaulich demonstriert.

4 BBSYS: Ein Werkzeugsystem für den Anwendungsbereich Paralleles Branch-&-Bound

Dieses Kapitel verdeutlicht die in Kapitel 3 beschriebene Vorgehensweise am Beispiel des Werkzeugsystems *BBSYS* und des dazugehörigen Konfigurierungsprogramms *BBCONF* für den Anwendungsbereich „Paralleles Branch-&-Bound".

Die Entwicklung eines parallelen Branch-&-Bound-Programms erfordert neben der Implementierung problemspezifischer Komponenten, wie z. B. der Verzweigungsstrategie (Branching) oder der Berechnung von guten Lösungsabschätzungen (Bounding), tiefgehende Kenntnisse über die Techniken zur Parallelisierung der Lösung, wie z. B. eine möglichst gute Auslastung der Prozessoren und den dazu nötigen Austausch von Daten zwischen ihnen. Obwohl Lösungen für die dabei auftretenden Probleme bekannt sind, werden parallele Branch-&-Bound-Programme immer noch weitgehend von Grund auf neu entwickelt. Die Lage wird zusätzlich durch die Abhängigkeit der Lösungen vom zugrundeliegenden Parallelitätsmodell kompliziert.

Das *BBSYS*-System stellt das Expertenwissen, das zur Herstellung eines solchen Programms nötig ist, in Form eines wiederverwendbaren ausführbaren Modells des Herstellungsprozesses und einer Anwendungsbibliothek mit wiederverwendbaren generisch instanziierbaren Komponenten zur Verfügung. Es erlaubt dem Anwender so, sein Problem auf einer hohen Abstraktionsebene in der Terminologie des Anwendungsbereichs zu spezifizieren. Er kann sich dabei auf die zur Lösung seines Problems relevanten Komponenten beschränken. So vereinfacht der Einsatz des Werkzeugsystems den Software-Entwicklungsprozeß drastisch im Vergleich zu immer neu entwickelten individuellen Lösungen.

Das dazugehörige Konfigurierungsprogramm *BBCONF* unterstützt den Anwender zusätzlich bei der Erstellung einer gültigen Problemspezifikation, indem es ihm eine grafische Oberfläche anbietet, die die hierarchische Struktur des Entscheidungsraums widerspiegelt und die Konsistenz der von ihm getroffenen Entscheidungen überprüft. So erhält er mit wenig Aufwand für alle unterstützten Parallelrechner-Architekturen automatisch ein vollständiges, effizientes und portierbares paralleles Branch-&-Bound-Programm. Das von *BBSYS* erzeugte Produkt erfüllt dabei die Anforderungen an Software-Qualitäten wie Zuverlässigkeit, Adaptierbarkeit und Wartbarkeit. Anwender, die bereits Kenntnisse über parallele Branch-&-Bound-Lösungsverfahren haben, können durch zusätzliche Entscheidungen und die Integration eigener Lösungskomponenten spezielle Lösungsvarianten erzeugen.

Kapitel 4.2 stellt die Konzeption des Werkzeugsystems *BBSYS* vor. Dazu erläutert es zunächst die vom Entwickler des Werkzeugsystems als Ergebnis der

Bereichsanalyse gewonnene anwendungsspezifische Software-Architektur, die die beteiligten Module und deren Wechselwirkungen beschreibt und als Grundlage für alle parallelen Branch-&-Bound-Programme dient. Sie beschreibt außerdem die Zerlegung in sequentielle und parallele Lösungskomponenten. Danach wird die Entwicklung eines generisch instanziierbaren Moduls der Anwendungsbibliothek am Beispiel des Branch-&-Bound-Algorithmenschemas demonstriert. Dessen Einstiegspunkte und generische Parameter sind ebenfalls ein Ergebnis der Bereichsanalyse. Anschließend wird gezeigt, welche problemspezifischen Angaben zur vollständigen Spezifikation des parallelen Programms nötig sind, und wie das Konfigurierungsprogramm *BBCONF* den Benutzer dabei unterstützt, seine Entscheidungen zu treffen. Die unterste Schicht des Werkzeugsystems wurde bereits in Kapitel 3.2.2 vorgestellt und ist daher nicht mehr Gegenstand dieses Abschnitts.

Die zur Erläuterung der Konzepte gezeigten Beispiele beziehen sich jeweils auf das Rucksackproblem. Dieses Beispiel wurde bewußt gewählt, weil es weithin bekannt, einfach zu beschreiben und zur Lösung vieler realistischer Probleme einsetzbar ist. Ein komplexeres Anwendungsbeispiel folgt in Kapitel 4.3 mit dem *Flow-Shop-Problem* mit mehreren Prozessoren.

Zuvor gibt Kapitel 4.1 eine Übersicht über die in der Bereichsanalyse gesammelten Erkenntnisse über das Branch-&-Bound-Verfahren im allgemeinen und parallele Lösungen im speziellen. Daraus leiten sich die später vorgestellten Ergebnisse ab. Dieses Kapitel bietet Lesern mit wenig Kenntnissen über den Anwendungsbereich einen Überblick, ist aber keine Voraussetzung für das Verständnis der anschließend vorgestellten Konzeption des Werkzeugsystems.

4.1 Branch-&-Bound

Dieses Kapitel gibt einen Überblick über den Problembereich Branch-&-Bound. Nach einer Einführung der Grundbegriffe beschreibt Kapitel 4.1.1 die allgemeine Struktur eines sequentiellen Branch-&-Bound-Algorithmus. Branch-&-Bound ist eine Methode zur Lösung inhärent schwerer Probleme. Diese Probleme können auf sequentiellen Rechnern oft nur für kleine Instanzen in akzeptabler Zeit gelöst werden. Da die Leistungsfähigkeit sequentieller Rechner begrenzt ist, bietet sich der Einsatz von Parallelität an, um auch größere Instanzen lösen zu können. Kapitel 4.1.2 stellt die Probleme beim Entwurf paralleler Branch-&-Bound-Anwendungen sowie eine Klassifizierung der Lösungsverfahren vor.

Motivation Viele Probleme, die sich z. B. in den Bereichen der Künstlichen Intelligenz und im Operations Research stellen, können als kombinatorische Optimierungsprobleme formuliert werden. Bekannte Beispiele hierfür sind das Problem des Handlungsreisenden, die minimale Knotenüberdeckung in Graphen oder die Berechnung von Maschinenbelegungsplänen im Bereich der Produktionsplanungs- und -steuerungssysteme.

Ein solches Problem kann wie folgt beschrieben werden. Gegeben sind ein Eingabevektor und eine Menge von Kontrollvariablen, auf denen Bedingungen in Form von Abhängigkeiten zwischen den Variablen definiert sein können. Die Wertebereiche der Kontrollvariablen bilden den Lösungsraum. Die Elemente des Lösungsraums heißen *erlaubte Lösungen*. Gesucht ist ein Vektor von Variablenbelegungen, der eine gegebene Zielfunktion optimiert. Dieser wird als *beste Lösung* bezeichnet.

Zum einen wurden dazu heuristische Methoden wie *Genetische Algorithmen* und *Simulated Annealing* untersucht, die zwar eine vollständige Suche vermeiden, die aber unabhängig von der Problemgröße nicht immer ein optimales Ergebnis, sondern oft nur eine approximierte Lösung liefern können. Zum anderen liefern exakte allgemeine Verfahren wie *Divide-&-Conquer* oder *Dynamische Programmierung* in jedem Fall die beste Lösung. Diese können gegebenenfalls auch so erweitert werden, daß sie für große Probleminstanzen nur eine Näherungslösung liefern. Ein solches universelles Verfahren ist Branch-&-Bound. Das Verfahren ist in der Künstlichen Intelligenz auch als A^*-Algorithmus bekannt.

Die Branch-&-Bound-Methode Branch-&-Bound ist eine implizite Aufzählungsmethode zur Lösung von Optimierungsproblemen. Im folgenden gehe ich davon aus, daß der Lösungsraum endlich ist. Die Wertebereiche der Kontrollvariablen definieren einen Suchraum, in dem sich die beste Lösung befinden muß. Der Suchraum kann als Baum dargestellt werden. Dabei sind die Knoten Vektoren mit teilweise belegten und teilweise freien Komponenten. Alle Kanten von einem Knoten zu seinen Kindern repräsentieren die alternativen Belegungen einer freien Variablen des Elternknotens. Die Blätter des Suchbaums bilden den Lösungsraum. Die beste Lösung eines Optimierungsproblems ist also durch ein Blatt des Suchbaums charakterisiert. Die Lösung erfordert demnach die effiziente Abarbeitung von Suchbäumen.

Abbildung 27 zeigt ein Beispiel für einen Suchbaum für ein Problem mit n Binärvariablen. Jeder Knoten wird charakterisiert durch einen Vektor mit belegten und noch freien Variablen. Für die belegten Variablen sind die Werte eingetragen, während die Menge der freien Variablen in spitzen Klammern zusammengefaßt wird. Jeder Knoten hat zwei Kinder, in denen die jeweils erste noch freie Variable mit einem Wert belegt wird. So entspricht jede Ebene im Suchbaum der Belegung einer noch freien Variablen. Der Lösungsraum wird durch die Blätter des Baums charakterisiert, in denen alle Variablen belegt sind.

Da der Lösungsraum in der Regel exponentiell viele Elemente enthält, scheidet eine vollständige Suche aus, wie sie z. B. der Divide-&-Conquer-Ansatz verfolgt.

4. WERKZEUGSYSTEM BBSYS

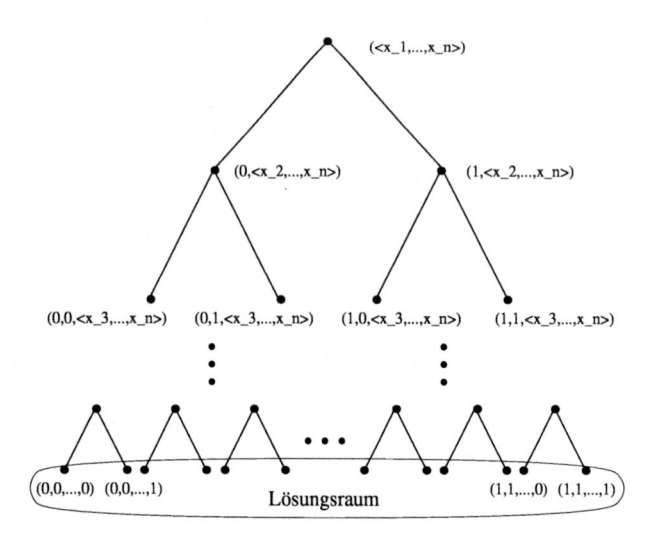

Abbildung 27: Suchbaum für Optimierungsproblem mit n Binärvariablen

Dabei wird das Problem in Teilprobleme partitioniert, die separat gelöst werden und deren Lösungen dann zu einer Gesamtlösung zusammengesetzt werden. Auch bei Branch-&-Bound wird das Problem sukzessive in disjunkte Teilprobleme zerlegt. Branch-&-Bound unterscheidet sich von Divide-&-Conquer allerdings dadurch, daß nach der Zerlegung das Originalproblem verworfen wird, und daß nur noch die Teilprobleme weiter untersucht werden, die eine neue beste Lösung versprechen. Dadurch reduziert sich der Aufwand in den meisten Fällen, er bleibt jedoch exponentiell. Im folgenden beschränke ich mich bei der Beschreibung auf Minimierungsprobleme. Die Aussagen können entsprechend auf Maximierungsprobleme übertragen werden.

Basisoperationen Die *Branching*-Operation realisiert die Zerlegung einer Lösungsmenge in disjunkte Teilmengen. Die neu erzeugten Teilmengen unterscheiden sich vom Original durch die Belegung einer noch freien Variablen. Dabei ist jede mögliche Lösung immer in genau einer Teilmenge enthalten. Diese Operation entspricht der Erzeugung der Kinderknoten im Suchbaum. Der Verzweigungsgrad auf einer Ebene entspricht demnach dem Wertebereich der belegten Variablen.

Die *Bounding*-Operation schätzt für eine Teilmenge die Güte der in ihr enthaltenen besten Lösung ab. Sie berechnet dazu eine untere Schranke für die beste in der Teilmenge enthaltene Lösung. Diese Schranke liefert ein Kriterium dafür, ob die Teilmenge noch weiter untersucht werden muß. Falls die untere Schranke nämlich größer ist als die bisher gefundene beste Lösung (oder eine obere Schranke für diese Lösung), kann die Teilmenge ganz verworfen werden. Andererseits können beim Finden einer neuen besten Lösung jeweils alle Teilmengen mit einer größeren unteren Schranke von der weiteren Untersuchung ausgeschlossen werden. Der Baum, der sich durch das Abschneiden nicht weiter untersuchter Knoten im Suchbaum ergibt, heißt Branch-&-Bound-Baum.

Desweiteren liefert der Bounding-Wert ein mögliches Kriterium für die Steuerung der Suche. So ist es vielversprechend, die Teilmengen mit geringen Bounding-Werten zuerst weiter zu untersuchen.

Um zu garantieren, daß alle Teilmengen solange weiter untersucht werden, wie sie eine beste Lösung enthalten können, müssen die Bounding-Werte aller beim Branching erzeugten Teilmengen mindestens so groß sein wie der Bounding-Wert der Obermenge. Außerdem muß der Bounding-Wert einer einelementigen Teilmenge dem Wert des Elementes entsprechen. Für den Branch-&-Bound-Baum heißt das, daß die Bounding-Werte im Suchbaum von der Wurzel zu den Blättern monoton steigen, und die Bounding-Werte an den Blättern mit dem Wert der möglichen Lösung übereinstimmen.

Um die Wahrscheinlichkeit zu erhöhen, Teillösungen eliminieren zu können, kann auch für jede Teillösung eine obere Schranke berechnet werden. Statt der besten bisher gefundenen möglichen Lösung dient dann die bisher gefundene beste obere Schranke aller erzeugten Teillösungen als Vergleichswert für die Eliminierung. Dies ist insbesondere in der Anfangsphase des Branch-&-Bound vielversprechend, wenn noch keine mögliche Lösung gefunden wurde.

Eine weitere Möglichkeit der Eliminierung von Knoten bietet der Dominanztest, der eine Verallgemeinerung des Tests der unteren Schranken darstellt. Dazu wird auf der Basis problemspezifischer Regeln eine Relation zwischen Teillösungen definiert. Eine Teillösung T_i steht dabei in Dominanzrelation zu einer Teillösung T_j, falls T_j eliminiert werden kann, wenn zu dem Zeitpunkt, zu dem T_j zur Verarbeitung ausgewählt wird, T_i schon erzeugt wurde [Iba77].

Ein einfaches Beispiel für einen Dominanztest liefert das *N-Damen-Problem*. Das Ziel ist, auf einem $N \times N$-Schachbrett N Damen so zu plazieren, daß sie sich nach Schachregeln nicht gegenseitig schlagen können. Eine notwendige Bedingung für eine Lösung ist, daß jede Reihe genau eine Dame enthält. Daher werden die Teillösungen gebildet, indem sukzessive auf allen Reihen des Schachbretts jeweils eine Dame plaziert wird, wobei jeweils die Einhaltung der Regeln überprüft wird. Hier kann eine Dominanzrelation zwischen zwei isomorphen Belegungen definiert werden, da die Möglichkeit, die Teillösung zu einer gültigen Lösung fortführen zu können, für isomorphe Belegungen gleich ist. Um keine Zyklen zu erhalten, wird die Relation nur in einer Richtung von der zeitlich zuerst erzeugten Teillösung zur später erzeugten Teillösung definiert.

Algorithmus Die Ausführung des Branch-&-Bound-Algorithmus entspricht im wesentlichen dem Aufbau des Branch-&-Bound-Baums. Er besteht aus Anwendungen der Branching-, Bounding- und Eliminierungs-Operationen auf dessen Knoten. Eine zentrale Komponente ist dabei ein abstrakter Datentyp zur Speicherung der Knoten, die noch zu einer besten Lösung führen können. Diese Datenstruktur sollte neben Einfüge- und Entnahme-Operationen auch die Bildung des Minimums unterstützen. Außerdem sollte es möglich sein, alle Knoten zu löschen, deren Bewertung einen vorgegebenen Wert überschreitet. Als Datentyp bietet sich hier eine von den Bounding-Werten kontrollierte Prioritätsschlange an.

Die Knoten können während der Ausführung des Algorithmus drei Zustände annehmen. Ein Knoten kann (durch Anwendung der Branching-Operation) *erzeugt* sein. Knoten, auf die die Bounding-Operation angewendet wurde, heißen *ausgewertet*, während Knoten, auf die entweder die *Branching-Operation* angewendet wurde, oder die (aufgrund schlechter unterer Schranken oder durch einen Dominanztest) eliminiert wurden, als *untersucht* bezeichnet werden.

Der Algorithmus terminiert, wenn die letzte Teillösung untersucht wurde. Die Lösung mit der besten gefundenen oberen Schranke entspricht dann der Lösung, wenn die Bounding-Operation die folgenden Konvergenzkriterien erfüllt [GC94]. Einerseits muß die obere Schranke jeder ausgewerteten Teillösung einer möglichen Lösung entsprechen. Diese Bedingung garantiert, daß die beste obere Schranke einer Lösung entspricht. Andererseits muß eine Teillösung eine Lösung sein, wenn sie erzeugt wurde und die untere Schranke der oberen Schranke entspricht. Eine Möglichkeit, obere Schranken zu berechnen, die diese Bedingung erfüllen, ist die zufällige Belegung aller noch freien Variablen. Dies entspricht im Prinzip der Verfolgung eines Pfades von einem Knoten im Suchbaum zu einem beliebigen Blatt des entsprechenden Teilbaums. Unter diesen Voraussetzungen gibt es mindestens eine ausgewertete Teillösung, und falls eine Lösung existiert, liefert die Teillösung mit der kleinsten oberen Schranke aller ausgewerteten Teillösungen die optimale Lösung. Der Beweis kann [GC94] entnommen werden. Dort ist auch eine weitere Konvergenzbedingung für die Eliminierungsregeln von Dominanztests aufgeführt.

4.1.1 Sequentielle Lösungsverfahren

Im folgenden wird die Struktur einer sequentiellen Branch-&-Bound-Lösung vorgestellt. Abbildung 28 zeigt den Algorithmus zur Lösung eines Minimierungsproblems P in Pseudocode-Notation.

4.1 BRANCH-&-BOUND

Zuerst werden die initialen Teillösungen erzeugt. Es reicht, wenn hier die Wurzel des Suchbaums erzeugt wird. Hier können jedoch auch Knoten, die tiefer im Baum liegen, in die Menge der noch zu bearbeitenden Teillösungen eingefügt werden wie z. B. die Menge aller Knoten der ersten Ebene des Suchbaums. Wichtig ist dabei, daß von den initialen Knoten die beste Lösung noch erreicht werden kann. Außerdem kann vor dem Start der eigentlichen Bearbeitungsschleife eine obere Schranke durch eine heuristische Lösung berechnet werden. Dadurch können Knoten eliminiert werden, auch wenn noch keine mögliche Lösung gefunden wurde.

```
Init(P)              // Fügt initiale Teillösungen in Open ein
SetBestUB(CalcUB(P)) // Initiale obere Schranke (oder ∞)
WHILE NOT Empty(Open) DO
   node ← GetBest(Open)
   <child₁,...,childₙ> ← Branching(node)      // Expansion
   FOR i ← 1 TO n DO
      lb ← LowerBound(childᵢ)
      ub ← UpperBound(childᵢ)
      IF ub < BestUB() THEN    // neue beste Abschätzung?
         SetBestUB(ub)
      ENDIF
      IF lb < BestUB()          // Untere-Schranken-Test
         AND NOT Leaf(childᵢ) THEN
         Insert(Open, childᵢ, lb)
      ENDIF
   ENDFOR
ENDWHILE
Solution ← BestUB()
```

Abbildung 28: Sequentieller Branch-&-Bound-Algorithmus

Die noch zu bearbeitenden Teillösungen werden in der Datenstruktur **Open** gespeichert. Die Speicherstruktur für diesen Datentyp beeinflußt die Reihenfolge, in der die Knoten des Suchbaums untersucht werden und bestimmt damit den Aufbau des Branch-&-Bound-Baums. Es bieten sich hierfür folgende Varianten an:

- Prioritätsschlangen: In diesem Fall wird die Teillösung mit der jeweils besten unteren Schranke als nächstes untersucht. Dieser Ansatz wird mit *Best First* bezeichnet.

- Keller: In diesem Fall wird jeweils die Teillösung untersucht, die am tiefsten im Suchbaum liegt. In diesem Fall liegt ein *Depth-First*-Ansatz vor.

114   4. WERKZEUGSYSTEM BBSYS

Die beiden Ansätze können auch miteinander kombiniert werden. Im folgenden wird die Vorgehensweise des Algorithmus am Beispiel Best First erklärt. Anschließend werden die Unterschiede zum Depth-First-Ansatz vorgestellt.

Best First Solange die Open-Menge noch nicht untersuchte Teillösungen enthält, werden sukzessive die Teillösungen (node) mit der jeweils minimalen unteren Schranke (GetBest) expandiert. Die Branching-Operation liefert die dadurch entstehenden neuen Teillösungen (child$_i$). Diese werden anschließend der Reihe nach ausgewertet, d. h. nach oben und nach unten abgeschätzt. Falls die obere Schranke ein neues Minimum bildet, wird dieses als Zwischenergebnis festgehalten (SetBestUB). Anschließend wird die untere Schranke mit der bisher besten Abschätzung verglichen, und gegebenenfalls wird die Teillösung in die Open-Menge eingefügt. Zusätzlich zum Test der unteren Schranke kann an dieser Stelle auch ein Dominanztest für die Teillösung durchgeführt werden. Allerdings müssen dazu alle bisher erzeugten Teillösungen zwischengespeichert werden, um überprüfen zu können, ob schon eine Teillösung erzeugt wurde, die mit der aktuellen Teillösung in Dominanzrelation steht.

Der Algorithmus berechnet nur den Wert der besten Lösung, ohne explizit eine Lösung zu benennen. Er kann aber leicht so modifiziert werden, daß er eine oder alle besten Lösungen ausgibt, indem die Lösungen zwischengespeichert werden.

Der Hauptvorteil des Best-First-Ansatzes liegt darin, daß wahrscheinlich gute Lösungen relativ früh untersucht werden. Das führt dazu, daß viele andere Teillösungen nicht mehr zerlegt oder gar nicht erst erzeugt werden müssen. Die Anzahl zerlegter Teillösungen ist minimal, falls keine gleichen unteren Schranken existieren und die Branching- und Bounding-Operationen nicht von der Prozeß-Geschichte abhängen [FLKS78]. Der Nachteil liegt im hohen Speicheraufwand, da viele ausgewertete Teillösungen existieren können, die noch nicht untersucht sind.

Depth First Bei der Depth-First-Methode werden zuerst die Teillösungen expandiert, die im Branch-&-Bound-Baum am tiefsten liegen. In diesem Fall kann die Open-Menge also als Keller realisiert werden. Die Operation GetBest entspricht dann der Top-Operation, während die Insert-Operation einem Push entspricht. Der Parameter lb ist in diesem Fall bedeutungslos. Außerdem muß gegebenenfalls die Reihenfolge, in der die Kinder auf dem Keller abgelegt werden, geändert werden, falls eine bestimmte Durchlaufstrategie (z. B. linksabwärts) verfolgt werden soll.

Der Vorteil dieses Verfahrens liegt in der minimalen Anzahl gespeicherter Teillösungen. Ein weiterer Vorteil liegt in der Beschleunigung der Bounding-Operation. Falls eine Teillösung nicht eliminiert wird, kann aufgrund der fest vorgegebenen Suchstruktur ein großer Teil der Information zur Berechnung der unteren Schranke der nächsten Teillösung wiederverwendet werden. Schließlich besteht ein Vor-

4.1 BRANCH-&-BOUND

teil darin, daß schnell eine mögliche Lösung gefunden wird. Dies bietet einen Ansatzpunkt für Approximationslösungen.

Der Nachteil liegt darin, daß insgesamt mehr Teillösungen erzeugt werden können als beim Best-First-Verfahren, da in den frühen Phasen auch wenig vielversprechende Teillösungen verfolgt werden können.

Ein Branch-&-Bound-Algorithmus ist durch die Suchstrategie, das Verzweigungsschema und die Bounding-Funktion charakterisiert. Im Prinzip kann statt der beiden vorgestellten Suchstrategien für den nächsten zu bearbeitenden Knoten eine beliebige andere Heuristik eingesetzt werden. Die Wahl der Branching-Operation bestimmt die Verzweigungsstruktur des Branch-&-Bound-Baums. Die Effizienz des Algorithmus hängt stark von der Wahl der Branching- und Bounding-Operation ab. Eine gute untere Schranke darf einerseits nicht zu weit von der besten Lösung im Teilbaum abweichen, da das frühe Finden enger Schranken die Anzahl generierter Teillösungen reduziert. Andererseits muß sie leicht zu berechnen sein, damit die Laufzeit nicht von der Bounding-Operation dominiert wird. Im allgemeinen kann die Laufzeit für die Bounding-Operationen für verschiedene Teillösungen stark variieren.

Die Berechnung einer oberen Schranke für jede Teillösung kann entfallen. In diesem Fall werden statt der besten gefundenen oberen Schranke (**BestUB**) die Kosten der bisher besten Lösung als Vergleichswert für die Eliminierung herangezogen. Hier sind die Kosten zur Berechnung der oberen Schranke gegen den möglichen Vorteil weniger erzeugter Knoten abzuwägen. Insbesondere bei der Best-First-Methode, bei der mögliche Lösungen relativ spät gefunden werden, kann die Berechnung der oberen Schranke schnell gute Abschätzungen liefern. Dies gilt insbesondere, weil früh vielversprechende Lösungen verfolgt werden, für die oft auch eine gute obere Schranke berechnet werden kann. Wenn die Berechnung der oberen Schranken für alle Teillösungen nicht durchgeführt wird, ist die Berechnung einer initialen oberen Schranke mit Hilfe einer Heuristik – besonders bei der Best-First-Methode – vorteilhaft. Sie kann aber auch bei der Depth-First-Methode dazu führen, daß weniger Teillösungen erzeugt werden.

Falls bei der Depth-First-Methode auf die Eliminierung von Teillösungen verzichtet wird, entspricht das Verfahren der bekannten Backtracking-Methode. Weitere Varianten der Best-First- und der Depth-First-Methode können [Iba87] entnommen werden.

4.1.2 Parallele Lösungsverfahren

Nach einer Beschreibung der allgemeinen Probleme von parallelen Branch-&-Bound-Lösungen stellt dieses Kapitel verschiedene parallele Lösungsverfahren für

Branch-&-Bound auf unterschiedlichen Rechenmodellen und eine Klassifizierung der Verfahren vor. Dabei werden insbesondere verschiedene Strategien für die Verwaltung der entstehenden Teillösungen und die Synchronisation der beteiligten Prozesse verfolgt.

Während die Lösung inhärent schwerer Probleme im Bereich der sequentiellen Programmierung nur für kleine Probleminstanzen realisierbar ist, erlaubt der Einsatz massiver Parallelität die Lösung dieser Probleme auch für größere Probleminstanzen. So liefern parallele Lösungen für Branch-&-Bound die Möglichkeit, in der Praxis häufig auftretende kombinatorische Optimierungsprobleme zu lösen.

Im Gegensatz zu einem sequentiellen Algorithmus, wo immer nur eine Teillösung gleichzeitig verfolgt wird, und der Aufbau eines Branch-&-Bound-Baums durch den Algorithmus klar vorgegeben ist, bearbeitet in einem parallelen Programm in der Regel jeder Prozeß eine andere Teillösung.

Dadurch entsteht einerseits das Problem, daß die Information über eine neue gefundene beste Lösung nicht zu jeder Zeit aktuell für alle Prozesse verfügbar sein kann. Dies hat zur Folge, daß eine Teillösung noch weiter bearbeitet wird, obwohl an anderer Stelle des Prozeßnetzes bereits eine Abschätzung der Lösung existiert, die zur Eliminierung der Teillösung führen würde. Daher ist eine schnelle Kommunikation neuer gefundener Lösungsabschätzungen wichtig, um unnötige Arbeit zu vermeiden.

Andererseits müssen die zu bearbeitenden Teillösungen so auf die Prozessoren verteilt werden, daß möglichst alle Prozessoren jederzeit damit beschäftigt sind, aktive Teillösungen weiterzuverarbeiten. Dazu ist eine allgemeine Strategie für die Verwaltung aller aktiven Teillösungen im Netz sowie zur Verteilung der Rechenlast auf die einzelnen Prozessoren notwendig. Die Lösungen für die hier aufgeworfenen Fragen hängen im allgemeinen vom zugrundeliegenden Modell der Maschine ab, auf der das parallele Programm laufen soll.

4.1.2.1 Klassifizierung In [GC94] wird eine Klassifizierung verschiedener paralleler Lösungsstrategien vorgestellt. Danach können drei Ansätze unterschieden werden. Bei der Typ-1-Parallelität werden Operationen auf jeder erzeugten Teillösung parallelisiert. So kann z. B. die Bounding-Operation beschleunigt werden. Dabei entspricht die allgemeine Struktur des Algorithmus der in Kapitel 4.1.1 vorgestellten sequentiellen Variante. Diese Art der Parallelisierung findet meistens in Algorithmen für *SIMD*-Architekturen Verwendung.

Die Typ-2-Parallelität basiert auf dem Prinzip, den Branch-&-Bound-Baum parallel aufzubauen. Dabei werden simultan Operationen auf verschiedenen Teil-

4.1 BRANCH-&-BOUND

lösungen durchgeführt. Sie ist besonders für grobkörnige asynchrone *MIMD*-Systeme geeignet. Sie wird jedoch auch für massiv parallele *SIMD*-Architekturen eingesetzt. In diesem Fall besteht ein Problem darin, daß die Laufzeiten der Bounding-Operation für unterschiedliche Knoten des Baums stark variieren können, und durch die Verwendung des *SIMD*-Modells die Gesamtzeit einer parallelen Berechnung durch die längste Berechnung bestimmt ist. Experimente für *SIMD*-Architekturen wie auch für Pipeline-Architekturen haben gezeigt, daß der Aufwand für die Synchronisation in der Regel zu groß ist. Für diese Art der Parallelisierung wurden auch Experimente auf einer Datenflußarchitektur durchgeführt. Das breite Spektrum der Architekturen zeigt, daß diese Art der Parallelität universell einsetzbar ist. Daher wird diese später noch weiter klassifiziert.

Die Grundidee der Typ-3-Parallelität ist es, mehrere Branch-&-Bound-Bäume parallel zu konstruieren, die durch unterschiedliche Operationen charakterisiert sind. Die so aufgebauten Branch-&-Bound-Bäume können sich in der Branching-, der Bounding- oder der Auswahloperation unterscheiden. Die dabei gewonnenen Informationen können dann zur Konstruktion neuer Bäume verwendet werden. Um die mehrfache Untersuchung gleicher Knoten zu vermeiden, bietet sich bei dieser Methode eine Sonderbehandlung für die frühen Phasen des Algorithmus an. Diese seltene Art der Parallelität ist besonders geeignet für grobkörnige *MIMD*-Architekturen.

Schließlich können die verschiedenen Parallelitätstypen noch nacheinander oder hierarchisch miteinander kombiniert werden. Ein Beispiel ist die parallele Ausführung der Bounding-Operation an der Wurzel und anschließende Ausführung eines Algorithmus mit Typ-2-Parallelität.

Implementierungen für Typ-2-Parallelität auf asynchronen *MIMD*-Architekturen unterscheiden sich einerseits in der Art der Synchronisation zwischen den Prozessen. Auf der einen Seite gibt es synchrone Algorithmen, in denen die Berechnung in Phasen abläuft. Dabei arbeiten alle Prozesse in jeder Phase lokal und kommunizieren nur zwischen den Phasen. Abhängig davon, ob das Kommunikationsprotokoll von vornherein feststeht, oder während der Laufzeit ermittelt wird, unterscheidet man hierbei strikt von lose synchronen Algorithmen. Bei asynchronen Algorithmen hingegen können Prozesse zu jeder Zeit miteinander kommunizieren. Deshalb ist das Kommunikationsverhalten solcher Algorithmen nicht exakt vorhersagbar.

Andererseits unterscheiden sich die Algorithmen in der Aufteilung des Speicherbereichs für die noch zu untersuchenden Teillösungen. Ein möglicher Ansatz hierzu ist, alle Teillösungen zentral zu verwalten (*single pool*). In diesem Fall ist ein einziger Speicherbereich dafür vorgesehen, alle generierten Teillösungen aufzunehmen. Dieser Ansatz bietet sich besonders für Architekturen mit gemeinsamem Speicher an. Für Architekturen mit verteiltem Speicher kann hier der Master/Slave-Ansatz verfolgt werden, in dem ein ausgezeichneter Prozeß alle Teillösungen an andere Prozesse verteilt und die Ergebnisse der Berechnungen wieder entgegennimmt.

Für die Speicherung der Teillösungen auf mehreren Prozessoren (*multiple pool*) gibt es drei verschiedene Ansätze der Verteilung. Bei der kollegialen Verteilung wird jeder Pool von genau einem Prozeß verwaltet, während bei der gruppierten Verteilung eine Aufteilung der Prozesse vorgenommen wird, so daß jeder Pool zu einer Gruppe von Prozessen gehört. In einer gemischten Organisation hat jeder Prozeß neben seinem eigenen Pool Zugriff auf einen gemeinsam genutzten Speicher für Teillösungen.

Aufbauend auf diesen charakteristischen Eigenschaften ergibt sich eine Klassifizierung der Algorithmen mit Typ-2-Parallelität für asynchrone *MIMD*-Architekturen. Sie können einerseits synchron oder asynchron arbeiten und andererseits über einen oder mehrere Speicher für Teillösungen verfügen.

Die im folgenden gezeigten algorithmischen Entwurfsentscheidungen können als zusätzliche Parameter für die Entwicklung paralleler Branch-&-Bound-Algorithmen herangezogen werden.

4.1.2.2 Initialisierungsphase Ein wesentlicher Bestandteil eines Branch-&-Bound-Algorithmus ist die Initialisierungsphase. Dazu müssen, bevor der eigentliche parallele Algorithmus beginnen kann, erst alle Prozesse mit Teillösungen versorgt werden, die sie untersuchen können. Das Ziel ist dabei, relativ schnell einen eingeschwungenen Zustand des Prozessornetzes zu erreichen, in dem alle Prozessoren arbeiten können. Andererseits birgt der zu frühe Einsatz von Parallelität die Gefahr, schlechte Teillösungen unnötig zu verfolgen, wie das folgende Beispiel verdeutlicht. In einem binären Suchbaum, in dem die Abschätzung für das linke Kind eines Knotens immer die besser abgeschätzte Teillösung enthält, würde in einem sequentiellen Algorithmus, der diese Tatsache beachtet, der Baum linksabwärts durchsucht. Im parallelen Fall würden ausgehend von der Wurzel früh auch die schlechteren Teillösungen untersucht, die im sequentiellen Fall wahrscheinlich gelöscht würden.

Bei der Initialisierung können folgende Strategien verfolgt werden. Das Originalproblem kann zunächst von einem Prozeß berechnet werden und die neu erzeugten Teillösungen dann schrittweise per Broadcast auf alle anderen Prozesse verteilt werden. Eine Alternative dazu ist es, am Anfang eine spezielle Branchingoperation durchzuführen, die mehr Teillösungen erzeugt, als Prozesse vorhanden sind. Eine weitere Variante sieht vor, die Berechnung solange sequentiell von einem Prozeß durchführen zu lassen, bis genügend Teillösungen vorhanden sind, um das Prozeßnetz mit genügend Last zu versorgen. Schließlich besteht bei *multiple pool*-Algorithmen die Möglichkeit, in einer sequentiellen Phase jeden Prozeß den

4.1 BRANCH-&-BOUND

gleichen Baum bearbeiten zu lassen, und dann einen Teil der Last auszuwählen, den er weiterbearbeitet. Die Auswahl einer geeigneten Strategie hängt dabei sowohl von der Architektur des Parallelrechners als auch von der Problemcharakteristik ab. Henrich zeigt einen Vergleich von Initialisierungsverfahren speziell für massiv parallele Rechner der *SIMD*-Klasse [Hen95].

4.1.2.3 Lastverteilung Ein wesentlicher Aspekt bei der Entwicklung paralleler Branch-&-Bound-Programme ist die Verteilung von Arbeitspaketen. Das Ziel dabei ist es, möglichst alle Prozessoren mit der Untersuchung vielversprechender Teillösungen zu beschäftigen. Der weitergehende Begriff der Lastbalancierung erfordert zusätzlich, daß alle Prozessoren möglichst gleichmäßig mit Arbeit versorgt sind. Dieses Ziel ist einfach zu erreichen, falls die Teillösungen zentral verwaltet werden. In diesem Fall bekommt jeder Prozessor, der eine neue Teillösung anfordert, die zu dem Zeitpunkt der Anfrage vielversprechendste Teillösung zugewiesen.

Bei verteilter Verwaltung der Teillösungen besteht eine Lösung darin, dynamisch Prozesse zu generieren, die Teile von überlasteten Pools übernehmen. Damit kann die Aufgabe der Lastverteilung auf Methoden zur Prozeßgenerierung in parallelen Betriebssystemen zurückgeführt werden. Ist die Anzahl der Prozesse statisch, so müssen zwischen den Prozessen Lastpakete ausgetauscht werden. Dazu existieren zwei verschiedene Ansätze (Abbildung 29).

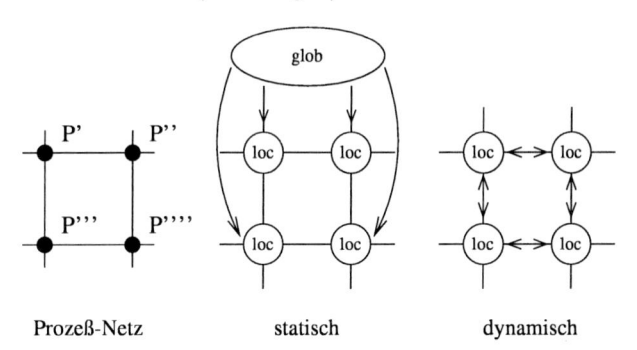

Abbildung 29: Lastverteilungsstrategien

Bei der statischen Lastverteilung wird initial eine gegebene Menge von Aufgaben erzeugt, auf die alle Prozesse zugreifen können. Diese Form der Lastverteilung bietet sich besonders für gemischte Organisationsformen an. In diesem Fall enthält der globale Pool die initialen Arbeitspakete. Wenn ein Prozeß keine Arbeit mehr hat, entnimmt er dem globalen Pool jeweils eine Aufgabe und bearbeitet sie lokal. In diesem Fall tauschen die Prozessen untereinander keine Aufgaben aus ihrem lokalen Pool aus. Diese Art der Lastverteilung ist bei Branch-&-Bound-Algorithmen besonders in der Initialisierungsphase interessant.

Die dynamische Lastverteilung hingegen basiert auf dem Austausch von Lastpaketen zwischen den einzelnen Pools. Dabei können drei Strategien verfolgt werden. Bei der Lastverteilung auf Anfrage fordert ein Prozeß, dessen Last eine Minimalgrenze unterschreitet, von einem beliebigen anderen Prozeß neue Arbeitspakete an. Der so adressierte Prozeß entscheidet, ob er die Anfrage akzeptiert und entscheidet gegebenenfalls, welche der eigenen Arbeitspakete er an den anfragenden Prozeß zurücksendet. Falls die Anfrage nicht erfüllt werden kann, kann der unterbelastete Prozeß solange andere Prozesse befragen, bis seine Anfrage befriedigt wird. Bei der Lastverteilung ohne Anfrage entscheidet jeder Prozeß von sich aus, daß er Lastpakete verteilen will. Dazu muß er bestimmen, welche Arbeitspakete er verschicken will und an welchen Prozeß sie verschickt werden sollen. Diese beiden Ansätze der dynamischen Lastverteilung können auch miteinander kombiniert werden.

Henrich gibt in [Hen95] einen Überblick über die in der Literatur vorgestellten statischen und dynamischen Lastverteilungsverfahren. Die Lastverteilung wird dabei im allgemeinen als ein separater Prozeß aufgefaßt. Bei Anwendung der Standardverfahren für *SIMD*-Architekturen besteht dann die einzige Modifikation des Basisalgorithmus darin, daß an geeigneter Stelle Operationen zur Lastverteilung angestoßen werden müssen. Er definiert für diese Klasse die Methode der impliziten Lastverteilung. Dabei wird der Branch-&-Bound-Prozeß mit der Lastverteilung verschmolzen. Seinem Ansatz liegt das Prinzip der *k-Expansion* zugrunde. Dabei werden für einen Baumknoten auf Ebene i des Suchbaums alle Nachfolger auf Ebene $i + k$ in einem Expansionsschritt erzeugt. k kann dabei so gewählt werden, daß in einer Expansion genügend Last erzeugt wird, um alle Prozessoren mit Arbeit zu versorgen. Ansonsten bleibt der Branch-&-Bound-Algorithmus gleich. Diese Art der Lastverteilung nutzt die Eigenschaften der *SIMD*-Architektur aus: synchrone Verarbeitung, enge Kopplung der Prozessoren sowie effiziente Broadcast- und Reduktionsmechanismen. Die gewöhnliche Branching-Operation, in der nur die direkten Nachfolger eines Knotens erzeugt werden, entspricht einer 1-Expansion.

4.1.2.4 Anwendung der Eliminierungsregeln Der Test, ob eine Teillösung aufgrund ihrer unteren Schranke eliminiert werden kann, erfordert, daß die beste bisher bekannte obere Schranke allen Prozessoren bekannt ist. Die obere Schranke muß deshalb im gesamten Prozeßnetz kommuniziert werden. Ausgehend von einer initialen oberen Schranke können zwei Strategien zur Verbesserung der oberen Schranke verfolgt werden. Einerseits kann bei der Untersuchung jeder

4.1 BRANCH-&-BOUND

Teillösung eine obere Schranke für die beste daraus ableitbare Lösung berechnet werden. Diese Variante hat den Vorteil, daß die obere Schranke schon früh verbessert werden kann und deshalb die Wahrscheinlichkeit größer wird, Teillösungen eliminieren zu können. Allerdings erfordert jede neu berechnete obere Schranke ihre Verbreitung im gesamten Prozessornetz. Auf diese zusätzliche Kommunikation kann verzichtet werden, wenn auf die Berechnung oberer Schranken für alle Teillösungen verzichtet wird, und statt der oberen Schranke nur die jeweils neue beste Gesamtlösung kommuniziert wird. Dieses Verfahren kann allerdings dazu führen, daß viele Teillösungen unnötig verfolgt werden, weil erst spät eine mögliche Lösung erkannt wird. Als Kompromiß zwischen den beiden Extremen kann eine Variante dienen, in der solange obere Schranken für alle Teillösungen erzeugt werden, bis das erste Blatt im Suchbaum erreicht wird.

Die gewählte Strategie ist abhängig von der Zielarchitektur und der Art des Algorithmus. Bei Shared-Memory-Architekturen ist es z. B. sinnvoll, immer obere Schranken zu berechnen. In einer Lösung, die auf Botschaften basiert, arbeitet jeder Prozeß auf einer lokalen besten Lösung. Sobald er eine neue beste Lösung findet, teilt er sie allen anderen Prozessen per Broadcast mit.

Die Anwendung von Dominanztests erfordert den Vergleich eines Knotens mit allen bisher untersuchten Knoten des Branch-&-Bound-Baums, um die Dominanzrelation überprüfen zu können. Dies führt zu einer Speicherexplosion, da der gesamte Branch-&-Bound-Baum permanent im Speicher gehalten werden muß. Außerdem führt dies insbesondere bei verteilten Pools zu einer inakzeptablen Kommunikationslast, da der Referenzknoten von dem Prozessor, in dem er gespeichert ist, zu dem Prozessor, wo er verglichen werden soll, transportiert werden muß. Außerdem erfordern viele Dominanzregeln die Überprüfung zeitlicher Abhängigkeiten. Da bei parallelen Algorithmen viele Teillösungen gleichzeitig erzeugt werden, muß hier ein Zeitmodell definiert und auf dieser Grundlage jeder Knoten zusätzlich mit seiner Erzeugungszeit versehen werden. Der Einsatz von Dominanztests bei parallelen Branch-&-Bound-Algorithmen ist also nicht mit akzeptablem Aufwand realisierbar.

4.1.2.5 Terminierungserkennung Ein weiteres Problem, das bei parallelen Branch-&-Bound-Programmen auftritt, ist die Erkennung der Programmterminierung. Das Problem ist einfach zu lösen, falls nur ein einziger Pool verwendet wird. In diesem Fall kann das Programm beendet werden, wenn das letzte Element aus dem Pool entnommen wird. Bei synchronen Algorithmen bilden auch mehrere Pools kein Problem. Das Programm terminiert dann, wenn am Ende einer Berechnungsrunde nur noch ein Element übrig ist. In beiden Fällen entspricht dieses Element der besten Lösung.

Falls ein asynchroner Algorithmus mit verteilten Pools vorliegt, der auf der Kommunikation über Botschaften beruht, ist die Lösung des Problems schwieriger. In diesem Fall folgt aus der Tatsache, daß alle Pools leer sind, nicht unmittelbar die Terminierung des Algorithmus. Es besteht immer noch die Möglichkeit, daß Teillösungen durch das Prozeßnetz wandern, die noch weiter untersucht werden müssen.

Da dieses Problem nicht spezifisch für Branch-&-Bound ist, können hier Standard-Methoden wie *Probe-&-Echo* eingesetzt werden. Ein Lösungsansatz für dieses Problem ist das *Token-Passing* [And91]. Das Verfahren wird im folgenden am Beispiel eines Rings, in dem die Prozessoren nur in einer Richtung kommunizieren, vorgestellt. Dabei wird jedem Prozeß mit Hilfe eines sogenannten Tokens, das im Ring in der festgelegten Kommunikationsrichtung wandert, ein Aktivitätszustand zugeordnet. Die möglichen Zustände sind *aktiv*, *als inaktiv angemeldet* und *terminiert*. Der aktuelle Zustand eines Prozesses ist dabei abhängig vom vorherigen Zustand und dem Eintritt eines der folgenden Ereignisse:
- ein Prozeß hat keine Arbeit mehr;
- ein Prozeß erhält Arbeit vom Nachbarn;
- ein Prozeß erhält das Token vom Nachbarn.

Ein Prozeß gibt das Token an seinen Nachbarn weiter, falls er keine Arbeit mehr hat. Abbildung 30 verdeutlicht die Zustandsübergänge. Das Programm terminiert dann, wenn alle Prozesse den Zustand *terminiert* erreicht haben. Das Verfahren kann leicht auf beliebige Graphen erweitert werden.

Abbildung 30: Zustände beim Token-Passing

4.1.2.6 Leistungsmaße Um die Effizienz der Algorithmen miteinander vergleichen zu können, können verschiedene Leistungsmaße herangezogen werden. Oft wird die Anzahl der generierten Teillösungen – entweder während des gesamten Algorithmus oder bis zum Finden der besten Lösung – als Vergleichsmaß herangezogen. Dieses Maß ist allerdings unfair, da die Rechenzeiten für die einzelnen Knoten stark variieren können und die Zeit für die Kommunikation und die Synchronisation dabei unberücksichtigt bleibt.

Ein weiteres Maß sind *Speedup* und *Effizienz* eines Algorithmus. Der Speedup gibt das Verhältnis zwischen der Laufzeit eines sequentiellen Algorithmus und eines parallelen Algorithmus an. Die Effizienz ergibt sich aus dem Verhältnis des Speedup zur Anzahl der eingesetzten Prozessoren. Wünschenswert ist, daß die Effizienz nahezu den Wert 1 erreicht. Dies bedeutet, daß die Laufzeit des parallelen Algorithmus um einen Faktor verbessert wird, der ungefähr der Anzahl der Prozessoren entspricht. Dieses Leistungsmaß wirft allerdings die Frage auf, welcher Algorithmus zur Bestimmung der sequentiellen Laufzeit herangezogen wird. Eine Möglichkeit besteht darin, den besten sequentiellen Algorithmus einzusetzen. Der beste sequentielle Algorithmus für alle Instanzen ist allerdings nicht immer bekannt. Außerdem kann es sein, daß es für größere Probleminstanzen gar keinen Algorithmus gibt, der das Problem lösen kann.

Die Effizienzmessung kann verschiedene Anomalien sichtbar machen [LW84]:
- *Detrimental Anomaly*: In diesem Fall ist die Laufzeit des parallelen Algorithmus langsamer als die Laufzeit des sequentiellen Algorithmus. Dieser Fall kann eintreten, wenn im parallelen Algorithmus Teillösungen verfolgt werden, die im sequentiellen Algorithmus eliminiert würden oder wenn die Prozessoren nicht immer ausgelastet sind.
- *Deceleration Anomaly*: Der Speedup ist viel kleiner als die Anzahl der Prozessoren. Dies kann aus den gleichen Gründen geschehen wie im ersten Fall.
- *Acceleration Anomaly*: Auch wenn es auf den ersten Blick überraschend scheint, ist es durchaus möglich, daß die Laufzeit des Algorithmus um einen Faktor schneller ist, der die Anzahl der Prozessoren übersteigt. Dieser superlineare Speedup ist deshalb möglich, weil die Suchstrategie für den besten seriellen Branch-&-Bound-Algorithmus nicht von vornherein bekannt ist, so daß der parallele Algorithmus zufällig eine bessere Suchstrategie auswählen kann als der sequentielle [Rou89].

Bei Approximationsalgorithmen kommt als weiteres Leistungsmaß die Qualität der Lösung im Vergleich zur besten bekannten Lösung hinzu. Unabhängig vom Maß ergibt sich immer das Problem, daß aus dem mit der Parallelität einhergehenden Nichtdeterminismus eine signifikante Streuung der Ergebnisse resultieren kann.

4.1.2.7 Fazit Nach [GC94] läßt der Überblick über die dort vorgestellten parallelen Branch-&-Bound-Algorithmen folgende Schlußfolgerungen zu:

- Die Lösung von Branch-&-Bound-Problemen auf *SIMD*-Architekturen ist nur sinnvoll, wenn die Bounding-Operationen trivial zu berechnen sind.

- Synchronisation ist normalerweise unnötig.

- Asynchrone Algorithmen mit einem einzigen Pool sind nur geeignet für nicht-triviale Bounding-Operationen und bei wenigen Prozessoren. Lösungen mit verteiltem Speicher sollten verteilte Prioritätsschlangen mit Operationen zum Einfügen und Löschen mehrerer Elemente [LMR93, BDMR96] oder zwei Listen benutzen [PM92].

- Asynchrone Algorithmen mit verteilten Pools sollten dynamisch kombinierte Strategien zur Lastverteilung benutzen. Besonders vielversprechend erscheint der Ansatz, die Pools mit Gewichten zu bewerten [LM89, LM92].

4.2 Konzeption des Werkzeugsystems *BBSYS*

Dieser Abschnitt beschreibt das Werkzeugsystem *BBSYS* zur Entwicklung paralleler Branch-&-Bound-Programme. Die Grundlage dazu bildet die anwendungsspezifische Software-Architektur für parallele Branch-&-Bound-Programme, die genauso wie die Einstiegspunkte und die generischen Parameter der Bibliotheksmodule Ergebnis der Bereichsanalyse ist. Sie wird in Kapitel 4.2.1 vorgestellt. Anschließend zeigt Kapitel 4.2.2 das Branch-&-Bound-Algorithmenschema als Beispiel für ein generisch instanziierbares Modul.

Danach demonstriert Kapitel 4.2.3, wie der Anwender des *BBSYS*-Systems das Algorithmenschema und die anderen Module durch Ausfüllen der Einstiegspunkte mit problemspezifischen Datentypen und Funktionen zur Lösung seines Problems anpassen kann, und wie er die Module der Anwendungsbibliothek in seinem Hauptprogramm benutzen kann.

Kapitel 4.2.4 geht auf die wichtigsten generischen Instanziierungsparameter, mit denen der Anwender sein Problem klassifizieren kann, und die sich daraus ergebenden zusätzlichen Einstiegspunkte ein.

Anschließend zeigt Kapitel 4.2.5, wie *BBSYS* die problemspezifischen Programmkomponenten und die instanziierten Module automatisch zu einem lauffähigen parallelen Programm zusammenfügt und dieses gegebenenfalls auf dem gewünschten Parallelrechner ausführt. So kann der Anwender sich bei der Spezifikation seines Problems auf die problemspezifischen Aspekte beschränken.

Kapitel 4.2.6 beschreibt schließlich das Konfigurierungsprogramm *BBCONF*, das den Anwender bei der Spezifikation seines Problems mit Hilfe einer grafischen

Oberfläche unterstützt. Abschließend folgt in Kapitel 4.2.7 eine Beschreibung der Grundlagen, auf denen die Implementierung von *BBSYS* beruht.

4.2.1 Software-Architektur

Dieser Abschnitt beschreibt die anwendungsspezifische Software-Architektur eines parallelen Branch-&-Bound-Programms. Sie ist ein Ergebnis der Analyse des Anwendungsbereichs „Paralleles Branch-&-Bound". Insbesondere beruht sie auf den Untersuchungen der parallelen Branch-&-Bound-Lösungen aus Kapitel 4.1 und der Analyse von weiteren Lösungen, die auf Basis der *PPBB*-Bibliothek implementiert wurden (s. Kapitel 4.2.7), wie z. B. das *Flow-Shop-Problem* mit mehreren Prozessoren und das *Set-Covering-Problem*. Die so gewonnene Software-Architektur bildet einen generischen Entwurf für parallele Branch-&-Bound-Programme.

Die anwendungsspezifische Software-Architektur für parallele Branch-&-Bound-Programme stellt eine verallgemeinerte, plattformunabhängige Lösung für alle vorhandenen und antizipierten Probleme aus dem Anwendungsbereich dar, die in der Bereichsanalyse betrachtet wurden. Der Experte erleichtert die Wiederverwendbarkeit einerseits dadurch, daß die Module mit den in der Bereichsanalyse gewonnenen Klassifizierungsparametern generisch instanziierbar sind. Andererseits ermöglicht die Integration von Einstiegspunkten in die Module die Trennung zwischen problemspezifischen Spezifikationsfragmenten und allgemein wiederverwendbaren Programmteilen. Dadurch ist die Software-Architektur für beliebige Darstellungen des Problems und der Teillösungen einsetzbar.

Die Trennung zwischen problemspezifischen und allgemein anwendbaren Programmfragmenten erlaubt es auch, daß die parallelen Programmteile vollständig in der Bibliothek abgelegt werden können, und der Anwender sich so bei der Spezifikation auf die Angabe sequentieller Programmteile beschränken kann, die automatisch an den vorgesehenen Stellen in das parallele Programm integriert werden. Die durch die Software-Architektur festgelegten Schnittstellen erlauben dabei auch, daß unterschiedliche Parallelitätsmodelle unterstützt werden, da verschiedene parallele Implementierungen von Modulen zugrundegelegt werden können, ohne daß Änderungen der Spezifikationsteile des Anwenders erforderlich sind. Außerdem erhöht die Spezialisierung auf einen Anwendungsbereich die Aussagekraft der Module, da aus dem Anwendungskontext heraus ihre Semantik deutlicher erkennbar wird.

So deckt die anwendungsspezifische Software-Architektur ein breites Spektrum von Lösungsvarianten aus dem Anwendungsbereich für unterschiedliche Parallelitätsmodelle ab. Die Entwicklung einer anwendungsspezifischen Software-Ar-

126   4. WERKZEUGSYSTEM BBSYS

chitektur ist damit eine Grundlage für die automatische Konstruktion paralleler Programme mit Hilfe eines Werkzeugsystems.

Abbildung 31 zeigt die anwendungsspezifische Software-Architektur für parallele Branch-&-Bound-Programme. Die Grafik beschreibt die Struktur des Gesamtprogramms durch seine Zerlegung in Module. Eine Kante repräsentiert dabei eine „Benutzt"-Beziehung zwischen zwei Modulen. Der untere Teil enthält die Module, die innerhalb des Werkzeugsystems verborgen sind. Die Module zur Realisierung der Worker-Prozesse und der generischen verteilten **OPEN-Menge** bilden den Kern einer parallelen Branch-&-Bound-Architektur. Aus Gründen der Übersichtlichkeit werden die Module hier als vollständig, d. h. ohne Berücksichtigung von Einstiegspunkten, dargestellt. Die Einstiegspunkte der Bibliotheksmodule sind in einem Pseudo-Modul **Problemspezifische Datentypen und Funktionen** zusammengefaßt. Die Beschreibung der Einstiegspunkte folgt bei der Erklärung der Bibliotheksmodule und der problemspezifischen Angaben des Benutzers in den Kapiteln 4.2.2 und 4.2.3. Module, die standardmäßig aus der Bibliothek entnommen werden können, aber auch vollständig vom Anwender ersetzt werden können, sind durch eine spezielle Umrandung gekennzeichnet.

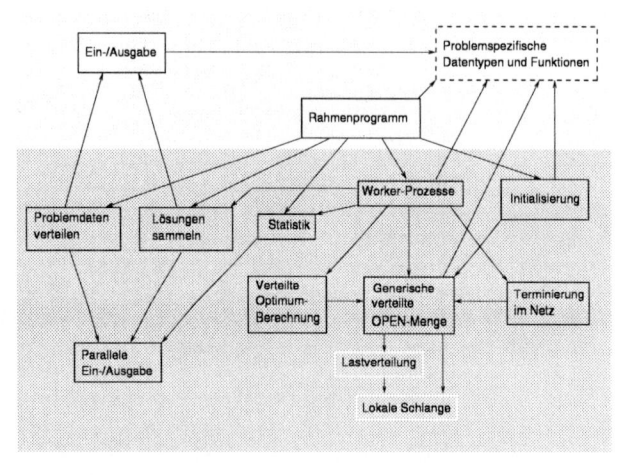

Abbildung 31: Software-Architektur für paralleles Branch-&-Bound

Die vom Experten entwickelten Module der Anwendungsbibliothek im unteren Teil der Abbildung sind mit den als Ergebnis der Bereichsanalyse gewonnenen Klassifizierungsparametern generisch instanziierbar. Sie sind Verallgemeinerungen von Lösungen, die vom Anwender von Problem zu Problem unterschiedlich

4.2. KONZEPTION DES WERKZEUGSYSTEMS BBSYS

spezialisiert werden können. Dadurch wird deren Wiederverwendbarkeit für ein breites Spektrum von Lösungsvarianten ermöglicht.

Außerdem ist die anwendungsspezifische Software-Architektur unabhängig von der Implementierungsplattform. Es können für jedes Modul Implementierungen für verschiedene Parallelitätsmodelle in die Anwendungsbibliothek integriert werden. So kann das Werkzeugsystem aus einer Problem-Spezifikation des Anwenders für jede unterstützte Architektur eine dazu passende parallele Lösung zusammenstellen.

Der obere Teil der Abbildung bezieht sich auf die problemspezifischen Aspekte der Software-Architektur und enthält dementsprechend die Module, die vom Anwender zur Erzeugung des Gesamtprogramms zur Verfügung zu stellen sind. Dabei ist zu beachten, daß allen diesen Modulen rein sequentielle Implementierungen zugrundeliegen. Die Trennung erleichtert die Wiederverwendbarkeit der Software-Architektur und der Module der Anwendungsbibliothek.

Das zentrale Modul eines parallelen Branch-&-Bound-Programms realisiert die **Worker-Prozesse**. Sie führen den zugrundeliegenden parallelen Branch-&-Bound-Algorithmus mit Hilfe der von der *PPBB* angebotenen Dienste aus. Das Worker-System wird vom Rahmenprogramm nach dem Einlesen der Problemdaten und der Initialisierung der **Generischen verteilten OPEN-Menge** angestoßen.

Die Eingabe und Verteilung der Problemdaten sowie die Ausgabe der Lösungen wird durch das Zusammenspiel zwischen bibliotheksinternen Modulen zur parallelen Ein-/Ausgabe und einem problemspezifischen sequentiellen Ein-/Ausgabemodul realisiert.

Im folgenden werden die wichtigsten Module im einzelnen vorgestellt, um ihre Rolle in der Software-Architektur herauszustellen. Dabei werden insbesondere ihre Schnittstellen und mögliche Randbedingungen für ihre Realisierung auf verschiedenen Implementierungsplattformen näher beschrieben. Darüber hinaus wird demonstriert, wie der Anwender die Module durch generische Parameter und Einstiegspunkte beeinflussen kann, um verschiedene Lösungsvarianten zu erzeugen.

Zunächst stelle ich die parallelen Kernmodule **Worker-Prozesse** und **Generische verteilte OPEN-Menge** vor. Dann gehe ich auf die parallelen Module zur Unterstützung der Branch-&-Bound-Lösung ein. Anschließend beschreibe ich die Module zur Verteilung der Daten auf dem Prozessornetz.

128   4. WERKZEUGSYSTEM BBSYS

4.2.1.1 Kernmodule

Worker-Prozesse Das Modul Worker-Prozesse ist für die Bearbeitung der Teillösungen verantwortlich. Jeder Prozeß verarbeitet sukzessive solange Teillösungen, bis das Problem gelöst ist. Dazu entnimmt er nach und nach jeweils eine Teillösung aus der OPEN-Menge, erzeugt mit Hilfe der Branching-Funktion die daraus entstehenden Söhne im Suchbaum und fügt diese je nach Ergebnis der Bounding-Funktion gegebenenfalls in die OPEN-Menge ein. Außerdem steuern die Worker-Prozesse die verteilte Berechnung des Optimums und die Terminierungserkennung. Die zentrale Funktion des Moduls SOLVE_BB liefert als Ergebnis die optimale Lösung des Ausgangsproblems zurück. Die Voraussetzung dafür ist, daß die OPEN-Menge zumindest eine Teillösung enthält, bevor die Worker-Prozesse ihre Arbeit aufnehmen.

Die Schnittstelle dieses Moduls enthält neben der Funktion SOLVE_BB zur eigentlichen Lösung des Branch-&-Bound-Problems Funktionen zum Starten und Beenden der Worker-Prozesse (BEGIN_BB, END_BB). Diese dienen zur Initialisierung der in der Statistik benutzten Werte und zum Aufbau der Kommunikationsstruktur der *PPBB*-Bibliothek bzw. zur kontrollierten Beendigung des Programms. BEGIN_BB muß vor der Ausführung von SOLVE_BB aufgerufen werden, END_BB danach. Außerdem existiert eine boolesche Funktion MAIN_PROC, deren Ergebnis als Bedingung für die Ausführung sequentieller Programmteile allein auf dem ausgezeichneten Ein-/Ausgabeprozessor verwendet werden kann.

Die Funktion SOLVE_BB führt den eigentlichen parallelen Branch-&-Bound-Algorithmus aus. Jeder Prozeß entnimmt dazu aus der OPEN-Menge jeweils eine noch zu bearbeitende Teillösung. Mit Hilfe der Branching-Funktion erzeugt er die Söhne dieser Teillösung, schätzt sie durch die Bounding-Funktionen ab und fügt sie gegebenenfalls in die OPEN-Menge ein. Falls dabei ein neues lokales Optimum gefunden worden ist, wird diese Information an das Modul **Verteilte Optimum-Berechnung** weitergeleitet, damit andere Prozesse nicht unnötig Teillösungen bearbeiten, die nicht mehr zu einer optimalen Lösung führen können. Wenn die Worker-Prozesse die Terminierung des Branch-&-Bound-Verfahrens festgestellt haben, gibt die Funktion die Lösung als Ergebnis zurück. Außerdem stellt sie dem **Statistik**-Modul alle benötigten Daten zur Verfügung.

Der Anwender kann die Arbeitsweise des Moduls durch die Instanziierung mit generischen Parametern variieren. So kann er z. B. ein Minimierungs- oder ein Maximierungsproblem lösen und die Such- und Verzweigungsstrategie auswählen. Außerdem kann er das Verhalten u. a. durch Einstiegspunkte für die Branching- und Bounding-Funktion beeinflussen. Eine genaue Beschreibung der Instanziierungsparameter und Einstiegspunkte folgt in Kapitel 4.2.2.

Generische verteilte OPEN-Menge Das Modul Generische verteilte OPEN-Menge realisiert die Verwaltung der noch zu bearbeitenden Teillösungen. Sie ist generisch im Hinblick auf den Datentyp und die Ordnung der zu verwaltenden Elemente. Der Datentyp der Elemente ist problemspezifisch und wird daher vom Anwender definiert. Im Falle des Rucksackproblems kann dies z. B. eine Struktur sein, die einen teilweise gefüllten Rucksack repräsentiert.

Die Ordnung kann vom Anwender durch Angabe einer Vergleichsfunktion auf dem Element-Datentyp beliebig definiert werden. Die beiden Standardvarianten für die Ordnungsrelation werden durch den Best-First- und den Depth-First-Ansatz vorgegeben. Während beim Best-First-Ansatz eine Heap-Ordnung bezüglich der unteren Schranken vorliegt, entspricht die OPEN-Menge beim Depth-First-Ansatz einem Keller. In beiden Fällen dient der jeweils andere Vergleichswert als zweites Ordnungskriterium. Um diese Ordnungskriterien überprüfen zu können, benutzt das Modul bei beiden Standardlösungen vom Benutzer definierte Zugriffsfunktionen für die Kosten einer Teillösung und die Tiefe des entsprechenden Knotens im Suchbaum.

Die Schnittstelle dieses Moduls besteht aus den Operationen zum Einfügen und Entfernen eines Elements (ENQUEUE, DEQUEUE) sowie einer Funktion für den Test, ob die Menge leer ist (EMPTY). Außerdem stellt das Modul die Funktion GET_OPT zur Verfügung, die die beste bisher erzeugte Lösungsabschätzung zurückgibt. Varianten für dieses Modul ergeben sich z. B. durch verschiedene Heapordnungen. Da die benötigte Instanz unmittelbar von der Instanziierung der Worker-Prozesse abhängt, wird dieses Modul automatisch zusammen mit dem Worker-Modul mit geeigneten Parametern instanziiert.

Die *PPBB* stellt aufbauend auf *PARIX* eine Implementierung für eine verteilte OPEN-Menge auf Basis des *SPMD*-Modells zur Verfügung. Die Schnittstelle der *PPBB*-Bibliothek enthält dazu Operationen zum Einfügen und zur Entnahme von Elementen des Datentyps subproblem_t, dessen Implementierung von der *PPBB* vorgegeben ist. Das Modul Generische verteilte OPEN-Menge verwendet diese Funktionen zur Verwaltung der Teillösungen, verbirgt dabei aber die Erzeugung der Elemente und damit die Existenz des Datentyps subproblem_t vor dem Anwender. Der Elementdatentyp und die Elementordnung der generischen OPEN-Menge werden dabei abweichend von der *PPBB*-Schnittstelle statisch während der Instanziierung festgelegt.

4.2.1.2 Interne unterstützende Module Die im folgenden beschriebenen Module Verteilte Optimum-Berechnung, Terminierung, Lokale Schlange und Lastverteilung dienen der unmittelbaren Unterstützung bei der Bestimmung der Branch-&-Bound-Lösung. Diese Module werden vom Standard-Anwender nicht direkt benutzt und sind daher für ihn unsichtbar. Sie werden genauso wie die Generische verteilte OPEN-Menge zusammen mit dem Worker-Modul instanziiert. Anwender mit Kenntnissen über parallele Programmierung können allerdings die Module **Lastverteilung** und **Lokale Schlange** auch selbst implementieren, wenn sie bei der Instanziierung den entsprechenden generischen Parameter angeben.

Verteilte Optimum-Berechnung Die verteilte Optimum-Berechnung stellt Funktionen zur Aktualisierung und zum Zugriff auf die bisher beste gefundene Abschätzung zur Verfügung. Diese sorgen dafür, daß eine neue gefundene, bisher beste Lösung an alle Prozesse verteilt wird, damit kein Prozeß unnötig auf schlechteren Teillösungen weiterarbeitet. Die Schnittstelle des Moduls **Verteilte Optimum-Berechnung** enthält die zum benutzerdefinierten Kostentyp passenden Funktionen NEW_OPT und CURR_OPT. Dieses Modul kann zur Berechnung des Minimums oder des Maximums instanziiert werden.

Terminierung Das Modul **Terminierung** hat die Aufgabe, zu erkennen, ob sich noch unbearbeitete Teillösungen im System befinden. Ist dies nicht der Fall, werden die Worker-Prozesse durch Aufruf der booleschen Schnittstellen-Funktion IS_TERMINATED darüber informiert, daß das Problem vollständig gelöst wurde. Diese Funktion basiert auf der Überprüfung, ob noch ein Element in der **Verteilten OPEN-Menge** enthalten ist. Abhängig von der zugrundeliegenden Implementierungsplattform kann der Experte hier, wie auch bei der **Verteilten Optimum-Berechnung**, unterschiedliche Techniken einsetzen. Welche Variante ausgewählt wird, hängt dann von der Auswahl der Zielarchitekur ab.

Lokale Schlange Jeder Prozeß speichert die lokal erzeugten Teillösungen zunächst in der **Lokalen Schlange**. Diese ist mit den gleichen Parametern instanziierbar wie die **Generische verteilte OPEN-Menge** und verfügt dementsprechend über eine äquivalente Schnittstelle. Sie kann also als Heap, als Keller oder durch eine Sammlung von Elementen mit einer beliebigen Ordnung definiert werden. Dieses Modul kann auch vollständig vom Anwender selbst definiert werden, um möglicherweise eine Effizienzsteigerung zu erzielen. Die Schnittstelle dieses Moduls enthält die üblichen Funktionen zur Verwaltung von Schlangen.

Lastverteilung Die Größe der lokalen Schlangen kann von Prozeß zu Prozeß stark variieren. Das Modul **Lastverteilung** hat die Aufgabe, alle Prozessoren möglichst gleichmäßig mit zu bearbeitenden Teillösungen zu versorgen. Die Lastverteilungsstrategie kann einerseits direkt aus den von der *PPBB* angebotenen Lösungen ausgewählt werden. Diese stellt dazu eine Reihe von Standard-Verfahren wie *zufällige Verteilung, adaptive Kontraktion innerhalb der Nachbar-*

4.2. KONZEPTION DES WERKZEUGSYSTEMS BBSYS

schaft oder *lokale Mittelwertbildung mittels Dimensionstausch bzw. Diffusion* zur Verfügung. Andererseits kann der Anwender selbst eine Lastverteilungsstrategie implementieren. In beiden Fällen kann er das gewünschte Verfahren statisch bei der Instanziierung auswählen.

Die Lastverteilung wird durch einen selbständigen Prozeß realisiert, dessen Verhalten durch die Lastverteilungsfunktion charakterisiert ist. Dieser wird vom Modul **Verteilte OPEN-Menge** angestoßen, falls eine nicht lokal erfüllbare Anfrage an die **Lokale Schlange** der Teillösungen erfolgt, oder falls eine Anfrage von einem anderen Prozessor erfolgt.

Die Lastverteilungsfunktion hat einen **tag**-Parameter, der die Art der kommunizierten Daten anzeigt und einen Parameter, der die eigentlichen Daten enthält. Als Ergebnis gibt die Funktion den Status der **Lokalen Schlange** an den Kommunikationskern zurück. So kann dieser, falls die Schlange leer ist, die Terminierungserkennung einleiten. Der **tag**-Parameter kann einen von mehreren vordefinierten Werten annehmen, die folgende Situationen repräsentieren:
- den Empfang einer neuen Teillösung,
- die Meldung, daß die Anwendung keine Teillösungen mehr zu bearbeiten hat,
- das Auffinden einer neuen besten Lösung im Gesamtsystem,
- den Empfang von Status-Information über die Last eines Nachbarn.

Abhängig vom Status der **Lokalen Schlange** und vom Status der Nachbar-Prozesse kann die Lastverteilungsfunktion die Kommunikation mit anderen Prozessen selbst über die Funktion **SEND** mit einem entsprechenden **tag**-Parameter initiieren. Zur Übermittlung der Daten kann dabei die vorgegebene Datenstruktur **loadinfo_t** benutzt werden, die neben den eigentlichen Daten Hinweise über die Art der Daten sowie eine Gewichtung der Last enthält.

Die Schnittstelle des Lastverteilungsmoduls enthält außerdem die Funktion **MAKE_TOP**, um eine Auswahl aus einer vorgegebenen Menge von Standard-Topologien für die Kommunikation der Prozesse untereinander zu treffen.

Der Anwender kann die Auswahl der Lastverteilungsmethode und der zugrundeliegenden Topologie mit Hilfe eines generischen Parameters beeinflussen. Ansonsten werden Standard-Lösungen eingesetzt.

4.2.1.3 Datenverteilung Abschließend stelle ich im folgenden die Module zum Verteilen der Problemdaten und Sammeln der Lösungen vor, die auch die Ein- und Ausgabe der entsprechenden Daten unterstützen.

Problemdaten verteilen Das Modul Problemdaten verteilen hat die Aufgabe, die Problemdaten auf dem gesamten Prozessornetz verfügbar zu machen. Die Funktion READ_PROBLEM liest dazu auf dem Ein-/Ausgabeprozessor eine Probleminstanz ein und verteilt sie anschließend auf alle Prozessoren. Die Worker-Prozesse können dann mit Hilfe der Funktion GET_PROBLEM auf ihre lokale Kopie der Probleminstanz zugreifen. Im Vergleich zu einer zentralen Speicherung der Probleminstanz auf einem Prozessor ist diese Lösung vorzuziehen, da sie nach der initialen Verteilung keine weitere Kommunikation erfordert, weil sich die Probleminstanz nicht dynamisch verändert. Außerdem ist der zusätzliche Speicheraufwand in der Regel im Vergleich zur Größe der OPEN-Menge vernachlässigbar. Das Modul benutzt dazu die speziellen parallelen *PPBB*-Ein-/Ausgabefunktionen. Um die Verteilung von Eingabedaten effizienter zu gestalten, baut die *PPBB* dabei einen Ring als zusätzliches Kommunikationsnetzwerk auf. Außerdem benutzt es die problemspezifische sequentielle Eingabefunktion des Anwenders READ, um die Probleminstanz auf dem speziellen Ein-/Ausgabeprozessor einzulesen. Im Fall des Rucksackproblems beschreibt der Problemdatentyp die Kapazität des Rucksacks sowie die Gewichte und Werte der Waren.

Lösungen sammeln Entsprechend dient das Modul Lösungen sammeln zur Ausgabe der gefundenen Lösungen. Es speichert alle Lösungen mit dem besten bisherigen Lösungswert. Dazu rufen die Worker-Prozesse beim Auffinden einer neuen Lösung die Schnittstellen-Funktion NEW_SOLUTION auf, die die Kosten mit dem bisherigen Optimum vergleicht und entsprechend die neue Lösung übernimmt oder verwirft. Am Ende gibt die Funktion WRITE_SOLUTIONS die gefundenen Lösungen aus. Entsprechend der Eingabe der Problemdaten benutzt sie dazu die *PPBB*-Funktionen und die benutzerdefinierte sequentielle Ausgabefunktion WRITE für eine Teillösung, d. h. beim Rucksackproblem eine gültige Belegung des Rucksacks mit Waren und deren Wert. Der Anwender kann dieses Modul so instanziieren, daß es statt alle optimalen Lösungen zurückzugeben, nur eine Lösung zurückgibt. In diesem Fall entfällt der zusätzliche Aufwand zum Speichern aller Lösungen in einer Liste. Das Ergebnis wird dann mittels der Funktion WRITE_SOLUTION ausgegeben. In den meisten Fällen reicht diese Variante aus, da die optimalen Lösungen nicht weiter differenziert werden.

4.2.1.4 Instanziierung der Module Die Software-Architektur wird durch die problemabhängigen Module, Funktionen und Datentypen vervollständigt. Dabei ergeben sich Varianten durch das Ausfüllen der Einstiegspunkte mit unterschiedlichen Programmfragmenten und verschiedene Einstellungen der Klassifizierungsparameter (s. Kapitel 4.2.3 und 4.2.4). Die Bibliotheksmodule werden entsprechend der Problembeschreibung instanziiert und die problemspezifischen Teile bei der Konstruktion des Gesamtprogramms an den dafür vorgesehenen

4.2. KONZEPTION DES WERKZEUGSYSTEMS BBSYS

Stellen eingesetzt. Viele generische Parameter, wie z. B. die Bezeichnung des Datentyps für die Teillösungen, beziehen sich auf mehrere Module gleichzeitig. Aus diesem Grund kann der Anwender auch alle Module – und damit im Prinzip die gesamte Software-Architektur – in einem Schritt instanziieren, der alle generischen Parameter für die gewünschte Lösungsvariante vereinigt. Die einzelnen Module werden dann mit den dazugehörigen Parametern instanziiert.

4.2.2 Algorithmenschema für Branch-&-Bound

Dieses Kapitel beschreibt am Beispiel des Branch-&-Bound-Algorithmus, der von allen Worker-Prozessen ausgeführt wird, die Entwicklung eines generisch instanziierbaren Algorithmenschemas. Es stellt einen wiederverwendbaren verallgemeinerten Rahmen für die Lösung beliebiger Branch-&-Bound-Probleme dar. Die Trennung zwischen problemspezifischen Programmfragmenten und dem verallgemeinerten generisch instanziierbaren Rahmen ermöglicht die Wiederverwendung des Algorithmenschemas zur Lösung aller Probleme aus dem Anwendungsbereich. Im folgenden wird die Grobstruktur des Algorithmenschemas beschrieben. Der Schwerpunkt liegt dabei auf der Kooperation des Moduls mit den problemspezifischen Komponenten.

Abbildung 32 demonstriert die vereinfachte Struktur des Branch-&-Bound-Algorithmen-Schemas in Pseudocode-Notation. Die Einstiegspunkte sind dabei kursiv hervorgehoben. Aus Gründen der Übersichtlichkeit wird das Schema nicht vollständig dargestellt, insbesondere werden die verschiedenen Varianten, die sich durch die generischen Parameter realisieren lassen, nicht im einzelnen angegeben. Die Parametrisierungsmöglichkeiten, die sich aus der in der Bereichsanalyse durchgeführten Abgrenzung des Anwendungsbereichs ergeben, werden später genauer dargestellt.

Die Funktion **SOLVE_BB** entnimmt der **OPEN-Menge** nach und nach jeweils eine Teillösung. Falls die anhand der problemspezifischen Kostenfunktion **GET_COSTS** ermittelten Kosten der Teillösung noch nicht schlechter sind als die bisher beste gefundene Lösung (bzw. eine pessimistische Abschätzung dafür), wird der Knoten schrittweise expandiert, indem die benutzerdefinierte **BRANCHING**-Funktion solange aufgerufen wird, bis alle Nachfolger erzeugt wurden. Diese untersucht, ob die an sie als Parameter übergebene Teillösung **node** noch weiter expandiert werden kann und gibt in diesem Fall eine neue erweiterte Teillösung zurück. Der Parameter **num_child** gibt dabei an, welcher Nachfolger als nächstes erzeugt werden soll. Sie überprüft, ob die neu generierte Teillösung eine mögliche Lösung des Problems darstellt und gibt das Ergebnis mittels des Parameters **is_sol** an die Aufrufstelle zurück. Der neu erzeugte Knoten des Lösungsbaums wird dann an die Funktion **TEST_ENQUEUE** übergeben.

Die interne Funktion TEST_ENQUEUE hat die Aufgabe, zu testen, ob eine Teillösung noch weiter verfolgt werden soll. Dazu überprüft die Funktion BETTER

```
FUNCTION VOID TEST_ENQUEUE(SUB_TYPE node, INT is_sol)
// Abschätzen und Einfügen einer (Teil-)Lösung
    IF is_sol THEN
        costs ← GET_COSTS(node)
        IF BETTER(costs, GET_OPT(open)) THEN
            NEW_OPT(costs)
            NEW_SOLUTION(node, costs)
        ENDIF
    ELSE                                         // keine Lösung
        bound ← BOUNDING(node)
        IF BETTER(bound, GET_OPT(open)) THEN
            ENQUEUE(open, node)
        ENDIF
    ENDIF
END TEST_ENQUEUE

FUNCTION SUB_TYPE SOLVE_BB()
// Branch-&-Bound-Algorithmus
    WHILE NOT TERMINATED() DO
        node ← DEQUEUE(open)
        IF BETTER(GET_COSTS(node), GET_OPT(open)) THEN
            child ← BRANCHING(node, &is_sol, &num_child)
            WHILE child DO                       //Expansion
                TEST_ENQUEUE(child, is_sol)
                child ← BRANCHING(node, &is_sol, &num_child)
            ENDWHILE
        ENDIF
    ENDWHILE
    RETURN BEST_SOLUTION()
END SOLVE_BB
```

Abbildung 32: Branch-&-Bound-Algorithmen-Schema

anhand der vom Anwender vorgegebenen Kriterien, ob die aktuelle Teillösung noch zu einer neuen besten Lösung führen kann. Dabei werden zwei Fälle unterschieden. Falls es sich um ein Blatt des Lösungsbaums – also um eine neue beste Lösung – handelt, wird diese festgehalten. Ansonsten wird mit Hilfe der problemspezifischen **BOUNDING**-Funktion eine Abschätzung für die beste aus **node** ableitbare Lösung ermittelt und gegebenenfalls die Teillösung in die **OPEN**-Menge eingetragen.

4.2. KONZEPTION DES WERKZEUGSYSTEMS BBSYS

Der Experte hat die Schnittstellen der problemspezifischen Funktionen einheitlich so entworfen, daß der Anwender sich bei der Implementierung jeweils auf die lokale Untersuchung einer Teillösung mit dem von ihm definierten Datentyp SUB_TYPE beschränken kann. Der aktuell zu untersuchende Knoten wird dabei vom System bestimmt und als Parameter an die benutzerdefinierte Funktion übergeben. So braucht der Anwender keine Informationen über den globalen Status des Programms zu verarbeiten, da diese vollständig von den Systemkomponenten verwaltet werden.

Die Initialisierungsfunktion des Worker-Moduls BEGIN_BB ist mit generischen Parametern für die Definition des zugrundeliegenden Lastverteilers, der Topologie, die zur Verteilung der Teillösungen verwendet wird, sowie der lokalen Schlange instanziierbar. Dabei kann jeweils eine von mehreren vorgegebenen Varianten ausgewählt werden. Nicht jede Topologie wird von jedem Lastverteiler unterstützt. Das Instanziierungsskript überprüft, ob die Parameter einen der vorgegebenen Werte haben, und prüft die Werte auf Konsistenz, bevor die spezifizierte Instanz erzeugt wird. Falls der Anwender keine Angaben macht, wird eine Default-Variante erzeugt. Der Anwender kann das Verhalten zusätzlich durch die Definition eigener Komponenten anpassen.

Die durch die Einstiegspunkte realisierte Entkopplung der problemspezifischen Programmfragmente vom allgemeinen Algorithmenschema bietet die nötige Flexibilität, um das Algorithmenschema für alle Probleme des Anwendungsbereichs wiederverwenden zu können.

Da die Spezialisierung des Branch-&-Bound-Algorithmus unmittelbar eine dazu passende Ausprägung der **Generischen verteilten OPEN-Menge** erfordert, wird diese zusammen mit dem Branch-&-Bound-Algorithmus mit den benötigten Parameterwerten instanziiert. So erzeugt das Werkzeugsystem automatisch eine problemspezifische Schnittstelle und Implementierung der **OPEN-Menge**, die dem Anwender völlig verborgen bleibt.

4.2.3 Einstiegspunkte und Hauptprogramm

Dieses Kapitel stellt die vom Anwender zu implementierenden problemspezifischen Datentypen und Funktionen vor. Nach der Erklärung der Einstiegspunkte für das Branch-&-Bound-Algorithmen-Schema folgt eine Zusammenfassung der Einstiegspunkte für andere Module. Anschließend wird das Hauptprogramm beschrieben. Es werden nur die obligatorischen Programmfragmente vorgestellt, die zur Herstellung einer vollständigen Lösung notwendig sind. Durch die Instanziierung mit generischen Parametern können weitere Einstiegspunkte entstehen, die in Kapitel 4.2.4 beschrieben werden.

136 4. WERKZEUGSYSTEM BBSYS

Die Einstiegspunkte bilden offene Stellen in der Schnittstelle und Implementierung des Moduls. Dieser Abschnitt stellt die grundlegenden problemspezifischen Komponenten aus Sicht der Anwendung und ihre Integration aus Sicht der Modulentwicklung vor. Tabelle 3 faßt die obligatorischen Einstiegspunkte zusammen. Die problemspezifischen Datentypen dienen zur Repräsentation der Probleminstanz und der Teillösungen. Die Komponenten, die das Verhalten des Branch-&-Bound-Algorithmus wesentlich beeinflussen sind die Verzweigungs-, die Abschätzungs-, die Kosten- und die Tiefenfunktion für eine Teillösung. Die Aufgaben dieser Datentypen und Funktionen werden im folgenden beschrieben, wobei zur Verdeutlichung jeweils das Rucksack-Problem als Beispiel herangezogen wird.

Bedeutung	Name
Datentypen	
Probleminstanz	PROBL_TYPE
Teillösungen	SUB_TYPE
Funktionen	
Verzweigung	BRANCHING
Abschätzung	BOUNDING
Kosten einer Teillösung	GET_COST
Tiefe im Lösungsbaum	GET_DEPTH
Initiale Teillösungen erzeugen	INIT_SUB
Einlesen der Probleminstanz	READ
Ausgabe einer Lösung	WRITE

Tabelle 3: Einstiegspunkte

Zur Beschreibung eines Branch-&-Bound-Problems definiert der Anwender den Datentyp **PROBL_TYPE**, der die Struktur einer Eingabeinstanz für das Problem wiedergibt, sowie den Datentyp zur Darstellung der Teillösungen im Lösungsbaum **SUB_TYPE**. Der Anwender definiert diese beiden Datentypen jeweils durch Angabe einer C-Struktur.

4.2.3.1 Problemdatentyp Die Komponenten der Struktur für den Problemdatentyp sollten keine dynamischen Elemente enthalten. Diese Einschränkung erlaubt es, die Problemdaten im Block über die Kommunikationsschnittstelle an alle Prozessoren zu verteilen. Sie kann durch Anwendung des später erläuterten generischen Parameters **Problem_Pack_Dynamic** aufgehoben werden.

Im Beispiel des Rucksackproblems enthält diese Struktur Komponenten für die Kapazität des Rucksacks und die Anzahl der Waren sowie ein Feld für die Gewichte und Werte der Waren. Die Module der Anwendungsbibliothek greifen immer über einen Zeiger auf die Probleminstanz zu.

4.2. KONZEPTION DES WERKZEUGSYSTEMS BBSYS

4.2.3.2 Teillösungsdatentyp Der Datentyp zur Repräsentation der Teillösungen SUB_TYPE definiert die Struktur eines Knotens im Lösungsbaum. Er bildet die zentrale Datenstruktur, die fast alle Module der Anwendungsbibliothek benutzen und auf der ein Großteil der benutzerdefinierten Funktionen operiert. Außerdem dient sie im Standardfall als Repräsentation für die Lösung des Branch-&-Bound-Algorithmus. Wie beim Problemdatentyp handelt es sich bei diesem Datentyp in der Regel auch um eine Struktur, auf dessen Instanzen die Bibliotheksmodule und problemspezifischen Funktionen immer über Zeiger zugreifen. Da die Teillösungen über den Lastverteiler beliebig auf die Prozessoren verteilt werden können, sollten auch hier dynamische Komponenten vermieden werden.

Im Fall des Rucksackproblems repräsentiert dieser Datentyp eine aktuelle Belegungssituation des Rucksacks während der Ausführung des Algorithmus. Er umfaßt Komponenten zur Beschreibung der aktuell im Rucksack enthaltenen Waren sowie zur Markierung der bereits untersuchten Waren. Dabei ist es sinnvoll, eine Ordnung auf den Waren zu definieren. Der Lösungsbaum kann dann so aufgebaut werden, daß auf der Ebene e des Lösungsbaums jeweils danach verzweigt wird, ob die e-te Ware zur aktuellen Belegung des Rucksacks hinzugenommen oder ausgeschlossen wird. Die Knoten auf Ebene e repräsentieren somit alle gültigen Kombinationen von Waren, die bezüglich der Ordnung kleiner sind als die Ware an Position e.

Die Struktur SUB_TYPE enthält dazu neben der Menge der Waren, die im Rucksack enthalten sind, eine Komponente, die die letzte überprüfte Ware speichert. Außerdem ist es sinnvoll, das Gewicht und den Wert der aktuellen Belegung zu speichern, um diese bei der Expansion inkrementell verfeinern zu können, statt sie bei jeder Erzeugung eines Knotens neu berechnen zu müssen. Schließlich gibt es noch eine Komponente zur Speicherung des Bounding-Werts, um dessen Neu-Berechnung zu vermeiden. Im allgemeinen wird zusätzlich noch eine Komponente benötigt, die die Tiefe des Knotens im Lösungsbaum repräsentiert. Im Fall des Rucksackproblems korrespondiert diese mit der zuletzt überprüften Ware und kann daher wegfallen. In der Regel ist es unabhängig vom Problem sinnvoll, sowohl den Bounding-Wert als auch die Tiefe des Baums als Komponenten der Teillösungsstruktur zu definieren. Abbildung 33 zeigt die Definition des Datentyps ks_allocation. Bei der Instanziierung kann dieser Datentyp an den generischen Parameter Sub_Type zugewiesen und damit als Datentyp für die Teillösungen definiert werden.

Der Datentyp für die Teillösungen bildet die zentrale Datenstruktur zur Kommunikation zwischen den Modulen der Anwendungsbibliothek und den problemspezifischen Funktionen. Das Modul macht dabei keine Annahmen über die Implementierung dieses Datentyps. Es setzt lediglich voraus, daß der Anwender die darauf definierten Operationen an den Einstiegspunkten zur Verfügung stellt. Da-

```
typedef struct
{   int last_item;        // Zuletzt überprüfte Ware
    int ks_weight;        // Gesamtgewicht
    int ks_value;         // Gesamtwert
    int ks_bound;         // Bounding-Wert
    set ks_items[MAXELEM];// Waren im Rucksack
} ks_allocation;
```

Abbildung 33: Definition des Datentyps für Teillösungen

durch ist das Modul für beliebige Darstellungen von Teillösungen wiederverwendbar. Die vereinheitlichten Schnittstellen erleichtern dem Anwender außerdem die Implementierung der problemspezifischen Funktionen.

4.2.3.3 Verzweigung Die BRANCHING-Funktion dient zur Expansion eines Knotens im Lösungsbaum. Sie hat die Aufgabe, eine Teillösung zu verfeinern, indem sie schrittweise deren Nachfolger im Lösungsbaum erzeugt. Sie erhält als Parameter eine teilweise expandierte Teillösung sowie die Anzahl der für diese Teillösung bereits erzeugten Nachfolger. Aus diesen Informationen kann sie bestimmen, welcher Nachfolger als nächstes zu erzeugen ist, die entsprechende Teillösung erzeugen und als Ergebnis zurückgeben. Sie kann dabei auch nicht relevante Nachfolger überspringen, indem sie den Ein-/Ausgabeparameter **num_child** ändert. Der Referenzparameter **is_sol** zeigt an, ob das Ergebnis eine mögliche Lösung darstellt. Falls der Knoten bereits vollständig expandiert wurde, liefert die Funktion einen speziellen Wert als Ergebnis zurück, so daß der Knoten aus der **OPEN-Menge** eliminiert werden kann.

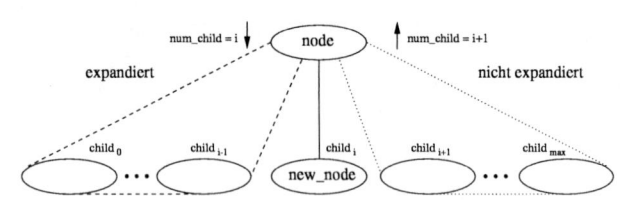

Abbildung 34: Schematische Darstellung der BRANCHING-Funktion

Um den Knoten vollständig zu expandieren, ist das Algorithmenschema dafür verantwortlich, das Fortschreiten der Expansion zu verwalten. Abbildung 34 verdeutlicht die Situation. Beim i-ten Aufruf der BRANCHING-Funktion für den Knoten **node** wird der i-te Nachfolgerknoten **new_child** als Ergebnis zurückgeliefert. Danach wird der fortgeschrittene Zustand der Expansion durch Inkrementieren des

4.2. KONZEPTION DES WERKZEUGSYSTEMS BBSYS

Zählers num_child festgehalten. Dabei ist das Überspringen von Knoten innerhalb der BRANCHING-Funktion durch den Anwender außer acht gelassen.

Der Verzweigungsgrad im Lösungsbaum ist problemspezifisch und kann sogar für eine Probleminstanz innerhalb des Lösungsbaums variieren. Der vorgestellte flexible Iterationsmechanismus erlaubt die Expansion eines Knotens auch für Probleme mit hohem Verzweigungsgrad, wo die vollständige Expansion leicht zu Speicherproblemen führen kann. Verschiedene Varianten für die Verzweigungsstrategie werden später vorgestellt (Kapitel 4.2.4.6).

```
FUNCTION ks_allocation *BRANCHING
    (ks_allocation *node, INT *is_sol, INT *num_child)
// Expansion der Teillösung node
    IF *num_child > 1 THEN      // node vollständig expandiert
        RETURN NO_SUB
    ...                          // initialisiere lokale Variable
    child ← ks_copy(node)        // identische Kopie von node
    IF *num_child == 0 THEN      // Kind 1: neue Ware dazu
        new_weight ← ks_weight + item_weight
        IF new_weight <= total_weight THEN    // genug Platz ?
            ks_set_weight(child, new_weight)
            ks_set_value(child, ks_value + item_value)
        ELSE
            INC(*num_child)      // Gleich Kind 2 erzeugen
        END IF
    END IF
    ks_set_last_item(child, curr_item);  // Ware markieren
    *is_sol ← is_leaf(child)
    RETURN child
END FUNCTION BRANCHING
```

Abbildung 35: BRANCHING-Funktion für das Rucksackproblem

Abbildung 35 zeigt die BRANCHING-Funktion für das Rucksackproblem in Pseudocode-Notation. Sie überprüft zuerst, ob der Knoten node bereits vollständig expandiert wurde und gibt gegebenenfalls einen speziellen Ergebniswert zurück. Nach der Initialisierung der für die weitere Berechnung nötigen lokalen Variablen wird die neue Teillösung zunächst als identische Kopie des Vorgängers erzeugt. Beim ersten Aufruf wird dann zunächst der Nachfolger erzeugt, der die vorgegebene Belegung um die aktuell überprüfte Ware curr_item erweitert. Beim zweiten Aufruf wird der Nachfolger erzeugt, der sich von node nur darin unterscheidet, daß die aktuelle Ware nicht mehr zur Belegung hinzugenommen werden kann. Falls die Generierung des ersten Nachfolgers nicht nötig ist, weil die dadurch entstehende Belegung die Kapazität bereits überschreiten würde, wird schon beim ersten Aufruf der zweite Nachfolger zurückgegeben und entsprechend der Zähler für die Anzahl der erzeugten Nachfolger num_child erhöht.

Das Beispiel macht ein allgemein verwendbares Muster für die Implementierung der BRANCHING-Funktion sichtbar. So kann zunächst überprüft werden, ob die Expansion abgeschlossen ist. Ist dies nicht der Fall, kann eine Kopie des Knotens angelegt werden, wodurch die inkrementelle Berechnung der Komponenten des neuen Nachfolgers unterstützt wird. Anschließend wird mit einer Fallunterscheidung abhängig vom Zustand der Expansion der nächste für eine mögliche Lösung relevante Nachfolger ermittelt. Schließlich werden anhand problemspezifischer Regeln die Komponenten des Nachfolgerknotens aktualisiert und dieser als Resultat zurückgegeben. Diese Verallgemeinerung der Struktur kann der Experte bei der Entwicklung des grafischen Konfigurierungsprogramms für das *BB-SYS*-System ausnutzen, um dem Benutzer die Implementierung zu erleichtern (s. Kapitel 4.2.6).

Ein ähnlicher Iterationsmechanismus wie bei der Expansion von Teillösungen wird auch bei der Erzeugung der initialen Teillösungen angewendet. Das Modul Initialisierung enthält dazu einen Einstiegspunkt für die Funktion INIT_SUB, die so lange jeweils eine Teillösung als Ergebnis zurückliefert, bis alle initialen Teillösungen erzeugt wurden. Das oben erwähnte Problem fällt zwar bei der Initialisierung in der Regel nicht ins Gewicht. Durch die mit dieser Lösung erzielte Analogie kann allerdings der Entwicklungsaufwand für den Anwender reduziert werden.

4.2.3.4 Abschätzung Die BOUNDING-Funktion berechnet ausgehend von einer Teillösung eine optimistische Abschätzung für die beste im dazu gehörigen Teilbaum noch zu erzielende Lösung. Dazu setzt der Anwender problemspezifische Heuristiken ein. Der entsprechende Teilbaum kann gelöscht werden, falls die Abschätzung schlechter ist als die beste bisher gefundene Lösung.

Die Wahl der Berechnung des Bounding-Wertes hat starken Einfluß auf die Effizienz des Programms. Einerseits sollte die Berechnungszeit nicht zu groß werden, da die BOUNDING-Funktion für jede erzeugte Teillösung aufgerufen wird. Andererseits liegen schnell zu berechnende Abschätzungen oft nicht hinreichend nah an der besten möglichen Lösung, um tatsächlich die Eliminierung des Teilbaums zu bewirken. Dadurch wird die OPEN-Menge unnötig groß, wodurch nicht nur mehr Rechenzeit, sondern auch zusätzliche Speicherkapazität beansprucht wird. Dies kann in letzter Konsequenz dazu führen, daß ein Problem aus Speicherplatzmangel nicht gelöst werden kann. Dadurch geht eine wesentliche Motivation für die parallele Lösung von Branch-&-Bound-Problemen verloren, da die Parallelisierung ja u. a. das Ziel verfolgt, Probleminstanzen bewältigen zu können, die sequentielle Rechner überfordern.

4.2. KONZEPTION DES WERKZEUGSYSTEMS BBSYS

Der berechnete Wert fließt in die Eliminierungsregeln des Worker-Moduls ein. Die BOUNDING-Funktion liefert in der Funktion TEST_ENQUEUE das Kriterium dafür, den aktuell untersuchten Knoten und den gesamten von ihm abgedeckten Teilbaum zu eliminieren. Dieses Kriterium ist problemspezifisch, und damit bildet die Funktion einen weiteren Einstiegspunkt für dieses Modul. Das Modul übergibt an die BOUNDING-Funktion die aktuell untersuchte Teillösung.

Da die Berechnung des Bounding-Wertes im allgemeinen sehr komplex sein kann, ist es sinnvoll, im Datentyp SUB_TYPE eine Komponente vorzusehen, die den Bounding-Wert zwischenspeichert. Auf diesen Wert wird dann beim Aufruf der Kostenfunktion einfach zurückgegriffen, wenn diese bei der Bereinigung der OPEN-Menge nach dem Auffinden einer neuen Lösung aufgerufen wird. Außerdem kann der Bounding-Wert so möglicherweise inkrementell berechnet werden.

Da es sich beim Rucksackproblem um ein Maximierungsproblem handelt, liefert die Bounding-Funktion in diesem Fall also eine obere Schranke für die maximale Rucksackbelegung, die ausgehend von der aktuellen Belegung noch zu erreichen ist. Falls diese die bisher gefundene beste Lösung überschreitet, muß diese Teillösung nicht weiter verfolgt werden.

Für dieses Problem gibt es eine einfache Heuristik, die ausgehend von einer Rucksackbelegung den Profit nach oben abschätzt, der durch Auffüllen mit noch nicht betrachteten Waren zu erzielen ist. Dazu werden die Waren zu Beginn nach ihrer *Effizienz*, d. h. dem Verhältnis zwischen Wert und Gewicht absteigend sortiert. Die BOUNDING-Funktion für einen Knoten auf Ebene e des Lösungsbaums füllt dann den Rucksack in der vorgegebenen Reihenfolge solange auf, bis die Kapazität des Rucksacks erreicht oder überschritten ist. Durch die Sortierung nach Effizienz ist sichergestellt, daß sämtliche anderen Kombinationen aus den noch zu untersuchenden Waren keine bessere Lösung mehr liefern können.

Die Abschätzung kann inkrementell berechnet werden, wenn bei der Berechnung des Bounding-Wertes eines Knotens zusätzlich die Ware l, die zuletzt eingefügt wurde, und das Gesamtgewicht g der dazugehörigen Rucksackbelegung r abgespeichert werden. Für die Berechnung des Bounding-Wertes des Knotens *node* auf Ebene e des Lösungsbaums ergeben sich dann zwei Fälle:

- Falls *node* der erste Nachfolger gemäß obiger BRANCHING-Funktion ist, kann der Bounding-Wert des Vorgängers unverändert übernommen werden, da bei der Berechnung des Bounding-Wertes für den Vorgänger die Ware e auf jeden Fall in den Rucksack eingefügt wurde.
- Sonst berechnet sich der Bounding-Wert dadurch, daß zunächst aus der Belegung r des Vorgängers das Element e wieder eliminiert wird, d. h. der Wert des Elements e vom Bounding-Wert sowie das Gewicht von e vom Rucksackgewicht g abgezogen wird. Dann wird der Rucksack, angefangen beim

Element $l+1$, nach der oben beschriebenen Methode wieder aufgefüllt, bis die Kapazität überschritten ist.

Da die bei der BOUNDING-Funktion eingesetzten Heuristiken in der Regel sehr charakteristisch für das zugrundeliegende Problem sind, existiert hier im Gegensatz zur BRANCHING-Funktion kein allgemein verwendbares Muster für die Implementierung.

4.2.3.5 Kosten/Tiefe Um eine Teillösung mit der zu einem Zeitpunkt besten gefundenen Lösung vergleichen zu können, sieht der Experte im Algorithmenschema einen Einstiegspunkt für die problemspezifische Kostenfunktion GET_COSTS vor. Diese gibt für eine gegebene Teillösung eine Abschätzung für die Kosten der daraus resultierenden optimalen Lösung zurück, während die Funktion GET_DEPTH die Tiefe des entsprechenden Knotens im Lösungsbaum liefert. Beide sind in der Regel einfache Zugriffsfunktionen auf Komponenten der Teillösungsstruktur. Es liegt nahe, die Kosten direkt nach der Berechnung des Wertes in der BOUNDING-Funktion zu speichern, und die Tiefe inkrementell in der BRANCHING-Funktion zu berechnen.

Die Ergebnisse der Kosten- und der Tiefenfunktion werden vom Worker-Modul beim Einfügen einer Teillösung in die OPEN-Menge mit abgespeichert und dienen als Ordnungskriterium für die Elemente der OPEN-Menge, falls der Anwender keine eigene Suchstrategie angegeben hat. Das Ergebnis der Kostenfunktion dient außerdem als Vergleichswert für die Eliminierung eines Elements aus der OPEN-Menge. Die Eliminierung der Elemente wird dabei vom Worker-Modul nach dem Auffinden einer neuen besten Lösung angestoßen. Je nach Instanziierung wird dazu innerhalb des Systems eine Vergleichsfunktion konstruiert, die die Elemente mit Hilfe der beiden Werte entweder nach der Strategie *Best-First/Depth-Second* oder *Depth-First/Best-Second* anordnet. Der Anwender hat außerdem die Möglichkeit, eine eigene Vergleichsfunktion zu implementieren, die die Elemente anhand problemspezifischer Charakteristika vergleicht, um andere Varianten für die Ordnung der Teillösungen zu erzielen.

Der Experte stellt so ein allgemein wiederverwendbares Schema zur Eliminierung von Teilen des Lösungsbaums zur Verfügung, das durch Ausfüllen der Einstiegspunkte für die Funktionen BOUNDING, GET_COSTS und GET_DEPTH für das jeweilige Problem spezialisiert wird.

4.2.3.6 Einstiegspunkte für andere Module Im folgenden werden die noch nicht erwähnten Einstiegspunkte für die anderen Module der Anwendungsbibliothek kurz zusammengefaßt:

4.2. KONZEPTION DES WERKZEUGSYSTEMS BBSYS 143

- Das Modul **Initialisierung** ist mit einem Einstiegspunkt für die Funktion INIT_SUB versehen, die nach einem ähnlichen Iterationsmechanismus wie die BRANCHING-Funktion schrittweise die initialen Teillösungen erzeugt. Diese wird von der Funktion INIT_SUBSOLS solange aufgerufen, bis sie keine neue Teillösung mehr liefert.

- Das Modul **Problemdaten verteilen** benutzt die Funktion READ als Einstiegspunkt zum Einlesen der Problemdaten. Der Anwender kann sich so darauf beschränken, eine sequentielle Einlesefunktion zu implementieren. Analog stellt der Anwender für das Modul **Lösungen sammeln** die sequentielle Ausgabefunktion für Lösungen WRITE zur Verfügung. So bleiben ihm die bei der Parallelisierung der Ein- und Ausgabe eingesetzten Techniken verborgen.

Schließlich haben fortgeschrittene Anwender noch die Möglichkeit, einzelne Module des Programms vollständig durch eigene Implementierungen zu ersetzen, falls keine der vorgegebenen Standardvarianten die Aufgabe zufriedenstellend erfüllt. Dies gilt für den Lastverteiler und die lokale Schlange, wo der Anwender jeweils mit Hilfe eines generischen Parameters die gewünschte Variante auswählt.

4.2.3.7 Hauptprogramm Das vom Anwender bereitzustellende Hauptprogramm bildet den Rahmen, aus dem heraus die Funktionen zur parallelen Lösung aufgerufen werden. Insbesondere die Aufbereitung der Problemdaten und die weitere Verarbeitung der Branch-&-Bound-Lösung können von Problem zu Problem stark variieren. Wie Abbildung 36 verdeutlicht, gibt es dennoch ein Muster für die Struktur eines Hauptprogramms, das die Randbedingungen für die Benutzung der einzelnen Module berücksichtigt und in ähnlicher Form für viele Probleme wiederverwendet werden kann.

Die Datei bbsys.h faßt die Schnittstellen der für den Anwender relevanten Bibliotheksmodule zu einer einheitlichen Schnittstelle zwischen Anwendungsbibliothek und den problemspezifischen Modulen zusammen. So kann der Anwender sich darauf beschränken, diese Datei in das Hauptprogramm einzufügen.

Das Hauptpgrogramm liest zunächst die Problemdaten ein. Dann initialisiert es die initialen Abschätzungen für die Lösung anhand problemspezifischer Heuristiken. Anschließend stößt es die Verteilung der initialen Teillösungen auf die Worker-Prozesse an. Danach startet es das System der Worker-Prozesse, um das Branch-&-Bound-Problem zu lösen. Schließlich gibt es das Ergebnis aus und beendet die Worker-Prozesse. Das Beispiel zeigt außerdem, wie statistische Daten erzeugt und ausgegeben werden können.

Die bisher vorgestellten problemspezifischen Datentypen und Funktionen reichen aus, um ein vollständiges Branch-&-Bound-Programm zu konstruieren. Die im fol-

```
INCLUDE "bbsys.h"            // Schnittstelle zur Bibliothek

FUNCTION int MAIN(int argc, char *argv)
// Hauptprogramm für Branch-&-Bound
    // Starten der Worker-Prozesse
    BEGIN_BB(argc, argv)

        // Einlesen der Problemdaten
        filename ← GET_FILENAME(argc, argv, argn)
        instance ← READ_PROBLEM(filename)

        // Initialisierung
        INIT_STATISTICS()
        INIT_BOUNDS(heur_lbound(instance), heur_ubound(instance))
        INIT_SUBSOLS()

        // Branch-&-Bound-Lösung
        solution ← SOLVE_BB()

        // Ausgabe der Ergebnisse
        WRITE_SOLUTION(solution)
        WRITE_STATISTICS()

        // Beenden der Worker-Prozesse
    END_BB()

END MAIN
```

Abbildung 36: Struktur des Hauptprogramms

genden gezeigten generischen Parameter dienen zur Klassifizierung des Problems und erlauben die Instanziierung spezieller Lösungsvarianten. Dadurch können sich abhängig von den generischen Parametern weitere optionale Einstiegspunkte ergeben, die die Implementierung zusätzlicher Funktionen durch den Anwender erforderlich machen.

4.2.4 Generische Parameter

Dieser Abschnitt stellt die Klassifizierungsparameter für die Instanziierung des Branch-&-Bound-Algorithmenschemas vor, die der Experte als Ergebnis der Bereichsanalyse erhalten hat, sowie deren Auswirkungen auf Ersetzungsparameter innerhalb des Moduls. Sie fließen als generische Parameter in das dazugehörige modulspezifische Instanziierungsskript ein. Je nach Instanziierung können sich dabei weitere Einstiegspunkte ergeben. Tabelle 4 zeigt eine Zusammenfassung

4.2. KONZEPTION DES WERKZEUGSYSTEMS BBSYS

der generischen Parameter und der damit zusammenhängenden Einstiegspunkte. Ein „→" bedeutet dabei, daß die Benutzung des entsprechenden generischen Parameters nur dann sinnvoll ist, wenn der darüber stehende Parameter angewendet wird.

Bedeutung	Parameter	Einstiegspunkte
Allgemein		
Zielfunktion	Max	
Kostentyp	Cost_Type	
Lösungsmenge	All_Solutions	
Lösungsstrategie		
Suchstrategie	Search_Strategy	COMPARE
Pessimistische Abschätzung	Pess_Bounding	PESS_BOUNDING
Backtracking	Backtrack	BACKTRACK
Speziell		
Lokale Suche	Local_Search	BREAKLEVEL_REACHED
→ Lokaler Teillösungstyp	Local_Type	LSUB_TYPE
		SUB_2_LSUB, LSUB_2_SUB
		(LCOMPARE)
Lösungsdatentyp	Solution_Type	SOL_TYPE
→ Lösungskostenfunktion	Solution_Cost	SOLUTION_COST
		SUB_2_SOL, SOL_2_SUB
(Ent-)Packen (Teillösung)	Pack_Dynamic	PACK_DYNAMIC
		UNPACK_DYNAMIC
Entsprechend: (Ent-)Packen einer Probleminstanz: Problem_Pack_Dynamic		

Tabelle 4: Generische Parameter und Einstiegspunkte

Zunächst zeige ich im einzelnen die allgemeinen Parameter, die der Standard-Anwender zur Charakterisierung des Problems vorgibt. Dann beschreibe ich die Parameter zur Variation der Lösungsstrategie, die Anwender mit Grundkenntnissen über die Lösung von Branch-&-Bound-Problemen zur Optimierung einsetzen können. Anschließend fasse ich die Parameter zur Erzeugung spezieller Lösungsvarianten für Anwender mit tiefergehenden Kenntnissen über parallele Lösungen zusammen. Dabei beschreibe ich jeweils zuerst, welche Anpassungsmöglichkeiten sich aus der Sicht des Anwenders ergeben, bevor ich darauf eingehe, welche Konsequenzen dies für den Experten bei der Entwicklung der Bibliotheksmodule hat.

4.2.4.1 Zielfunktion Der binäre Parameter **Max** für die Zielfunktion gibt an, ob es sich um ein Minimierungs- oder ein Maximierungsproblem handelt. Falls der Anwender den Parameter nicht explizit setzt, wird eine Lösung für ein Minimierungsproblem erzeugt. Der Experte definiert dazu u. a. den davon abhängigen Ersetzungsparameter |CMP_OP| für die zu benutzende Vergleichsoperation, der in der internen Funktion BETTER eingesetzt wird (Abbildung 37).

```
FUNCTION INT BETTER(INT cost_1, INT cost_2)
// Ergebnis: TRUE ⇔ cost_1 |CMP_OP| cost_2
   RETURN (cost_1 |CMP_OP| cost_2)
END BETTER
```

Abbildung 37: Vergleichsfunktion mit Ersetzungsparameter

4.2.4.2 Kostentyp Der generische Parameter Cost_Type dient zur Festlegung des Datentyps für das Ergebnis der Zielfunktion. Der Anwender kann außer dem standardmäßigen Typ **int** auch **double** auswählen. Dieser Parameter hat Auswirkungen auf die Signaturen von Funktionen und die Datentypen von internen Variablen, die die Kosten von Teillösungen repräsentieren.

4.2.4.3 Lösungsmenge Der generischer Parameter All_Solutions dient dazu, das Standardverhalten der Funktion SOLVE_BB, nur eine beste Lösung als Ergebnis zurückzugeben, so zu ändern, daß sie alle besten Lösungen liefert. Für den Anwender ändert sich dadurch die Schnittstelle zwischen dem Hauptprogramm und dem Worker-Modul.

Abbildung 38 zeigt die Anpassungen des Algorithmenschemas, die der Experte dazu vornehmen muß (vgl. Abbildung 32). Die Auswahl dieser Variante erfordert, daß zu jedem Zeitpunkt die Menge aller aktuell besten Teillösungen gespeichert werden muß. Dies bewirkt einerseits, daß Teillösungen, deren Abschätzung genauso gut ist wie die bisher beste Lösung, nicht einfach eliminiert werden können. Andererseits müssen beim Finden einer neuen besten Lösung die alten Lösungen aus der Menge gelöscht werden.

Der Ersetzungsparameter |CMP_FCT| wird dabei je nach Instanziierung mit der schon bekannten Funktion BETTER oder mit der Funktion BETTER_EQUAL belegt, die auch gleich gute Lösungen zuläßt. In der Funktion TEST_ENQUEUE wird die Bekanntmachung einer neuen Lösung nun von |BETTER_TEST| abhängig gemacht. Dieser Parameter wird bei der Instanziierung für alle Lösungen durch eine Abfrage ersetzt, die überprüft, ob das Ergebnis wirklich verbessert wurde. Nur in diesem Fall wird die möglicherweise ineffiziente Verbreitung des neuen Ergebnisses angestoßen. Schließlich werden noch die Ersetzungsparameter |BB_RESULT| und |BB_RESULT_TYPE| benötigt, um das richtige Ergebnis zurückzugeben.

```
FUNCTION VOID TEST_ENQUEUE(SUB_TYPE node, INT is_sol)
// Abschätzen und Einfügen einer (Teil-)Lösung
  IF is_sol THEN ...
    IF |CMP_FCT|(costs, GET_OPT(open)) THEN
      |BETTER_TEST|
      NEW_OPT(costs)
      NEW_SOLUTION(node, costs)
    ENDIF
  ELSE ...
    IF |CMP_FCT|(bound, GET_OPT(open)) THEN ...
END TEST_ENQUEUE

FUNCTION |BB_RESULT_TYPE| SOLVE_BB()
// Branch-&-Bound-Algorithmus
  WHILE NOT TERMINATED() DO ...
    IF |CMP_FCT|(GET_COSTS(node), GET_OPT(open)) THEN ...
  RETURN |BB_RESULT|
END SOLVE_BB
```

Abbildung 38: Ausgabe aller besten Lösungen

Dieser Parameter liefert ein Beispiel für die Parametrisierung der Schnittstelle, da die Signatur der Funktion **SOLVE_BB** von der Instanziierung abhängt. Aus diesem Grund wird ein weiterer Ersetzungsparameter |DEF_ALL_SOLUTIONS| benutzt, um die Definition eines entsprechendes C-Präprozessor-Makros in der Schnittstellen-Datei ein- oder ausschalten zu können.

Der Parameter All_Solutions beeinflußt auch das Verhalten des Moduls **Lösungen sammeln**. Falls er gesetzt ist, muß es entsprechend die Menge aller Lösungen sammeln. Da sich dadurch nicht die Schnittstelle der Funktion **NEW_SOLUTION** ändert, sondern deren Verhalten, bleibt das Anmelden einer neuen Lösung im Algorithmenschema unverändert. Es muß allerdings sichergestellt sein, daß dieses Modul dementsprechend mit dem gleichen Parameterwert instanziiert wird.

4.2.4.4 Suchstrategie Mit dem generischen Parameter Search_Strategy kann der Anwender eine der beiden Standardvarianten für die Suchstrategie *Best-First/Depth-Second* oder *Depth-First/Best-Second* auswählen. Der Experte entwickelt dazu die in Abbildung 39 gezeigte generische Vergleichsfunktion **COMPARE**, die zur Steuerung der Suchstrategie verwendet wird. Die Ersetzungsparameter |COMPARE_FIRST| und |COMPARE_SECOND| werden bei der Instanziierung auf die entsprechenden Vergleichsfunktionen für die Kosten und die Tiefe eines Knotens abgebildet.

```
FUNCTION INT COMPARE(SUB_TYPE node_1, SUB_TYPE node_2)
// Ergebnis: -1, falls node_1 schlechter als node_2
//            1, falls node_1 besser als node_2
//            0, falls node_1 und node_2 gleich
    cmp_1 ← |COMPARE_FIRST|(node_1, node_2)
    IF (cmp_1) THEN
      RETURN (cmp_1)
    ELSE
      RETURN |COMPARE_SECOND|(node_1, node_2)
    ENDIF
END COMPARE
```
Abbildung 39: Suchstrategie

Wenn der Anwender keine der vorgegebenen Suchstrategien verwenden will, kann er eine Suchstrategie durch eine eigene Implementierung der Funktion COMPARE definieren, die zwei Teillösungen nach problemspezifischen Prioritätsregeln miteinander vergleicht.

In jedem Fall wird die ausgewählte Suchstrategie als Parameter an die mit dem Algorithmenschema automatisch erzeugte Instanz der OPEN-Menge weitergegeben. Diese Lösung verdeutlicht, daß eine einzige Datenstruktur für die OPEN-Menge ausreicht, da die Ordnung nach Tiefe genauso wie die Angabe einer eigenen COMPARE-Funktion als Sonderfälle einer beliebig variierbaren Heapordnung angesehen werden können.

4.2.4.5 Pessimistische Abschätzung Eine weitere Variante kann durch die Berechnung einer pessimistischen Abschätzung für jede Teillösung realisiert werden. Der Wert dieser Abschätzung kann benutzt werden, um schon frühzeitig gute Abschätzungen für die beste Lösung zu erhalten. Dadurch kann es besonders in den frühen Phasen der Berechnung möglich sein, Teile des Lösungsbaums abzuschneiden, die ansonsten bearbeitet würden, da noch keine Lösung gefunden wurde, die die initiale heuristische Abschätzung verbessert hat. Die Nachteile dieser Variante bestehen darin, daß einerseits die Berechnung dieser Schranke aufwendig sein kann, und andererseits besonders zu Beginn des Programms ein hoher Kommunikationsaufwand zur Verbreitung immer besser werdender Abschätzungen entstehen kann.

Der Anwender instanziiert diese Variante mit dem generischen Parameter **Pessimistic_Bounding**. Er liefert in diesem Fall zusätzlich zur BOUNDING-Funktion, die eine optimistische Abschätzung für die beste aus einer Teillösung entstehende Lösung liefert, die Funktion PESS_BOUNDING zur Berechnung einer pessimi-

4.2. KONZEPTION DES WERKZEUGSYSTEMS BBSYS 149

stischen Abschätzung, die vom Modul mit der aktuell bearbeiteten Teillösung aufgerufen wird.

Der Wert für eine solche Abschätzung ist in der Regel leicht und effizient zu berechnen. Für das Rucksackproblem erfolgt die Berechnung der pessimistischen Abschätzung nach einem ähnlichen Prinzip wie bei der **BOUNDING**-Funktion. Ausgehend von einer Belegung werden dabei die Waren in der gleichen Reihenfolge in den Rucksack gelegt, allerdings nur solange, wie die Kapazität des Rucksacks nicht überschritten wird. Damit entspricht das Ergebnis der Funktion **PESS_BOUNDING** bis auf die zuletzt eingefügte Ware dem Bounding-Wert. Aufgrund der Ähnlichkeit in der Berechnung beider Abschätzungen ist die pessimistische Abschätzung in diesem Fall durch einfache Manipulation des Bounding-Wertes zu bestimmen, so daß die zusätzliche Komplexität auf ein Mindestmaß reduziert werden kann.

Dieses Beispiel macht ein allgemeines Muster für die Berechnung der pessimistischen Abschätzung deutlich. Eine Lösung ist es, ausgehend von der Teillösung einen vielversprechenden Pfad bis zu einem Blatt des Lösungsbaums zu verfolgen, und den Wert dieser Lösung als Abschätzung zu benutzen. Jede solche Lösung ist offensichtlich eine pessimistische Abschätzung für die optimale Lösung des Teilbaums. Zur Auswahl dieses Pfades können dabei problemspezifische Heuristiken eingesetzt werden, um eine Abschätzung zu bekommen, die möglichst nah am Optimum liegt. Der Experte nutzt diese Tatsache in der Entwicklung des Konfigurierungsprogramms *BBCONF* aus, um dem Anwender ein Muster für die Implementierung vorzugeben.

Bei der Einstellung dieses Parameters ist der Vorteil durch das Abschneiden zusätzlicher Teilbäume gegen den Nachteil der zusätzlichen Kommunikationslast abzuwägen. Die leichte Erzeugung von Prototypen mit dem Werkzeugsystem erleichtert dem Anwender dabei den Vergleich zwischen beiden Varianten. Als Vergleichswerte können die Ergebnisse des Statistik-Moduls herangezogen werden.

Das Ergebnis der Funktion **PESS_BOUNDING** wird im Algorithmenschema dazu benutzt, gegebenenfalls ein neues Optimum zu definieren und damit die Teile des Lösungsbaums, deren optimistische Abschätzung diesen Wert nicht erreicht, aus der **OPEN-Menge** zu entfernen. Das Branch-&-Bound-Algorithmen-Schema benutzt zur Unterscheidung der Varianten den Ersetzungsparameter |DEF_PESS_BOUNDING|, der wahlweise die entsprechenden Programmteile ausblendet.

4.2.4.6 Backtracking

Die Expansionsstrategie kann mit Hilfe des binären Klassifizierungsparameters **Backtrack** beeinflußt werden. Durch die Benutzung dieses Parameters hat der Anwender die Möglichkeit, zwischen der vollständigen und der schrittweisen Expansion von Knoten umzuschalten.

In der in Abbildung 32 vorgestellten Lösung wird der aktuelle Knoten immer vollständig innerhalb einer Schleife expandiert, bevor der nächste Knoten aus der **OPEN-Menge** entnommen wird. Diese Vorgehensweise legt eine weitere Variante für die Expansion nahe. Statt die Nachfolger einzeln zu erzeugen, könnte die **BRANCHING**-Funktion gleich alle Nachfolger eines Knotens mit der dazugehörigen Information erzeugen und diese in Form einer Liste zurückgeben. Die Schnittstelle und Implementierung der Liste könnte dabei vom System zur Verfügung gestellt werden. Diese Variante scheint zwar im Sinne der Intuition des Anwenders bei der Implementierung der Funktion zweckmäßiger zu sein, hat jedoch entscheidende Nachteile. Einerseits erfordert sie, daß alle Nachfolger eines Knotens zwischengespeichert werden, bis dieser vollständig expandiert ist. Dies kann bei einem großen Verzweigungsgrad schnell zu einer Speicherexplosion führen, die letztendlich das Auffinden einer Lösung verhindern kann. Andererseits kann die Situation es erfordern, daß schnell eine mögliche Lösung berechnet werden soll, d. h. ein Blatt im Lösungsbaum erreicht werden muß. In diesem Fall ist es sinnvoll, einen Knoten nicht sofort vollständig zu expandieren, sondern zuerst dessen Nachfolger weiter zu verfolgen. Kombiniert man diese Expansionsstrategie mit der Lösungsstrategie *Tiefensuche* entspricht dies der Lösung nach dem *Backtracking*-Verfahren.

Um die Expansionsstrategie nicht unnötig einzuschränken und Speicherüberläufe zu verhindern, hat der Experte den Einstiegspunkt für die **BRANCHING**-Funktion entsprechend der zuerst vorgestellten Variante gewählt. Der Anwender hat dadurch die Möglichkeit, mit Hilfe eines generischen Parameters alle vorgestellten Lösungsvarianten zuzulassen.

Falls der Anwender die schrittweise Expansion von Teillösungen ermöglichen will, implementiert er die boolesche Funktion **BACKTRACK**, die die Bedingung zum Umschalten zwischen den beiden Expansionsschemata überprüft. Eine Standardvariante für die Implementierung dieser Funktion ist, das Ergebnis abhängig von der Speicherplatzbelegung zu machen. Die Umstellung auf die schrittweise Expansion im Zusammenhang mit der Tiefensuche bei Speichermangel erlaubt das schnelle Auffinden möglicher Lösungen, ohne unnötig neue Teillösungen auf höheren Ebenen des Lösungsbaums in die **OPEN-Menge** einzufügen. Dadurch kann die Speicherplatzsituation entspannt und gegebenenfalls wieder auf die vollständige Expansion umgeschaltet werden.

In diesem Fall paßt der Experte das Algorithmenschema entsprechend Abbildung 40 so an, daß mit Hilfe des Ersetzungsparameters |DEF_BACKTRACK| je nach Instanziierung eine Lösung erzeugt wird, die entweder nur auf der vollstän-

4.2. KONZEPTION DES WERKZEUGSYSTEMS BBSYS

digen Expansion basiert (Abbildung 32) oder das Umschalten zwischen beiden Strategien abhängig von der BACKTRACK-Funktion erlaubt (Abbildung 40). Bei der schrittweisen Expansion wird die aktuelle Teillösung wieder in die OPEN-Menge eingefügt, um sie später weiter expandieren zu können.

```
child ← BRANCHING(node, &is_sol, &num_child)
IF BACKTRACK(node) THEN
   IF child THEN
      ENQUEUE(node)                    // Später weiter expandieren
      TEST_ENQUEUE(child, is_sol)
   ENDIF
ELSE
   WHILE child DO                      // Vollständige Expansion
      ...                              // Weiter wie Abbildung 32
```

Abbildung 40: Expansionsvarianten für eine Teillösung

4.2.4.7 Spezielle Parameter Dieser Abschnitt faßt die weiteren generischen Parameter und die damit zusammenhängenden Einstiegspunkte kurz zusammen.

Der Parameter **Local_Search** erlaubt es, Teile des Lösungsbaums lokal auf einem Prozessor zu durchsuchen, um die Kommunikationslast zu reduzieren. Das Kriterium zum Umschalten auf die lokale Suche liefert dabei das Ergebnis einer vom Anwender implementierten booleschen Funktion für die aktuelle Teillösung. Zusätzlich kann in diesem Fall eine eigene Darstellung für die lokalen Teillösungen definiert werden. Ebenso kann durch entsprechende Instanziierung eine eigene Darstellung für die Blätter des Lösungsbaums – und damit für die Lösungen des Problems – angegeben werden.

Die vom Anwender definierten Datentypen dürfen im Standardfall keine dynamischen Komponenten enthalten, da Zeigerwerte bei der Kommunikation über den Lastverteiler verloren gehen. Bei Instanziierung mit dem generischen Parameter **Problem_Pack_Dynamic** sind auch dynamische Komponenten erlaubt. In diesem Fall wird vor dem Senden von Daten eine vom Benutzer definierte Funktion aufgerufen, die die Daten in einen zusammenhängenden Speicherblock schreibt. Nach dem Empfang eines Datums wird dieses dann von einer entsprechenden Entpack-Funktion wieder konvertiert. Diese Variante ist für alle beteiligten Datentypen separat anwendbar. Die Datentypdefinitionen und Konvertierungsfunktionen können dabei aus einer abstrakten Datentypbeschreibung von einem Werkzeug generiert werden.

Schließlich können mit entsprechenden generischen Parametern die Namen der vom Anwender bereitzustellenden Datentypen beliebig umbenannt werden.

4.2.5 Ergebnis

Das Werkzeugsystem setzt die instanziierten Bibliotheksmodule mit den problemspezifischen Datentypen und Funktionen zu einem vollständigen parallelen Branch-&-Bound-Programm zusammen.

Der Entwickler des Werkzeugsystem erstellt dazu nach der in Kapitel 3 vorgegebenen Methode die Komponenten des Werkzeugsystem. Den Kern bildet die anwendungsspezifische Software-Architektur. Aufbauend auf den Ergebnissen der Bereichsanalyse entwickelt er die generisch instanziierbaren, mit Einstiegspunkten versehenen Module der Anwendungsbibliothek. Der anwendungsspezifische Teil des Herstellungsprozesses wird in Form von zu den Modulen gehörigen Instanziierungsskripts modelliert. Die generischen Parameter und die Einstiegspunkte definieren so den Konfigurierungsraum für alle mit dem Werkzeugsystem konstruierbaren Lösungen.

Der Anwender spezialisiert sein Problem, indem er die Klassifizierungsparameter angibt und damit die Instanziierung der generischen Bibliotheksmodule steuert. Er komplettiert das parallele Branch-&-Bound-Programm, indem er die an den Einstiegspunkten benötigten problemspezifischen Datentypen und Funktionen implementiert.

Dieses Kapitel zeigt, daß sich der Anwender des *BBSYS*-Systems bei der Beschreibung eines Problems auf die Implementierung weniger problemspezifischer Datentypen (**PROBL_TYPE, SUB_TYPE**) und Funktionen (**BRANCHING, BOUNDING, GET_COSTS, GET_DEPTH**) beschränken kann. Durch die Antizipierung möglicher Problemstellungen aus dem Anwendungsbereich in der Bereichsanalyse bietet das Werkzeugsystem die nötige Flexibilität, um ein breites Spektrum an Lösungsvarianten zuzulassen. Je nach Instanziierung der Bibliotheksmodule kann es dabei erforderlich sein, daß der Anwender weitere Datentypen und Funktionen zur Lösung beisteuert, um das Verhalten des parallelen Branch-&-Bound-Programms zu beeinflussen.

Die gezeigten Beispiele demonstrieren, wie der Experte die Wiederverwendbarkeit eines Moduls durch die Definition von Einstiegspunkten, die Instrumentierung der Modulkomponenten mit Ersetzungsparametern und die Entwicklung eines Instanziierungsskripts realisiert. Die aus der Bereichsanalyse gewonnenen Klassifizierungsparameter spannen dabei den Konfigurationsraum für alle mit dem Werkzeugsystem realisierbaren Lösungen des Anwendungsbereichs auf.

Zusätzlich entwickelt er ein Konfigurierungsprogramm mit grafischer Oberfläche, das den Anwender bei der Spezifikation seines Problems unterstützt und die Abhängigkeiten zwischen den Modulen der Anwendungsbibliothek berücksichtigt

4.2. KONZEPTION DES WERKZEUGSYSTEMS BBSYS

(Kapitel 4.2.6). Dabei kann er für die Implementierung einiger Funktionen Muster vorgeben, an denen sich der Anwender orientieren kann.

4.2.6 BBCONF: Konfigurierung mit grafischer Oberfläche

Da der Benutzer bei der Benutzung des Werkzeugsystems voneinander abhängige Entscheidungen trifft, kann die Anwendung von *BBSYS* als Konfigurierungsaufgabe angesehen werden. Dieses Kapitel stellt das vom Experten entwickelte anwendungsspezifische Konfigurierungsprogramm *BBCONF* vor, das den Benutzer beim Einsatz des *BBSYS*-Systems unterstützt. *BBCONF* führt den Anwender über eine grafische Oberfläche bei der Konfigurierung und prüft seine Entscheidungen auf Konsistenz. Die zu treffenden Entscheidungen sind angelehnt an die Konzepte des Anwendungsbereichs, wobei mehrere Sichten bezüglich des vorhandenen Wissens verschiedener Benutzer angeboten werden.

BBCONF wurde mit dem Werkzeug zur wissensbasierten Konfigurierung *LaCon* implementiert. Die Eingabespezifikation für das Werkzeug strukturiert den Entscheidungsraum hierarchisch und legt die Regeln und Voreinstellungen für die zu treffenden Entscheidungen fest. Sie verkörpert so das Expertenwissen über die zweckmäßige Anwendung des Werkzeugsystems, indem der Entwickler darin festlegt, welche Entscheidungen der Anwender treffen kann, in welcher Form *BBCONF* die problemspezifischen Angaben des Benutzers erwartet und welche Hilfen dabei angeboten werden. Der *LaCon*-Generator erzeugt daraus automatisch das *BBCONF*-Programm, das das Ergebnis einer Sitzung als Spezifikation an das Werkzeugsystem weitergibt. Die Konzepte von *LaCon* wurden bereits in Kapitel 3.3.6 gezeigt. Im folgenden werden die Gliederung der zu treffenden Entscheidungen nach Themen und Detaillierungsstufen und beispielhaft einige Konsistenzregeln vorgestellt.

Wie bereits in Kapitel 3 demonstriert, ist *BBCONF* grob in folgende Themenbereiche strukturiert (Kapitel 3.1, Abbildung 11(b)):

- **Standard-Parameter** für alle zur Problembeschreibung nötigen problemspezifischen Parameter und Spezifikationsfragmente des Benutzers und unmittelbar damit zusammenhängende Konzepte,

- **Erweiterte Parameter** für optionale Angaben, die im wesentlichen zur Optimierung der Lösung dienen,

- nicht vom Anwendungsbereich abhängige **Allgemeine Spezifikationen** zur Definition der Zielumgebung. Diese werden hier nicht mehr ausführlich beschrieben.

4.2.6.1 Standard-Parameter

Das Auswahlmenü für die Standard-Parameter faßt die Benennung der Instanz, die Angabe der allgemeinen Problemparameter und die Definition der problemspezifischen Datentypen und Funktionen zusammen (Kapitel 3.1, Abbildung 12(a)). Die zu den problemspezifischen Datentypen gehörigen Themen behandeln dabei jeweils die Definition des Datentyps und die dazugehörigen Operationen, während die anderen Themen jeweils funktional zusammengehörige Konzepte vereinigen.

Unter dem Thema Problemparameter faßt der Experte die allgemeinen Klassifizierungsparameter für Branch-&-Bound-Probleme zusammen. Abbildung 12(b) (Kapitel 3.1) demonstriert, wie der Benutzer die Parameter für das Rucksack-Problem einstellt, bei dem es sich um ein Maximierungsproblem mit ganzzahligem Ergebnis handelt. Außerdem spezifiziert er eine Variante, die alle gültigen Lösungen berechnet. Wie Kapitel 4.2.3 verdeutlicht, ist der Verzweigungsgrad im Lösungsbaum konstant zwei, da auf jeder Ebene des Lösungsbaums genau eine Ware auf Hinzunahme in den Rucksack überprüft wird. Diese Information kann ausgenutzt werden, um automatisch spezielle Varianten der Implementierung auszuwählen (Kapitel 4.2.7).

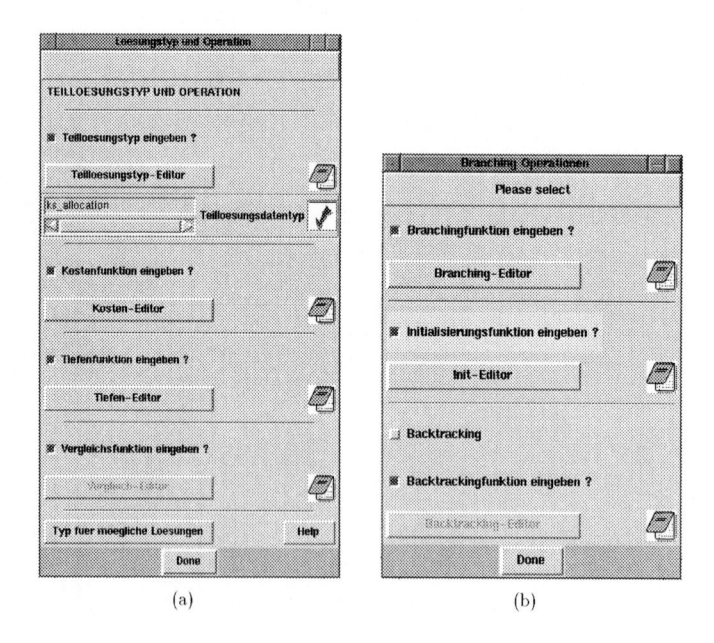

(a)   (b)

Abbildung 41: Teillösungstyp und Branching-Operationen

4.2. KONZEPTION DES WERKZEUGSYSTEMS BBSYS 155

Abbildung 41(a) zeigt am Beispiel des Teillösungsdatentyps, wie der Benutzer einen problemspezifischen Datentyp definieren kann. Neben dem Textfeld für die Benennung des Datentyps und dem Editor für die eigentliche Definition des Datentyps enthält dieses Menü die problemspezifischen Editoren für die Definitionen der auf dem Datentyp operierenden Kosten- und Tiefenfunktionen. Die Benutzung des Editors für die Vergleichsfunktion ist in diesem Fall deaktiviert, weil der Benutzer an anderer Stelle eine der vorgegebenen Suchstrategien ausgewählt hat. Falls der Benutzer einen optionalen Lösungstyp und die dazugehörigen Operationen definieren will, kann er schließlich noch in das entsprechende Untermenü verzweigen. Die Definition des Problemdatentyps ist ähnlich.

Unter dem Thema Branching-Operationen (Abbildung 41(b)) faßt der Experte alle mit der Verzweigungsstrategie zusammenhängenden Aspekte zusammen. Dies umfaßt die problemspezifischen Editoren für die BRANCHING-Funktion (Kapitel 3.1, Abbildung 13), die Initialisierungsfunktion INIT_SUB und die optionale Funktion BACKTRACKING.

Abbildung 42(a) zeigt das von *BBCONF* zur Verfügung gestellte Menü für die Bounding-Operationen. Es faßt alle Konzepte zusammen, die mit der Abschätzung der Kosten für eine Teillösung zu tun haben. Neben der BOUNDING-Funktion sind dies die optionalen Funktionen zum Berechnen einer pessimistischen Abschätzung und die spezielle Kosten-Funktion für mögliche Lösungen.

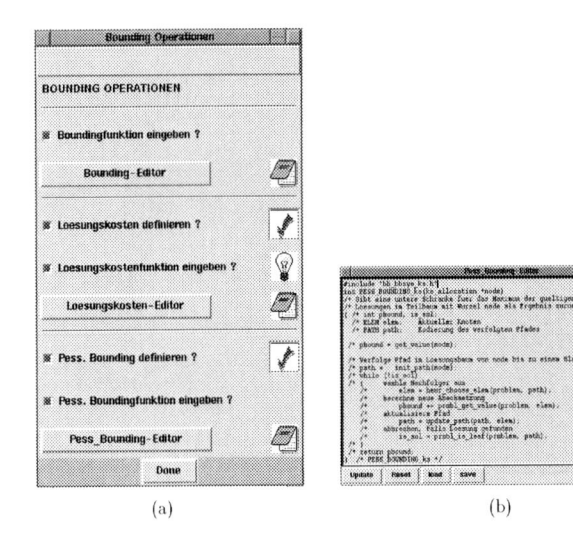

Abbildung 42: Bounding-Funktionen

156   4. WERKZEUGSYSTEM BBSYS

Die Abbildung zeigt, daß der Benutzer explizit eine Variante spezifiziert, die eine pessimistische Abschätzung für jede Teillösung berechnet. Dadurch aktiviert er die Freigabe des problemspezifischen Editors für die Funktion PESS_BOUNDING, der in Abbildung 42(b) dargestellt wird. Der vom Experten vorgegebene Implementierungsrahmen entspricht dem in Kapitel 4.2.4 vorgestellten Muster, ausgehend von dem aktuellen Knoten das Durchlaufen eines Pfades bis zu einer möglichen Lösung zu simulieren. Dabei sind bereits Entscheidungen in das Muster eingeflossen, die der Benutzer an anderen Stellen während der Konfigurierung getroffen hat, wie z. B. der Teillösungs- und der Kostendatentyp sowie die eindeutige Benennung der Instanz.

Das Hauptprogramm und die problemspezifischen Ein-/Ausgabeoperationen, die zu einem Thema zusammengefaßt sind, vervollständigen schließlich den Themenbereich Standard-Parameter.

4.2.6.2 Erweiterte Parameter   Das Thema Erweiterte Parameter behandelt im wesentlichen Varianten zur Optimierung der Lösung. So können Benutzer, die bereits über ein Grundwissen bezüglich der parallelen Lösung von Branch-&-Bound-Problemen verfügen, verschiedene Lösungsvarianten erzeugen, deren Effizienz miteinander vergleichen und die effizienteste Lösung auswählen. Abbildung 43(a) zeigt das dazugehörige Menü in *BBCONF*. Es umfaßt Elemente zur Aus-

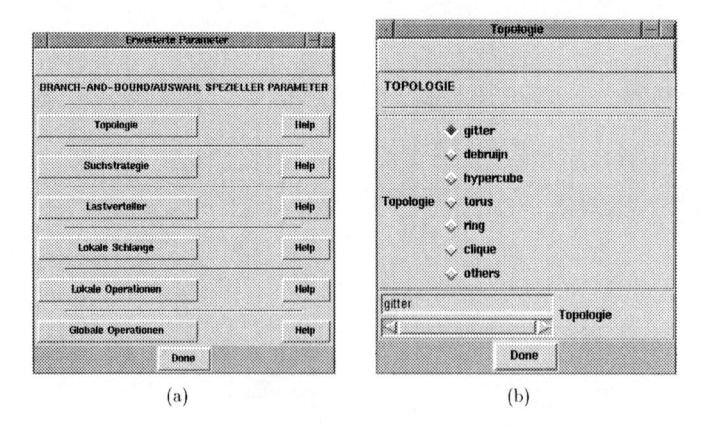

(a)   (b)

Abbildung 43: Erweiterte Parameter

wahl einer geeigneten Topologie für die Lastverteilung, einer Suchstrategie, eines Lastverteilers und einer lokalen Schlange jeweils aus einer Menge vorgegebener Varianten. Als Beispiel zeigt Abbildung 43(b) die Auswahlliste für die Topologie.

4.2. KONZEPTION DES WERKZEUGSYSTEMS BBSYS 157

Außerdem enthält es einen Verweis auf die Operationen für die Verwaltung eines lokalen Heaps.

Im Themenbereich **Allgemeine Spezifikationen** faßt der Experte alle Konfigurationsmöglichkeiten zusammen, mit denen der Benutzer die Eigenschaften der Zielmaschine und die Übergabe von Daten an das Programm beschreiben kann. Da sie unabhängig vom Anwendungsbereich sind, kann dieser Themenbereich für jedes Werkzeugsystem eingesetzt werden. Die dazugehörigen Elemente wurden bereits in Kapitel 3.3.6 behandelt.

4.2.6.3 Konsistenzprüfung *BBCONF* überprüft jederzeit, ob die Konfigurierung bezüglich der vom Entwickler angegebenen Regeln noch in einem konsistenten Zustand ist. Beispiele für Konsistenzregeln ergeben sich aus Abhängigkeiten zwischen Entscheidungen des Benutzers. So erfordert z.B. die Entscheidung, eine Variante zu erzeugen, die das Umschalten auf den Backtracking-Modus erlaubt, daß das Werkzeugsystem eine spezielle Variante des lokalen Heaps auswählen muß, die dieses Umschalten ermöglicht. In Abbildung 44 ist eine Konfigurierungssituation dargestellt, die diese Regel verletzt. Die zur Inkonsistenz

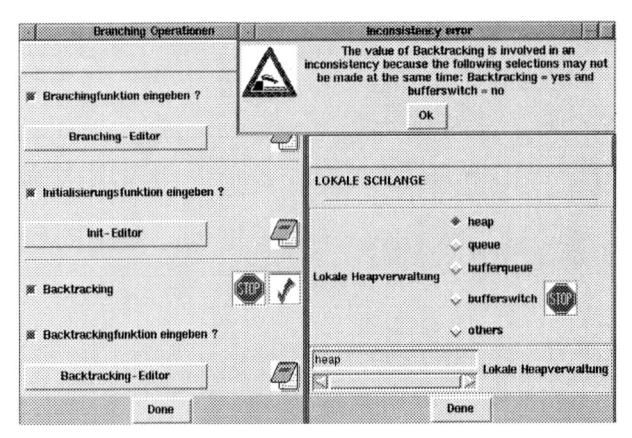

Abbildung 44: Konsistenzprüfung

führenden Entscheidungen werden mit einer Markierung versehen, über die der Benutzer eine von *BBCONF* automatisch generierte Fehlerbeschreibung erhalten kann. Zusätzlich wird das Hauptfenster mit einer Markierung versehen und die Aktivierung der Kommandos zur Ansteuerung des Werkzeugsystems verhindert, sobald ein inkonsistenter Zustand erreicht wird. Ein weiteres Beispiel für die Definition von Konsistenzregeln bieten die Abhängigkeiten zwischen Lastverteiler und Topologie, da nicht jeder Lastverteiler alle möglichen Topologien unterstützt.

Im Gegensatz zu Konsistenzregeln, die den aktuellen Konfigurierungszustand nur auf Inkonsistenzen überprüfen, bewirken Konsequenzregeln die automatische Änderung des Zustands. Dabei kann der Experte auch direkte Auswirkungen auf die grafische Oberfläche definieren, indem er als Nachbedingung einer Konsequenzregel das Überschreiben eines Textelements oder die Aktivierung oder Deaktivierung eines Elements spezifiziert.

Die Aktivierung von Editoren oder Textfeldern für optionale Benutzerangaben ist ein grundlegendes Entwurfsprinzip von *BBCONF*. Beispiele dafür sind die problemspezifischen Editoren, die grundsätzlich deaktiviert werden können, um die Definition außerhalb des Systems mit einem anderen Editor anzuzeigen. Da dies nur durch die Definition von Konsequenzregeln möglich ist, besteht der überwiegende Teil der Regeln in der *LaCon*-Spezifikation für *BBCONF* aus Konsequenzen. Ein weiteres Beispiel für die Definition einer Konsequenzregel ist die Auswirkung der Auswahl der Suchmethode auf die Angabe der **COMPARE**-Funktion. Diese wird deaktiviert, falls der Anwender eine der vorgegebenen Standardsuchmethoden verwendet.

Vorschlagsregeln, die eine abgeschwächte Form von Konsequenzregeln darstellen, werden in *BBCONF* nicht berücksichtigt. Das liegt daran, daß einerseits das Aktivieren und Deaktivieren von Elementen nur mit Konsequenzregeln sinnvoll ist und andererseits die Abhängigkeiten zwischen Entscheidungen immer derart sind, daß entsprechende Konsequenzen zwingend gezogen werden müssen.

4.2.6.4 Schnittstelle zum Werkzeugsystem Die Schnittstelle zum Werkzeugsystem realisiert der Experte schließlich durch Kommandos, die die Ergebnisse der Konfiguration in eine gültige Spezifikation für das Werkzeugsystem verwandeln und dieses damit aufrufen. *BBCONF* bietet als Kommandos die Ausführung des konfigurierten parallelen Branch-&-Bound-Programms und die Erzeugung aller zum Programm gehörigen Quelldateien an (Kapitel 3.1, Abbildung 11(a)).

Das Konfigurierungsprogramm *BBCONF* erleichtert dem Benutzer die Spezifikation eines Branch-&-Bound-Problems mit Hilfe einer grafischen Oberfläche. Durch die Strukturierung des Entscheidungsraums gemäß der Konzepte des Anwendungsbereichs kann er sich bei der Spezifikation immer auf einen Aspekt des Problems beschränken. Es stellt ihm so außer dem in *BBSYS* gekapselten Expertenwissen aus dem Anwendungsbereich auch das Wissen über die zweckmäßige Anwendung des Werkzeugsystem zur Verfügung. Die Überprüfung von Konsistenz- und Konsequenzregeln stellt sicher, daß sich die Spezifikation immer in einem konsistenten Zustand befindet. Durch die allgemein ausgelegte Kommando-

4.2. KONZEPTION DES WERKZEUGSYSTEMS BBSYS

Schnittstelle bleibt dabei das zugrundeliegende Werkzeugsystem unsichtbar für den Benutzer.

4.2.7 Implementierungsgrundlagen

Dieses Kapitel beschreibt die Grundlagen, auf denen die Implementierung von *BBSYS* aufbaut. Dazu werden zunächst Varianten für parallele Implementierungen von Prioritätsschlangen vorgestellt, die zur Implementierung der Open-Menge eingesetzt werden. Anschließend werden die Implementierungsplattformen vorgestellt, auf denen die parallelen Programme übersetzt und ausgeführt werden können.

4.2.7.1 Parallele Heaps
Prioritätsschlangen (Heaps) dienen als eine grundlegende Datenstruktur bei der Entwicklung von Branch-&-Bound-Programmen. Sie werden bei der Implementierung der OPEN-Menge eingesetzt. Dieses Kapitel beschreibt die bei der Entwicklung des *BBSYS*-Werkzeugsystems zu diesem Zweck eingesetzte „Portable Parallel Branch-&-Bound"-Bibliothek (*PPBB*) [TLM94, TH95, TP96, XTM95]. Anschließend stellt es zwei alternative Heap-Varianten vor, die auf dem *BSP*∗-Modell basieren.

PPBB Die in *BBSYS* integrierte *PPBB*-Bibliothek bietet die Möglichkeit, sequentielle Branch-&-Bound-Algorithmen für verschiedene Zielarchitekturen zu parallelisieren. Der Anwender muß dazu seinen sequentiellen Algorithmus an die Schnittstellen der Bibliothek anpassen. Außerdem kann sie neben der Parallelisierung vorhandener Branch-&-Bound-Algorithmen auch zur Implementierung und zum Testen von Lastbalancierungsstrategien eingesetzt werden, wobei die Last von einer synthetischen Branch-&-Bound-Test-Anwendung erzeugt wird.

PPBB stellt Implementierungen für die Kommunikation von Lastpaketen für verschiedene Plattformen zur Verfügung, wobei die Schnittstelle an die üblichen Heap-Operationen angepaßt ist. Auf dieser Ebene kann der Anwender das System benutzen, um parallele Programme zu erstellen, die vorgefertigte Lösungen für Heaps benutzen. Die Entwicklung der anwendungsspezifischen Branch-&-Bound-Bibliotheksmodule baut ebenfalls auf dieser Stufe auf. Die Schnittstelle zur *PPBB*-Bibliothek bleibt dem Anwender des Werkzeugsystems dabei völlig verborgen.

Abbildung 45 zeigt die Prozeßstruktur eines mit der *PPBB* erstellten parallelen Branch-&-Bound-Algorithmus. Jeder Anwendungsprozeß ist über die Branch-&-Bound-Schnittstelle mit einem Kommunikationsprozeß verbunden, der die Lastpakete des Anwendungsprozesses verwaltet und mit den benachbarten Kommuni-

160   4. WERKZEUGSYSTEM BBSYS

kationsprozessen Informationen austauscht. Ein solches Paar bildet einen Knoten, wobei in der Regel auf jedem Prozessor ein Knoten plaziert ist. Der Kommunikationsprozeß besteht aus dem Kommunikationskern und dem Lastverteiler. Der Kommunikationskern ist für die Kommunikation mit dem Anwendungsprozeß und den Nachbarprozessen zuständig. Der Lastverteiler ist für die gleichmäßige Verteilung der Lastpakete auf die parallelen Prozesse verantwortlich. Er benutzt eine Schlange, um die von ihm selbst verwalteten Lastpakete lokal zu speichern. Die Trennung in diese beiden Komponenten erlaubt dem Anwender, die Lösung mit einem eigenen Lastverteiler zu versehen, indem er eine Lastverteilungsfunktion implementiert.

```
           ┌──────────────────────┐
           │     Anwendung        │
           │ Branch&Bound - Algorithmus │
           └──────────────────────┘
                        │
                  Branch & Bound-
                   Schnittstelle
     ┌ ─ ─ ─ ─ ─ ─ ─ ─ ─│─ ─ ─ ─ ─ ─ ─ ┐
     │  ┌──────────────────────┐     │
     │  │   Kommunikationskern  │     │
     │  │ Botschaftenübertragung│     │
     │  │      Pufferung        │     │
     │  └──────────────────────┘     │
     │                               │
     │            Lastverteiler-     │
     │            Schnittstelle      │     Kommunikations-
     │  ┌──────────────────────┐     │     prozeß
     │  │     Lastverteiler     │     │
     │  ├──────────────────────┤     │
     │  │   Management der      │     │
     │  │   lokalen Schlange    │     │
     │  └──────────────────────┘     │
     └ ─ ─ ─ ─ ─ ─ ─ ─ ─ ─ ─ ─ ─ ─ ─ ┘
```

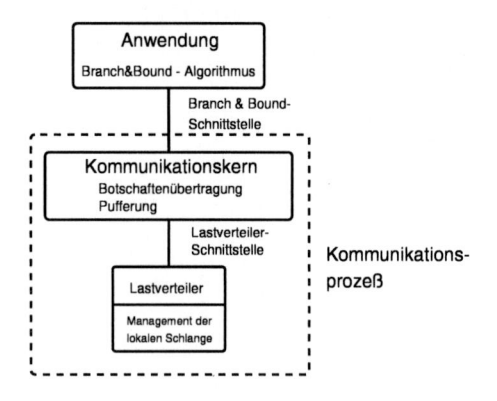

Abbildung 45: *PPBB*-Prozeßstruktur

Die Kommunikationsprozesse sind über eine von der *PPBB*-Bibliothek bereitgestellte Topologie miteinander verbunden, über die die Lastpakete und Informationen über den Zustand der Verteilung kommuniziert werden. Zusätzlich sind sie über einen Ring miteinander verbunden, der zur Terminierungserkennung und Ein-/Ausgabe eingesetzt werden kann. Die eigentliche Ein-/Ausgabe übernimmt dann ein ausgezeichneter Knoten, der zusätzlich mit einem Ein-/Ausgabeprozeß und einem Monitor-Prozeß verbunden ist. Abbildung 46 verdeutlicht diese Struktur.

Die Schnittstelle der *PPBB*-Bibliothek umfaßt neben allgemeinen Funktionen zur Initialisierung, Identifikation von Prozessen und Zeitmessung Datentypen und Funktionen zur Ein-/Ausgabe und zur Verwaltung der lokalen Schlange. Die Ein-/Ausgabe wird über eine allgemeine Ein-/Ausgabefunktion realisiert, die auf einer von der *PPBB*-Schnittstelle vorgegebenen Datenstruktur operiert, die vom Anwender über Zugriffsfunktionen manipuliert werden kann. Außerdem müssen alle Ein-/Ausgabefunktionen des sequentiellen Branch-&-Bound-Algorithmus in einer

4.2. KONZEPTION DES WERKZEUGSYSTEMS BBSYS 161

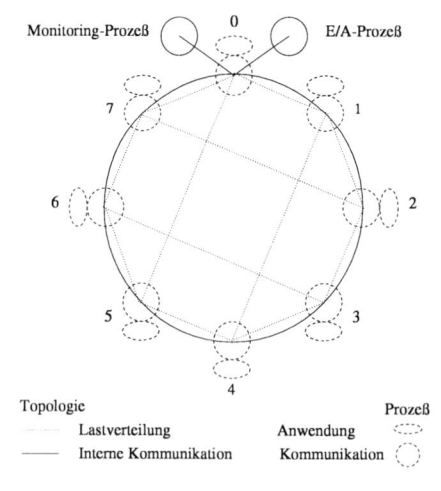

Abbildung 46: *PPBB*-Prozesse

Anwenderfunktion zusammengefaßt werden. Die Funktionen zur Schlangenverwaltung arbeiten auf Instanzen eines vorgegebenen Datentyps für Teilprobleme. Außer den Zugriffsfunktionen auf diese Datenstruktur verfügt die Schnittstelle über die Standard-Funktionen zum Management von Schlangen. Für Einzelheiten sei hier auf [TP96] verwiesen.

Die Ausgangssituation für die Benutzung der *PPBB*-Bibliothek besteht darin, daß der Anwender einen bereits vorhandenen sequentiellen Branch-&-Bound-Algorithmus durch Anpassung an die *PPBB*-Schnittstellen modifiziert, und dadurch auf einer parallelen Heap-Implementierung aufbauen kann. So schreibt er letztendlich selbst ein Branch-&-Bound-Programm. Der Ansatzpunkt für das *BBSYS*-Werkzeugsystem hingegen liegt darin, daß die Anwendungsbibliothek vorgefertigte Module zur parallelen Lösung von Branch-&-Bound-Problemen beinhaltet. Der Anwender definiert sein Problem durch Angabe der generischen Instanziierungsparameter und die Implementierung problemspezifischer sequentieller Lösungskomponenten. Das Werkzeugsystem erzeugt daraus dann automatisch ein paralleles Branch-&-Bound-Programm. Die Implementierung der generisch instanziierbaren Module der Anwendungsbibliothek baut dabei auf der *PPBB*-Bibliothek als Implementierungsplattform auf.

Dazu werden bei der Instanziierung problemspezifische Definitionen für die an der *PPBB*-Schnittstelle verlangten Datentypen und Funktionen erzeugt, die bei der Implementierung der Module eingesetzt werden. Die *PPBB*-Funktionalität wird dabei außer zur Implementierung der OPEN-Menge und der Ein-/Ausgabe auch für die Terminierung und die Optimumberechnung ausgenutzt.

Einige Schwachstellen im Entwurf der *PPBB* bleiben dem Anwender des Werkzeugsystems verborgen, indem die aus ihnen resultierenden Implementierungsdetails in den Modulen der Anwendungsbibliothek enthalten sind. Eine wesentliche Schwachstelle im *PPBB*-Entwurf ist, daß die lokale Schlangenverwaltung nicht hinreichend genug vom Lastverteilungsmodul getrennt wird. Dies führt dazu, daß die Einführung einer eigenen lokalen Schlange nicht ohne die Definition einer eigenen Lastverteilungsfunktion durchgeführt werden kann. Desweiteren ist die Initialisierung der lokalen Schlange nur über Umwege zu erreichen. Das Wissen über die korrekte und zweckmäßige Benutzung der *PPBB*-Bibliothek, einschließlich der Behandlung der Schwachstellen, ist im Werkzeugsystem enthalten.

Heaps für das *BSP*-*Modell Eine Möglichkeit, die OPEN-Menge zu implementieren, bieten auf dem *BSP**-Modell basierende parallele und randomisierte Heaps [BDMR96]. Das *BSP**-Modell [BDM95] basiert auf dem *BSP*-Modell [Val90], das die Entwicklung portabler paralleler Algorithmen mit effizientem, skalierbarem und vorhersagbarem Laufzeitverhalten verspricht. Es erweitert das *BSP*-Modell um blockweise Kommunikation, um die Kosten der Kommunikation durch bessere Ausnutzung des Routers zu reduzieren.

Das *BSP**-Modell basiert auf dem Modell der parallelen Berechnungen in sogenannten Runden. Ein Algorithmus ist demnach in sich abwechselnde Berechnungs- und Kommuniktionsphasen eingeteilt, die jeweils durch Synchronisationspunkte getrennt sind. In der Berechnungsphase rechnet jeder Prozessor nur auf seinen lokal verfügbaren Daten. In der Kommunikationsphase tauschen die Prozessoren die benötigten Daten untereinander aus. Mit dieser eingeschränkten Algorithmenstruktur ist eine Vielzahl von Problemen lösbar, für die das Modell gute Laufzeitabschätzungen liefert. Insbesondere belohnt das *BSP**-Modell den Entwurf von Algorithmen, die blockweise Kommunikation unterstützen, da so ein guter Kommunikationsdurchsatz erzielt wird.

Die *PUB*-Library [Mey96] ist eine *C*-Bibliothek zur Implementierung von *BSP**-Algorithmen. Sie unterstützt im wesentlichen gepufferte asynchrone Kommunikation, die in Runden abläuft. Außerdem enthält sie allgemein verwendbare Funktionen wie Broadcasting oder parallele Präfix-Operationen.

Die auf dem *BSP**-Modell basierenden Heaps unterstützen das gleichzeitige Einfügen und Entfernen mehrerer Elemente. Die Elemente werden dabei zufällig auf die Prozessoren verteilt. Es existieren zwei Varianten mit unterschiedlichen Verteilungsstrategien und Laufzeitcharakteristika. Dabei ist es möglich durch rein lokale Operationen zwischen beiden Varianten umzuschalten.

4.2. KONZEPTION DES WERKZEUGSYSTEMS BBSYS

Der *randomisierte Heap* zeigt besonders für große Heaps gutes Laufzeitverhalten. Jeder Prozessor verwaltet einen lokalen Heap, wobei verschiedene Varianten eingesetzt werden können. Neu eingefügte Elemente werden dann zufällig gleichmäßig auf die Prozessoren verteilt. Beim Entfernen wird eine Abschätzung vorgenommen, wieviele Elemente von jedem lokalen Heap entfernt werden müssen, um die gewünschten besten Lösungen zu erhalten. Die restlichen Elemente werden wieder im lokalen Heap eingefügt.

Der *parallele Heap* ist besonders geeignet für Heaps mit wenigen Elementen. Hier werden die Elemente so auf die Prozessoren verteilt, daß ein einziger Heap entsteht, dessen Knoten gleichmäßig auf alle Prozessoren verteilt werden. Jeder Prozessor verwaltet so einen Teil jedes Heap-Knotens, wobei kein Element jemals den Prozessor verläßt, bis es aus dem Heap entfernt wird. Die Einfüge- und Entnahme-Operationen werden dabei ebenenweise in Stufen abgearbeitet, und so aufeinander abgestimmt, daß sie ihre Ergebnisse nicht gegenseitig beeinflussen.

In parallelen Branch-&-Bound-Algorithmen kann man das Entnehmen einer Teillösung aus dem Heap, dessen Verarbeitung und das Einfügen neuer Knoten als Runde im Sinne des *BSP**-Modells verstehen. In diesem Sinne ist das *BSP**-Modell prinzipiell auch zur Lösung von Branch-&-Bound-Problemen geeignet. Die vorgestellten Heaps können dabei als Grundlage für die Implementierung der **OPEN-Menge** eingesetzt werden. Allerdings ergibt sich durch die Synchronisation eine wesentliche Einschränkung, die nicht durch das Problem, sondern durch das Modell begründet ist. Deshalb ist der Einsatz dieses Modells und der dazugehörigen Algorithmen nur zweckmäßig, wenn der durch die Synchronisation begründete zusätzliche Aufwand nicht zu sehr ins Gewicht fällt. Dazu muß gewährleistet sein, daß die Arbeitspakete, die die Prozesse in den Berechnungsphasen bearbeiten, ungefähr gleich groß sind.

Das *BSP**-Modell eignet sich daher besonders für Branch-&-Bound-Probleme, bei denen die Laufzeiten für die Verzweigung und die Berechnung der Abschätzung nicht stark von Eigenschaften der Teillösung, wie z. B. der Tiefe im Lösungsbaum, abhängen. Um dieses Problem abzuschwächen, kann die Möglichkeit ausgenutzt werden, viele Elemente gleichzeitig einzufügen oder zu entnehmen. Durch eine zufällige Verteilung der Probleme ist zu erwarten, daß alle Prozessoren in der Berechnungsphase annähernd gleichmäßig beschäftigt sind. Diese Möglichkeit bietet sich besonders für Probleme an, bei denen die Knoten des Lösungsbaums einen breiten Verzweigungsgrad haben. In diesem Fall sind alle Prozessoren in langen Berechnungsphasen damit beschäftigt, einen Knoten zu expandieren. Die Nachfolger können dann nach der Expansion gemeinsam in den Heap eingefügt werden. Eine mögliche Klasse von Branch-&-Bound-Problemen, die mit dem *BSP**-Modell gelöst werden können, sind Scheduling-Verfahren aus dem Bereich der Fließlinienfertigung [BR97].

Um auf dem *BSP**-Modell basierende Lösungen in die Anwendungsbibliothek zu integrieren, müssen für einige Module Varianten entwickelt werden, deren Implementierung auf der *PUB*-Bibliothek aufbaut. Zunächst muß die OPEN-Menge mit Hilfe der beschriebenen Heaps implementiert werden. Die Schnittstelle muß dazu die Möglichkeit bieten, mehrere Elemente gleichzeitig einfügen und entnehmen zu können. Das Branch-&-Bound-Algorithmenschema nutzt diese Möglichkeit bei der Expansion eines Knotens aus, indem neu erzeugte Teillösungen erst zwischengespeichert werden, bis die neu entstandene Last so groß ist, daß sich die Kommunikation lohnt. Dann werden die neuen Teillösungen in einem Schritt in die OPEN-Menge eingefügt. Die Terminierung und die Berechnung des globalen Optimums sind in diesem Modell durch die Synchronisationspunkte einfach zu lösen. So entstehen für einzelne Module der Software-Architektur auf das *BSP**-Modell angepaßte Implementierungsvarianten. Die problemspezifischen Spezifikationsteile des Anwenders bleiben unabhängig von der zugrundeliegenden Lösung gleich.

Welche Implementierung für ein Modul ausgewählt wird, kann einerseits der Anwender dadurch steuern, daß er explizit eine auf dem *BSP**-Modell basierende Lösung verlangt. Andererseits kann das Werkzeugsystem durch Untersuchung problemspezifischer Angaben des Anwenders automatisch die Auswahl der am besten geeigneten Bibliothekskomponenten steuern. Ein Kriterium dafür könnte z. B. nach obigen Überlegungen eine Einschätzung des Verzweigungsgrads der Knoten im Lösungsbaum sein. Andere Kriterien müssen noch weiter untersucht werden. Die Vorgehensweise zur automatischen Auswahl von Bibliothekskomponenten wird in Kapitel 5 anhand des *SOMPI*-Systems demonstriert. Durch Einsatz des Konfigurierungswerkzeugs *BBCONF* (s. Kapitel 4.2.6) ist auch eine halbautomatische Lösung möglich, indem die grafische Oberfläche abhängig von der Angabe des Verzweigungsgrads den Vorschlag machen kann, eine *BSP**-basierte Lösung erstellen zu lassen.

Voraussetzung für die Integration der *BSP**-basierten Branch-&-Bound-Lösungen in das *BBSYS*-System ist die Erweiterung der Anwendungsbibliothek um die vorgestellten Varianten für verteilte Heaps. Dazu muß zunächst die *PUB*-Bibliothek in die unterste Schicht des Werkzeugsystems integriert werden. Diese Maßnahmen sind Gegenstand weiterer Arbeiten innerhalb des Sonderforschungsbereichs 376 „Massive Parallelität: Algorithmen – Entwurfsmethoden – Anwendungen".

4.2.7.2 Implementierungsplattformen Im folgenden werden die verschiedenen Implementierungsplattformen vorgestellt, die vom System unterstützt werden. Die hier eingesetzten Werkzeuge spiegeln die Funktionalität der untersten Schicht des Werkzeugsystems wider (s. Kapitel 3.2.1). Auf dieser Ebene stellt sich das System dem Anwender als ein Werkzeug zur Entwicklung allgemeiner Programme für diese Plattformen dar. Die derzeit unterstützten Plattformen sind die Transputernetzwerke *SC-320* und *GC-el 1024* sowie *GC-PP* mit der Entwicklungsumgebung *PARIX* 1.2 bzw. *PARIX* 1.3.1. Im in Kapitel 5 vorgestellten *SOMPI*-System kommen zusätzlich Workstation-Cluster hinzu, deren Parallelisierung auf *MPI* basiert. Außerdem werden sequentielle *Solaris*-Rechner unterstützt. Dies hat sich besonders während der frühen Entwicklungsphasen und zu Testzwecken als sehr hilfreich erwiesen, da die Werkzeuge zur Fehlersuche hier im Vergleich zu parallelen Plattformen wesentlich zuverlässiger sind.

Die unterste Schicht von *BBSYS* enthält die in Kapitel 3.2.2 vorgestellten maschinennahen Werkzeuge für die zugrundeliegenden Entwicklungsumgebungen. Der wiederverwendbare Herstellungsprozeß bei der Entwicklung paralleler Programme auf diesen Plattformen wird mit Hilfe des Werkzeugkontrollsystems *Odin* (s. Kapitel 2.5) modelliert. *BBSYS* bietet dem Anwender durch die horizontale Wiederverwendung dieses Prozesses technische Unterstützung beim Übersetzen und Binden eines parallelen Programms sowie dessen Konfigurierung und Ausführung auf dem Parallelrechner.

Die *PPBB*-Bibliothek zur Implementierung der parallelen Heaps ist in die Schicht 2 des *BBSYS*-Systems integriert, so daß der Anwender hier parallele Programme schreiben kann, die parallele Heaps benutzen.

Die Anwendungsbibliothek für die Entwicklung paralleler Branch-&-Bound-Programme ist in Schicht 3 integriert. Die Implementierung der wiederverwendbaren Module basiert entsprechend auf den darunterliegenden Schichten des Werkzeugsystems. Auf diese Weise unterstützt *BBSYS* die Entwicklung paralleler Branch-&-Bound-Programme für alle von der Schicht 1 des Werkzeugsystems unterstützten Plattformen.

4.3 Anwendungsbeispiel

Bisher wurde das bekannte Beispiel des Rucksack-Problems benutzt, um die Beschreibung auf die Konzepte von *BBSYS* zu konzentrieren. Dieses Kapitel zeigt an einem Beispiel aus dem Bereich der Produktionsplanungs- und -steuerungssysteme, daß das *BBSYS*-System in Verbindung mit *BBCONF* auch für andere, komplexe Anwendungen einsetzbar ist.

Das folgende Beispiel stammt aus dem Bereich der Fertigungssysteme. Das Problem liegt darin, eine Menge vorgegebener Jobs so auf Fertigungseinheiten zu verteilen, daß gewisse Zielkriterien eingehalten werden. Bei dem hier vorgestellten Problem handelt es sich speziell um die Reihenfolgeplanung von zu bearbeitenden Jobs auf Fließlinien mit mehreren Maschinen. Jeder Job wird durch eine Folge von Operationen in einer vorgegebenen Reihenfolge abgearbeitet. Eine Fließlinie besteht dementsprechend aus Fertigungsstufen, die jeweils mehrere Maschinen enthalten, aus denen alternativ eine ausgewählt werden kann, um eine Operation auszuführen. Alle Jobs durchlaufen die Fertigungsstufen einheitlich in einer vorgegebenen Reihenfolge. Die Jobs sind voneinander unabhängig, d. h. keine Operation eines Jobs hängt direkt von einer Operation eines anderen Jobs ab. Es entstehen nur zeitliche Abhängigkeiten durch die Belegung von Maschinen, auf denen immer nur eine Operation gleichzeitig ausgeführt werden kann.

Das zu lösende Problem ist das Finden eines Schedules, d. h. es ist eine Reihenfolge zu planen, in der die Jobs auf den Maschinen bearbeitet werden. Dazu muß zunächst jedem Job auf jeder Stufe eine Maschine zugeordnet werden, auf der die entsprechende Operation ausgeführt wird. Außerdem muß für jede Maschine eine Reihenfolge festgelegt werden, in der die ihr zugewiesenen Jobs abgearbeitet werden. Dieses Problem wird als *Flow-Shop-Problem* mit mehreren Prozessoren (*FSMP*) bezeichnet. Eines von vielen möglichen Zielen, die dabei verfolgt werden können, ist die Minimierung der Zykluszeit; das ist die Zeit, zu der der letzte Job die letzte Stufe der Fließlinie verläßt, zu der also alle Jobs vollständig bearbeitet sind. Dies ist ein in der Praxis häufig anzutreffendes Problem. Eine Auflistung von verwandten Problemen kann [BD97] entnommen werden. Es gehört zur Klasse der NP-harten kombinatorischen Optimierungsprobleme [Gup88]. Insbesondere auf massiv parallelen Rechensystemen lassen sich aber durch den Branch-&-Bound-Ansatz kleine bis mittlere Instanzen exakt lösen. Die im folgenden vorgestellte Spezifikation für die Konstruktion eines parallelen Branch-&-Bound-Programms zur Berechnung einer Belegungsplanung mit minimaler Zykluszeit unter Einsatz von *BBSYS* und *BBCONF* basiert auf der in [BD97] vorgestellten Lösung.

Aus den obigen Überlegungen ergibt sich offensichtlich, daß es sich beim *FSMP*-Problem um ein Minimierungsproblem handelt. Das Ergebnis der Zielfunktion ist die Bearbeitungszeit und damit ganzzahlig. Das Programm soll nur eine optimale Lösung berechnen. In diesem Fall können also die Standard-Einstellungen der Problemparameter in *BBCONF* unverändert übernommen werden.

Eine Instanz eines solchen Problems ist durch eine Beschreibung der Jobs und des Fertigungssystems gekennzeichnet. Die zur Lösung relevanten Eigenschaften sind die Anzahl der Jobs, deren Laufzeiten auf den einzelnen Stufen und je nach Art des zu lösenden Problems deren Freigabe- und gewünschte Fertigstellungszeiten. Das Fertigungssystem wird durch die Anzahl der Stufen und der Maschinen pro Stufe charakterisiert.

Abbildung 47 zeigt eine schematische Darstellung der Fließlinie. Jede Stufe i der Fließlinie verfügt über m_i Maschinen, auf denen jeweils die i-te Operation eines Jobs ausgeführt werden kann. Da im allgemeinen mehr Jobs zur Bearbeitung

4.3 ANWENDUNGSBEISPIEL

freigegeben sind — d. h. die $(i-1)$ vorher durchzuführenden Operationen sind bereits bearbeitet — als Maschinen zur Verfügung stehen, ist vor jeder Stufe eine Warteschlange installiert. Jedesmal, wenn eine Maschine freigegeben wird, kann ihr ein Job aus der Warteschlange zugewiesen werden. Ansonsten verbleibt sie im Leerlauf.

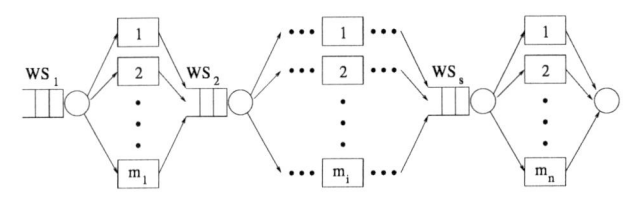

Abbildung 47: Schematische Darstellung der Fließlinie mit parallelen Maschinen

Diese Beschreibung findet sich in der Spezifikation für *BBSYS* in der Definition des Problemdatentyps FSMP_PROBLEM wieder. Die Struktur enthält u. a. Felder für die Bearbeitungszeiten der Jobs auf den einzelnen Stufen und für die Beschreibung der Maschinen auf jeder Stufe (Abbildung 48).

```
typedef struct
{   int jobs;                           // #Jobs
    int stages;                         // #Stufen
    int machines[MAX_STAGES];           // #Maschinen pro Stufe
    int jtime[MAX_JOBS][MAX_STAGES];    // Joblaufzeiten
    int reldate[MAX_JOBS];              // Freigabezeiten
    int duedate[MAX_JOBS];              // Fertigstellungszeiten
} FSMP_PROBLEM;
```

Abbildung 48: *FSMP*-Problemdatentyp

Die vorgestellte Lösung basiert auf der Vervollständigung partieller Belegungen. Eine partielle Belegung repräsentiert eine Reihenfolge der Zuordnung von Operationen zu Maschinen. Jeder Knoten im Lösungsbaum entspricht einer partiellen Belegung. Die partiellen Belegungen werden schrittweise erweitert, indem ausgehend von einem Knoten im Lösungsbaum jeder Nachfolger jeweils eine partielle Belegung repräsentiert, in der eine vorher noch nicht zugeteilte Operation eingeplant worden ist. Das Vorgehen orientiert sich dabei an den Fertigungsstufen, d. h. die erste Operation auf Stufe i wird erst dann in eine partielle Belegung aufgenommen, wenn alle Operationen auf den Stufen $< i$ bereits zugeordnet sind. Im folgenden beschränke ich mich bei der Beschreibung deshalb darauf, wie eine partielle Belegung innerhalb einer Stufe berechnet wird. Die vollständige Lösung ergibt sich dann, indem die Teile des Lösungsbaums für die einzelnen Stufen zusammengefügt werden.

4. WERKZEUGSYSTEM BBSYS

Jeder Teilbaum für eine Stufe i hat einen ausgezeichneten Wurzelknoten, der eine partielle Belegung repräsentiert, in der noch keine Operation dieser Stufe eingeteilt wurde. Alle anderen Knoten sind mit einer Jobnummer j markiert. Die dazugehörige partielle Belegung erweitert die Belegung des Vorgängers um die i-te Operation von Job j. Die Blätter eines solchen Teilbaums beschreiben alle gültigen Belegungen von Maschinen für diese Stufe, d. h. jeder Job auf dieser Stufe ist genau einmal zugeteilt worden. Die Blätter repräsentieren also alle möglichen Permutationen von Jobnummern. Eine partielle Belegung ist dementsprechend ein gültiger Anfang einer solchen Permutation.

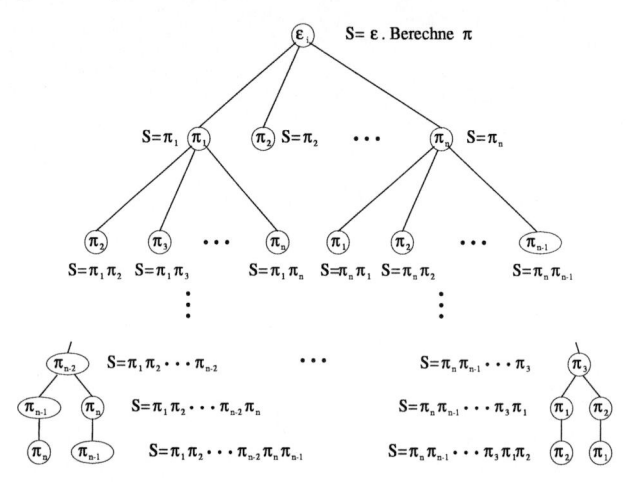

Abbildung 49: Lösungsbaum für eine Stufe

Abbildung 49 zeigt den Lösungsbaum für eine Stufe i der Fließlinie. Statt die Jobs in der Reihenfolge ihrer Numerierung zuzuordnen, wird am Wurzelknoten ε_i anhand problemspezifischer Prioritätsregeln eine Permutation π der Jobs berechnet. Damit wird die Reihenfolge festgelegt, in der die Nachfolger eines Knotens erzeugt werden. Dies bewirkt, daß die Maschinenbelegungen, die bezüglich der Prioritätsregeln gute Lösungen versprechen, möglichst früh erzeugt werden. Die anderen Knoten sind mit einer Jobnummer π_j markiert. Außerdem ist für alle Knoten das dazugehörige partielle Schedule S abgebildet. Der Verzweigungsgrad des Wurzelknotens ist linear in der Anzahl der Jobs und damit eingabeabhängig. Er nimmt innerhalb der Knoten einer Stufe kontinuierlich bis zum Grad eins ab.

Das Problem der Zuordnung eines Jobs zu einer konkreten Maschine kann vernachlässigt werden, wenn alle Maschinen einer Stufe gleich sind. In diesem vereinfachten Fall, auf den ich mich hier beschränke, wird ein Job, der als nächstes

4.3 ANWENDUNGSBEISPIEL

in der partiellen Belegung eingeplant ist, einfach einer beliebigen freien Maschine zugewiesen, sobald er freigegeben ist. Deshalb ist die Bestimmung der Bearbeitungsreihenfolge für die Jobs ausreichend für die Berechnung der minimalen Bearbeitungszeit. Dadurch wird die Darstellung der partiellen Belegungen im Vergleich zu der in [BD97] vorgestellten Lösung vereinfacht, bei der verschiedene Arten von Knoten zur Repräsentation einer Belegung nötig sind.

Aus diesen Überlegungen ergibt sich die in Abbildung 50 dargestellte Datenstruktur FSMP_SCHED für die Teillösungen. Sie enthält neben dem Schedule, das der entsprechende Knoten repräsentiert, folgende zur Berechnung nötige Komponenten:

- für jeden Job die aktuell bekannte Fertigstellungszeit. Das ist die Zeit für Stufe i, falls der Job bereits eingeplant ist, sonst für Stufe $i-1$.
- für jede Maschine der Stufe die früheste Zeit, zu der wieder ein Job eingeplant werden kann.
- die noch einzuplanende Arbeitslast für die Stufe i.
- die Nummer des nächsten einzuplanenden Jobs.
- die Tiefe des Knotens im Lösungsbaum. Daraus kann u. a. die Nummer der Stufe i berechnet werden.

```
typedef struct
{   int sched[MAX_JOBS*MAX_STAGES];     // Partielle Belegung
    int j_compl_time[MAX_JOBS];         // Job-Fertigstellungszeit
    int m_avail[MAX_MACH_PER_STAGE];    // Maschinen-Verfügbarkeitszeit
    int rem_workload;                   // Noch zu vergebende Arbeit
    int next_job;                       // Nächster einzuplanender Job
    int depth;                          // Tiefe im Lösungsbaum
} FSMP_SCHED;
```

Abbildung 50: *FSMP*-Teillösungsdatentyp

Die Komponenten könnten auch alle aus dem aktuellen Schedule und den Daten der Probleminstanz berechnet werden. Es ist jedoch sinnvoll, sie in den Knoten zu speichern und die Werte inkrementell zu bestimmen, statt sie jedesmal neu zu berechnen. Die Permutation π wird dabei im Wurzelknoten berechnet und in den noch nicht belegten Stellen des Schedules gespeichert.

Im folgenden werden zunächst die **BRANCHING**- und die **BOUNDING**-Funktion für das *FSMP*-Problem vorgestellt. Anschließend werden die anderen problemspezifischen Funktionen kurz beschrieben. Alle Funktionen wurden mit Hilfe der problemspezifischen Editoren von *BBCONF* implementiert.

4.3.1 Branching

Die Branching-Funktion erweitert eine partielle Belegung um einen weiteren Job. Die Nummer des neuen Jobs ergibt sich dabei aus der Position im Lösungsbaum und der Permutation der Jobs für die aktuelle Stufe. Die Verzweigungsstruktur ist direkt aus Abbildung 49 ersichtlich.

```
FSMP_SCHED *BRANCHING(FSMP_SCHED *node, int *is_sol, int *num_child)
//   ...
{    FSMP_SCHED *child;  // neuer Nachfolger
     // Überprüfung, ob voll expandiert
     nj_pos = *num_child;
     ...
     if (is_Root(node) && (nj_pos == 0))// Neue Stufe?
          init_Stage(node);          // u.a. Permutation berechnen
     child = copy(node);             // Identische Kopie von node

     // Initialisiere lokale Variable
     level = get_Level(depth);       // Tiefe im Baum für Stufe
     ...
     // Problemspezifische Berechnung des neuen Knotens
     next_job = update_Sched(s_sched, nj_pos, level);
     ...
     if (level == probl_NumJobs() -1) // Vorletzter Job auf Stufe?
          append_LastJob(child);      // Letzten Job anhängen
     else if ( get_NoWait(child))     // Alle Jobs sofort einplanbar?
          fill_Schedule(child, level); // Auffüllen des Schedules
     // Ist child eine Lösung ?
     *is_sol = is_Leaf(child);

     return(child);
}
```

Abbildung 51: *FSMP*-Branching-Funktion

Abbildung 51 zeigt vereinfacht die Branching-Funktion in *C*-Notation. Sie ist an das in Kapitel 4.2.3 gezeigte Muster angelehnt. Zunächst wird überprüft, ob der Knoten bereits vollständig expandiert worden ist. Falls es sich um einen Wurzelknoten für eine neue Stufe handelt, wird vor der Erzeugung des ersten Nachfolgers die Permutation für die Reihenfolge der Joberzeugung berechnet, und andere für die Stufe nötigen Initialisierungsschritte werden durchgeführt (init_Stage). Dann wird ausgehend von einer identischen Kopie des Vorgängers die neue partielle Belegung ermittelt, indem der nächste Job an das Schedule angehängt wird. Anschließend werden noch zwei Sonderfälle betrachtet, um gegebenenfalls Teile des Lösungsbaums zu überspringen. So kann auf der vorletzten Ebene des Lösungs-

4.3 ANWENDUNGSBEISPIEL 171

baums für eine Stufe bereits das Schedule vervollständigt werden, weil auf der letzten Ebene keine Auswahlmöglichkeit mehr besteht (vgl. Abbildung 49). Außerdem kann das Schedule für die aktuelle Stufe vervollständigt werden, wenn alle noch einzuplanenden Jobs ohne Verzögerung eingeplant werden können. In diesem Fall kann eine beliebige Reihenfolge der Jobs ausgewählt werden, da alle Lösungen dieses Teilbaums zum selben Ergebnis führen.

Die Implementierungen der aufgerufenen Funktionen sind, genauso wie die Initialisierung der lokalen Variablen, aus Gründen der Übersichtlichkeit hier nicht aufgeführt. Die Semantik der aufgerufenen Funktionen ergibt sich aus obiger Beschreibung.

4.3.2 Bounding

Die Bounding-Funktion berechnet eine untere Schranke für eine gegebene partielle Belegung. Dazu werden drei unterschiedliche Heuristiken angewandt, die alle auf der Berechnung der Fertigstellungszeit aller Jobs für eine Stufe basieren.

Die Job-basierte untere Schranke beruht auf der Annahme, daß alle weiteren Operationen ohne Wartezeiten ausgeführt werden können. Die Abschätzung ist sehr optimistisch und führt daher selten zur Eliminierung eines Knotens. Sie ist allerdings leicht zu berechnen und kann insbesondere bei partiellen Belegungen mit hohen Wartezeiten für einzelne Jobs ausreichen, die noch eine große Restbearbeitungszeit aufweisen.

Die Stufen-basierte Schranke führt tendenziell zur Eliminierung von partiellen Belegungen, die einen späten Bearbeitungsbeginn auf den noch zu planenden Stufen bewirken. Sie greift insbesondere, wenn die Fließlinie Engpässe enthält; das sind Stufen, deren mittlere Arbeitslast im Vergleich zu anderen Stufen relativ groß ist.

Die Maschinen-basierte Schranke berechnet sich ähnlich wie die Stufen-basierte. Sie macht allerdings zusätzlich eine Abschätzung über die verbleibende Bearbeitungszeit auf der aktuellen Stufe. Dabei werden verschiedene Fälle bezüglich der Anzahl freier Maschinen und zu verteilender Jobs auf der aktuellen Stufe unterschieden. Einzelheiten zur Berechnung der Schranken können [BD97] entnommen werden.

Die in Abbildung 52 gezeigte C-Implementierung der **BOUNDING**-Funktion berechnet nacheinander die drei vorgestellten Schranken. Die zusammengesetzte untere Schranke ergibt sich dann aus dem Maximum der Werte. Da die Berechnung der Abschätzungen unter Umständen sehr komplex werden kann, vergleicht die Funktion nach jeder Berechnung einer Abschätzung den aktuellen Wert mit

172   4. WERKZEUGSYSTEM BBSYS

```
int BOUNDING(FSMP_SCHED *node)
// Berechnet untere Schranke für partielle Belegung im Knoten node
// Kombination von Job-, Stufen-, und Maschinen-basierter Schranke
{   int best = CURR_OPT();        // Bisher beste Lösung.
    // Kann evtl. unnötige Berechnungen erübrigen.
    int lb, jlb, slb, mlb;        // Bounding-Werte

    jlb = job_based_bound(node);  // Job-basiert
    if (jlb >= best) return jlb;  // Keine bessere Lösung

    slb = stage_based_bound(node); // Stufen-basiert
    lb = MAX(slb, jlb);
    if (lb >= best) return lb;

    mlb = mach_based_bound(node);  // Maschinen-basiert

    return(MAX(lb, mlb));
}
```

Abbildung 52: *FSMP*-Bounding-Funktion

dem besten bisher gefundenen Ergebnis. Falls die Abschätzung bereits schlechter als das beste Ergebnis ist, kann auf die Berechnung weiterer Schranken verzichtet werden. In diesem Fall wird die berechnete Schranke direkt als Ergebnis zurückgegeben.

4.3.3   Weitere problemspezifische Funktionen

Die Funktion INIT_SUB erzeugt zu Beginn alle Knoten der ersten Ebene des Lösungsbaums. Wie Abbildung 53 verdeutlicht, greift sie im wesentlichen auf die BRANCHING-Funktion zurück. Dazu erzeugt sie beim ersten Aufruf lokal den Wurzelknoten des Lösungsbaums und gibt diesen bei jedem Aufruf zusammen mit der Nummer des zu erzeugenden Nachfolgers an die BRANCHING-Funktion weiter. Beim letzten Aufruf wird der Wurzelknoten wieder freigegeben.

Die Eingabefunktion liest die Charakteristika der Fließlinie und der zu bearbeitenden Jobs ein. Die Ausgabefunktion gibt schließlich das vollständige Schedule für die beste Lösung aus.

Das Hauptprogramm entspricht im wesentlichen dem in Abbildung 36 vorgestellten Muster. Zur Initialisierung der oberen Schranke werden dabei Prioritätsregelbasierte Scheduling-Verfahren eingesetzt. Diese berechnen ein Schedule durch die Simulation des *FSMP* anhand vorgegebener Prioritäten wie der Länge der

4.3 ANWENDUNGSBEISPIEL

```
FSMP_SCHED *INIT_SUB(FSMP_PROBLEM *prob, int *num_isol)
// ...
{     static FSMP_SCHED *root;           // Wurzelknoten
      FSMP_SCHED *new_isol;
      int n_isol = *num_isol;
      int dummy;

      // Beim ersten Aufruf Wurzelknoten erzeugen
      if (n_isol == 0)
            root = init_FSMP_SCHED(prob);

      // Problemspezifische Berechnung der nächsten initialen Teillösung
      new_isol = BRANCHING(root, &dummy, num_isol);
      if (!new_isol)
            free_FSMP_SCHED(root);
      return(new_isol);
}
```

Abbildung 53: *FSMP*-Initialisierungs-Funktion

Ausführungs-, Job- oder Wartezeiten oder einer *First-Come-First-Serve*-Strategie. Das Minimum der dabei aufgetretenen Zeiten wird dann als obere Schranke definiert. Die initiale untere Schranke wird einfach durch einen Aufruf der Bounding-Funktion für die Wurzel des Lösungsbaums bestimmt.

Mit dieser Charakterisierung des Problems und der vorgestellten Implementierung der problemspezifischen Datentypen und Funktionen ist das *FSMP*-Problem vollständig spezifiziert. Weitere Lösungsvarianten können — wie in den vorangehenden Abschnitten dargestellt — auf einfache Weise hergestellt werden.

Diese Anwendung stammt nicht vom Entwickler des Werkzeugsystems selbst, sondern von einem Spezialisten auf dem Gebiet der Fließliniensysteme. Durch die Beschränkung auf die Entwicklung der beschriebenen problemspezifischen Komponenten ließ sich das Problem auf einer hohen Abstraktionsebene in der Terminologie dieses Anwendungsbereichs beschreiben.

Statt eine völlig neue parallele Lösung zu erzeugen, reichte die Implementierung weniger sequentieller Lösungskomponenten aus. Damit wurde der Aufwand für den Entwicklungsprozeß drastisch reduziert. Die Qualität der erzeugten parallelen Lösung ist dabei durch die Wiederverwendung der von Experten im Bereich des parallelen Branch-&-Bound entwickelten Module der Anwendungsbibliothek gewährleistet. Der Einsatz von *BBCONF* garantiert zudem die Konsistenz der so entwickelten Spezifikation.

5 *SOMPI*: Ein Werkzeugsystem für Paralleles Sortieren

Kapitel 4 hat die erfolgreiche Anwendung der in Kapitel 3 vorgestellten Vorgehensweise bei der Konstruktion von Werkzeugsystemen zur Entwicklung paralleler Programme am Beispiel „Paralleles Branch-&-Bound" demonstriert. Dieses Kapitel zeigt nun am Beispiel „Paralleles Sortieren", daß die Vorgehensweise auch für andere Anwendungsbereiche herangezogen werden kann. Die Grundlage für die in diesem Kapitel angestellten Überlegungen bildet der Prototyp eines Werkzeugsystems zur Entwicklung paralleler Sortierprogramme *SOMPI*.

Das Sortieren von Daten ist ein grundlegendes Problem in vielen Anwendungen, wie z. B. der Berechnung konvexer Hüllen, Datenbanken, statistischen Analysen und Problemstellungen aus der Bildverarbeitung. Optimale sequentielle Verfahren sind seit langem verfügbar. Auch parallel sind asymptotisch optimale Lösungen bekannt, die jedoch schwer zu implementieren sind. Insbesondere die Entwicklung massiv paralleler Lösungen stellt eine komplexe Aufgabe dar. Beim Entwurf eines parallelen Sortierprogramms spielen Aspekte wie das zugrundeliegende Programmiermodell, die Anzahl und Anordnung der Prozessoren, die Anzahl und Größe der Schlüssel sowie die gewünschte Plazierung der Ergebnisse eine Rolle. Für eine Beschreibung bekannter Verfahren und einen Literaturüberblick sei hier auf [Akl85, Lei92] bzw. [Ric86] verwiesen.

SOMPI unterstützt die Entwicklung paralleler Sortierprogramme auf der Basis von *MPI* [Hem94, DOSW96, GGHL+96]. Das Ziel dabei ist, die Sortierverfahren in einer Anwendungsbibliothek wiederverwendbar zur Verfügung zu stellen, so daß der Anwender sich auf die Beschreibung des Problems – d. h. im wesentlichen die Formulierung des Typs der zu sortierenden Daten und die Angabe der Sortierkriterien – konzentrieren kann. Die Parallelisierung bleibt ihm dabei völlig verborgen.

Neben den Modulen der Anwendungsbibliothek soll das Werkzeugsystem dem Anwender das Expertenwissen über die Auswahl des jeweils am besten geeigneten Algorithmus zur Verfügung stellen. Dazu muß das Verhalten der Verfahren bezüglich vorgegebener Kriterien bekannt sein. Die Komponenten der Anwendungsbibliothek sind so entworfen, daß sie die Auswertung des Einflusses der Kriterien auf das Laufzeitverhalten unterstützen. Beispiele für solche Kriterien sind z. B. die Anzahl der Prozessoren und der Schlüssel. *SOMPI* bietet so die Basis, um mit Hilfe von Laufzeituntersuchungen die benötigten Leistungsdaten zu beschaffen. Diese können dann als Grundlage für Entscheidungsprozesse innerhalb des Werkzeugsystems dienen, die abhängig von der gegebenen Problemstellung bestimmte Sortierverfahren automatisch auswählen. Dabei können verschie-

5.1 GRUNDLAGEN

dene Zielarchitekturen und Leistungsmodelle zugrundegelegt werden. So stellt das Werkzeugsystem dem Anwender das Expertenwissen darüber zur Verfügung, welche Lösung für sein Problem auf der jeweiligen Zielmaschine am effizientesten ist.

Im folgenden beschreibt Kapitel 5.1 zunächst die Grundlagen, auf denen das *SOMPI*-System aufbaut. Anschließend geht Kapitel 5.2 auf die Vorgehensweise bei der Entwicklung des Systems ein, indem es die anwendungsspezifische Software-Architektur, spezielle Aspekte des Herstellungsprozesses und die Anwendungsbibliothek kurz vorstellt. Insbesondere geht Kapitel 5.2.3 dabei auf die automatische Algorithmenauswahl ein. Kapitel 5.3 gibt schließlich einen Ausblick auf weitere Entwicklungen in diesem Zusammenhang.

5.1 Grundlagen

Dieses Kapitel beschreibt die Grundlagen, auf denen die Implementierung von *SOMPI*, insbesondere der Algorithmenschemata für das Sortieren und die automatische Auswahl des Sortierverfahrens beruht.

Die Entwicklung von *SOMPI* geht auf eine Arbeit zur Untersuchung des Laufzeitverhaltens verschiedener Sortierverfahren zurück, deren Ergebnisse im folgenden kurz vorgestellt werden. Im Rahmen dieser Arbeit wurden die Verfahren *Bitonic Sort*, *Odd-Even Merge Sort* (in zwei Varianten), *Column Sort*, *Periodic Balanced Sort* und zwei Varianten von *Sample Sort* implementiert [WW96] und anhand des *MLF* Modells [Wac95] bewertet, wobei die Anzahl der Prozessoren und der zu sortierenden Schlüssel als Kriterien für die Laufzeitmessung dienten.

Die Implementierung der Algorithmen erfolgte dabei in der Programmiersprache *Occam-Light* [WW94] für das Transputernetz *SC-320*, das als *Wrapped Butterfly* konfiguriert wurde. *Occam-Light* ist eine Erweiterung der Programmiersprache *Occam* um globale Variablen, Synchronisation und einfache Routing-Operationen. Die Sprache erlaubt so eine PRAM-ähnliche Programmierung von Algorithmen. Der Nachteil dieser Implementierung ist, daß die Programmiersprache *Occam-Light* wenig verbreitet ist und Implementierungen damit nur eingeschränkt wiederverwendbar sind.

Die Implementierung der einzelnen Sortierverfahren baut auf Bibliotheksfunktionen für primitive Basisdienste auf. Fast alle genannten Algorithmen basieren auf Sortiernetzwerken. Dabei werden die zu sortierenden Werte Leitungen zugeordnet, die über Komparatoren miteinander verbunden sind. Ein Komparator führt in jedem Schritt eine *Compare-&-Exchange*-Operation aus, die die dazugehörigen Schlüssel vergleicht und das Maximum und das Minimum jeweils auf eine der beiden Leitungen zurückschreibt. Diese Verfahren gehen davon aus, daß jede Leitung einem Prozessor entspricht. Da die Anzahl der Schlüssel jedoch im allgemeinen größer ist als die Anzahl der Prozessoren, wird die *Compare-&-Exchange*-Operation hier zu einer *Split-&-Merge*-Operation verallgemeinert, bei der statt einzelner Elemente ganze Mengen miteinander vertauscht werden. Dazu werden zwei Teilfolgen miteinander verglichen und die Hälfte mit den kleineren Schlüsseln dem Prozessor zugeteilt, der das Minimum erhält, die mit den größeren Schlüsseln dem anderen.

Ein weiterer benötigter Basisdienst ist das lokale Sortieren auf einem Prozessor, da die Algorithmen Phasen durchlaufen, in denen die Schlüssel lokal sortiert werden müssen, z. B. bei der Initialisierung.

Weitere Basisdienste dienen zur Nachbarschaftskommunikation, Synchronisation und Zugriff auf globale Variablen. Diese werden hier direkt von der Sprache *Occam-Light* zur Verfügung gestellt. Alle Basisoperationen sind in die Anwendungsbibliothek von *SOMPI* integriert.

Das Ergebnis der Laufzeituntersuchung wird in Abbildung 54 (aus [WW96]) dargestellt. Die Grafik zeigt, welcher Algorithmus bei gegebener Anzahl von Prozessoren und Schlüsseln am effizientesten ist. Demnach liefert bei wenig zu sortierenden Daten das Original *Odd-Even Merge Sort* die besten Ergebnisse, während bei mittelgroßen Schlüsselzahlen Rüb's Variante am besten geeignet ist. Für große Schlüsselzahlen eignet sich *Sample Sort* am besten, was auch durch Untersuchungen auf der *CM-2* [BLM$^+$91] und auf dem *GC-el 1024* [DGL$^+$94] bestätigt wird. Das Ergebnis kann dazu benutzt werden, um abhängig von diesen Parametern eine Empfehlung für den jeweils günstigsten Algorithmus zu geben.

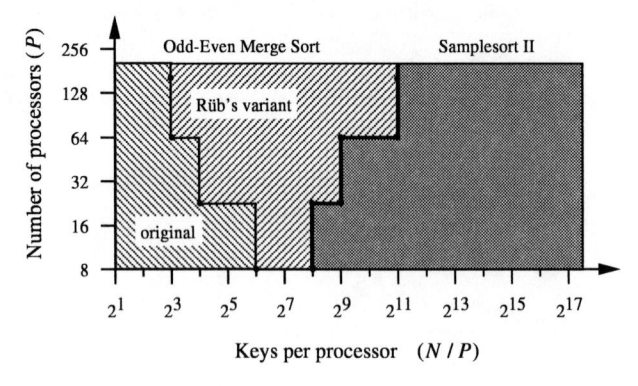

Abbildung 54: Einstufung von Sortieralgorithmen

5.1 GRUNDLAGEN

Als Konsequenz aus diesen Erkenntnissen ist das Werkzeugsystem *SOMPI* mit einem Auswahlmechanismus versehen, der dieses Expertenwissen verfügbar macht, indem er abhängig von der aktuellen Situation automatisch das jeweils beste Sortierverfahren aus der Anwendungsbibliothek auswählt. Dazu wurden die vorgestellten Algorithmen in *MPI* implementiert und die dazugehörigen Algorithmenschemata in die Anwendungsbibliothek integriert.

Bei der Entwicklung der Komponenten von *SOMPI* flossen auch die im Rahmen einer Diplomarbeit erzielten Ergebnisse aus der Implementierung und Analyse paralleler Sortieralgorithmen auf einer *MasPar MP-1* ein [Bro95]. Dort wurden auf Sortiernetzwerken basierende Gitteralgorithmen implementiert.

Die dort vorgestellten Verfahren sind deterministisch, d. h. die Kommunikationsstruktur hängt nicht von der Eingabe ab. Sie sind ebenfalls mit Hilfe der *Split-&-Merge*-Operation implementiert, wobei verschiedene Varianten zur Verfügung stehen, die unterschiedlich gut auf Speicherengpässe reagieren. Falls die zu den Schlüsseln gehörigen Daten sehr groß sind, kann dabei eine Datenstruktur angelegt werden, die den Schlüsseln statt der Daten einen Verweis auf eine Speicherstelle zuordnet, die die eigentlichen Daten enthält. In diesem Fall ist nach dem Sortieren ein zusätzlicher Routing-Schritt nötig, der die Daten zu den Schlüsseln transportiert.

Bei allen Algorithmen wurde immer das gesamte Prozessornetz benutzt, so daß als Kriterium für die Laufzeitanalyse nur die Anzahl der Schlüssel herangezogen wurde. Als Ergebnis stellte sich heraus, daß für kleine Schlüsselzahlen *Bitonic Merge Sort* am besten geeignet ist. Dieses Ergebnis wurde auch bei Messungen auf der *CM-2* erzielt [BLM+91]. Für mittlere Schlüsselzahlen liefert *Odd-Even Merge Sort* und für große Schlüsselzahlen *Bitonic Shear Sort* die besten Ergebnisse, während die Laufzeit von verschiedenen *Grid Sort*-Varianten unbefriedigend ist. Die Fortführung dieser Arbeiten hat gezeigt, daß *Odd-Even Merge Sort* und *Fast Sort* bei hohen Schlüsselzahlen auch gegenüber trickreichen Implementierungen von *Bitonic Sort* zu bevorzugen sind [BW96]. Es ist zu erwarten, daß auch randomisierte Verfahren wie *Sample Sort* für große Schlüsselmengen gute Ergebnisse liefern. Da diese zwischenzeitlich einen hohen Speicheraufwand auf einzelnen Prozessoren benötigen, sind sie jedoch auf einer *MasPar MP-1* nicht ohne weiteres realisierbar.

Ein weiteres Ziel der Diplomarbeit war die Einbindung der Algorithmen in eine Anwendungsbibliothek. Dazu wurden die Sortierfunktionen einerseits in einer Funktionsbibliothek integriert. Andererseits entstanden generisch instanziierbare Module, die mit dem Schlüsseltyp parametrisierbar sind, wobei jedoch nur Basistypen zugelassen sind. Die Behandlung der dazugehörigen Daten sowie Ein-/Ausgabe wurde nicht untersucht. Das Hauptprogramm ist mit dem Namen des gewünschten Algorithmus instanziierbar.

Die Ergebnisse der beiden vorgestellten Untersuchungen können als erste grundlegende Daten für die automatische Auswahl von Algorithmen in *SOMPI* eingesetzt werden. Die Auswirkungen weiterer Parameter auf die Auswahl eines Algorithmus, wie z. B. die Größe der Daten, müssen noch ermittelt werden. *SOMPI* bietet dazu die Möglichkeit, entsprechende Laufzeitmessungen durchzuführen. Die Ergebnisse können dann in komplexe mehrdimensionale Auswahlmechanismen eingebunden werden (Kapitel 5.2.3).

Die mit Hilfe von *MPI* implementierten Module der Anwendungsbibliothek sind an die Lösungen aus [WW96] angelehnt. Ihre Schnittstellen und die anwendungsspezifische Software-Architektur sind jedoch allgemein wiederverwendbar, so daß sie auch für die *MasPar MP-1*-Implementierungen aus [Bro95] anwendbar sind.

5.2 Vorgehensweise

Dieses Kapitel beschreibt die Vorgehensweise bei der Entwicklung eines Werkzeugsystems zur Implementierung paralleler Sortierprogramme entsprechend der in Kapitel 3 gezeigten Methoden. Es orientiert sich dabei am Prototyp *SOMPI*.

Ein Ziel von *SOMPI* ist es, die Untersuchung weiterer Parameter für die automatische Algorithmenauswahl zu unterstützen. Insbesondere ist die Wahl des besten Algorithmus abhängig von der zugrundeliegenden Zielarchitektur. Die in [WW96] vorgestellten Algorithmen (s. Kapitel 5.1) sind in *Occam-Light* implementiert und ihr Einsatz ist auf den *SC-320* beschränkt. Um sie auf weiteren Plattformen ausführen zu können, wurden sie auf Basis von *MPI* [GGHL+96] implementiert und in die Anwendungsbibliothek von *SOMPI* integriert.

Die Struktur von *SOMPI* entspricht dem in Kapitel 3.2.1 vorgestellten Schichtenmodell, das auch dem Werkzeugsystem *BBSYS* zugrundeliegt. Die unterste Schicht von *SOMPI* unterstützt neben den Zielarchitekturen von *BBSYS* zusätzlich noch Workstation-Cluster und *MPI*, das Operationen wie Punkt-zu-Punkt- und Gruppen-Kommunikation, Kommunikationsbereiche, Prozeßgruppen und Topologiedefinitionen zur Verfügung stellt. Dazu wurden *Odin*-Pakete implementiert, die die dazugehörigen Übersetzungswerkzeuge und Zugangsmechanismen enthalten. Durch den einheitlichen Zugang für alle integrierten Plattformen wird eine homogene Entwicklungsumgebung zur Verfügung gestellt, so daß der Anwender von der Zielarchitektur abstrahieren kann.

Die zweite Schicht umfaßt zum Sortieren benötigte Basisdienste wie Routing und Synchronisation. Diese können von Anwendern mit Kenntnissen in der parallelen Programmierung benutzt werden, sind aber für Anwender der dritten Schicht transparent.

5.2 VORGEHENSWEISE

Die dritte Schicht repräsentiert die Ergebnisse der Bereichsanalyse des Anwendungsbereichs „Paralleles Sortieren" die im wesentlichen auf der Untersuchung der in Kapitel 5.1 vorgestellten Lösungen beruht. Aufbauend auf der daraus gewonnenen anwendungsspezifischen Software-Architektur für diesen Bereich enthält sie die Anwendungsbibliothek mit wiederverwendbaren Lösungen für parallele Sortierverfahren. Dazu wurden die beschriebenen Algorithmen als generisch instanziierbare Module mit Einstiegspunkten auf Basis von *MPI* implementiert. Der Benutzer kann die Module durch die Klassifizierung mit generischen Parametern und die Ergänzung sequentieller Programmteile auf sein Problem spezialisieren.

Zusätzlich wurde der Herstellungsprozeß um einen Mechanismus zur automatischen Auswahl von Sortieralgorithmen anhand gegebener Parameter erweitert. Außerdem wurden die Module der Anwendungsbibliothek so instrumentiert, daß sie die Beschaffung von Leistungsdaten abhängig von vom Anwender vorgegebenen Parametern erlauben. Dadurch kann neben der Problemgröße und der Anzahl der Prozessoren – wie in [WW96] – der Einfluß weiterer Parameter, wie z. B. der Zielarchitektur oder der Schlüsselgröße, auf die verschiedenen Sortieralgorithmen untersucht werden. Das daraus resultierende Expertenwissen über die Auswirkungen bestimmter Kriterien auf parallele Sortierverfahren kann in eine Wissensbasis integriert werden, die dann zur automatischen Auswahl des unter den jeweils gegebenen Voraussetzungen effizientesten Algorithmus herangezogen wird. Ähnliches gilt für die automatische Auswahl einer günstigen Topologie in Abhängigkeit von den gegebenen Umständen.

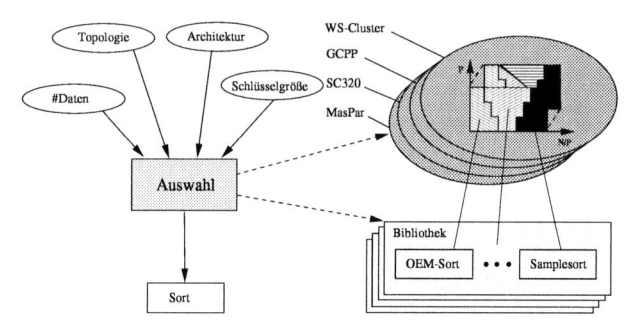

Abbildung 55: Auswahl eines Sortieralgorithmus

Abbildung 55 zeigt, wie automatisch ein Sortierverfahren ausgewählt wird. Für jede Zielarchitektur liegen die Ergebnisse der Laufzeituntersuchungen, ähnlich wie in Abbildung 54, in Form einer Einstufung der Algorithmen vor, wobei die Parameter mehrere Dimensionen aufspannen können. Die Anwendungsbibliothek enthält generisch instanziierbare Module für unterschiedliche Zielarchitekturen.

180   5. WERKZEUGSYSTEM SOMPI

Das Auswahl-Werkzeug bestimmt dann anhand der Parameter und der Einstufung für die gewünschte Zielmaschine das dazugehörige Modul aus der Anwendungsbibliothek und gibt es als Ergebnis zurück.

Im folgenden geht Kapitel 5.2.1 auf die Bereichsanalyse ein. Danach stellt Kapitel 5.2.2 die daraus resultierende anwendungsspezifische Software-Architektur vor. Kapitel 5.2.3 geht auf Aspekte des Herstellungsprozesses wie die automatische Algorithmenauswahl ein. Schließlich beschreibt Kapitel 5.2.4 die Entwicklung der Bibliotheksmodule.

5.2.1   Bereichsanalyse

Wie bereits in den vorangehenden Abschnitten erwähnt, ist das Sortieren eines der theoretisch am meisten untersuchten Probleme im Bereich der Parallelität. Es existieren viele, auch approximativ optimale, Algorithmen für unterschiedliche Parallelitätsmodelle. Ziel des Werkzeugsystems für Paralleles Sortieren ist es, diese Algorithmen auch Nicht-Experten dieses Bereichs zugänglich zu machen. Dazu wurde eine Bereichsanalyse für den Anwendungsbereich „Paralleles Sortieren" durchgeführt, die im folgenden zusammengefaßt wird.

Die Bereichsanalyse gründet sich auf die Untersuchung der in Kapitel 5.1 vorgestellten parallelen Lösungen, der dort getroffenen Entwurfsentscheidungen sowie der dabei erzielten Ergebnisse, auf Gemeinsamkeiten und Unterschiede. Eine weitere Grundlage für die Analyse bildet die damit im Zusammenhang stehende Literatur [Akl85, Lei92, CM88, CMDS93, NA96]. Als Ergebnis entstand eine allgemein wiederverwendbare Software-Architektur für parallele Sortierprogramme und eine Anwendungsbibliothek mit wiederverwendbaren Modulen, die mit den gefundenen Klassifizierungsparametern generisch instanziierbar sind.

Die Bereichsanalyse hat außerdem gezeigt, daß die Wahl des effizientesten Sortierverfahrens von Faktoren wie Schlüssel- und Prozessoranzahl abhängig ist. Aus diesem Grund ist ein Mechanismus in den Herstellungsprozeß integriert, der abhängig von diesem Expertenwissen, den Benutzerangaben und den Eigenschaften der Zielarchitektur das jeweils beste Sortierverfahren automatisch auswählt.

Durch die Untersuchung von Lösungen für verschiedene Implementierungsplattformen – *Occam-Light* auf dem *SC-320*, *MPL* auf der *MasPar MP-1* und *MPI* auf Workstation-Clustern und Transputernetzen – sind die Ergebnisse von der zugrundeliegenden Implementierungsplattform abstrahiert. Die Ergebnisse der Bereichsanalyse werden in den folgenden Abschnitten beschrieben.

5.2.2 Software-Architektur

Die in diesem Abschnitt vorgestellte wiederverwendbare Software-Architektur für parallele Sortierprogramme ist ein Ergebnis der Bereichsanalyse. Sie stellt eine verallgemeinerte Lösung für die dort untersuchten Programme dar. Abbildung 56 zeigt eine vereinfachte Darstellung der Software-Architektur. Dabei beschreiben die Kästen Module und die Kanten die Beziehungen zwischen den Modulen. Der obere Teil bezieht sich auf die vom Anwender bereitzustellenden Lösungskomponenten, während der untere Teil die Module der Anwendungsbibliothek zeigt (vgl. Abbildung 31). Die Module sind mit Einstiegspunkten versehen, die in Kapitel 5.2.4 vorgestellt werden. Die Trennung zwischen allgemeinen Lösungskomponenten und den problemspezifischen Angaben des Benutzers ermöglicht die Wiederverwendung der Module der Anwendungsbibliothek. Die Parallelisierung wird von den Bibliotheksmodulen geleistet, so daß sich der Anwender auf die Formulierung sequentieller Programmteile beschränken kann. Im folgenden werden die Aufgaben der einzelnen Module kurz vorgestellt, um ihre Rolle in der Software-Architektur zu demonstrieren und die möglichen Varianten aufzuzeigen.

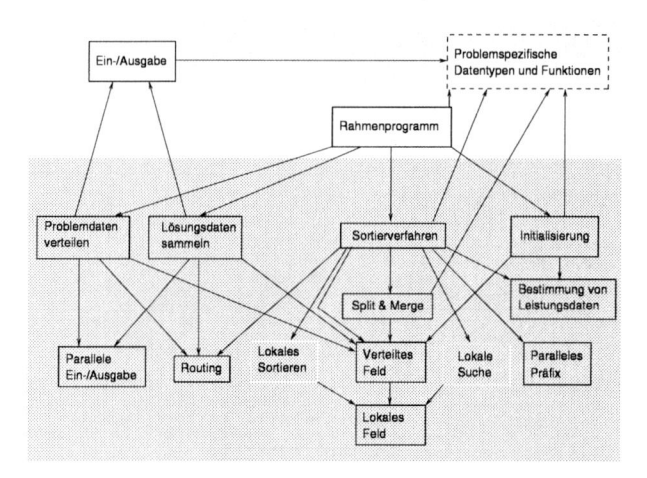

Abbildung 56: Software-Architektur für paralleles Sortieren

Das Modul **Sortierverfahren** leistet das eigentliche Sortieren der im verteilten Eingabefeld gespeicherten Daten, indem es den automatisch ausgewählten parallelen Sortieralgorithmus ausführt. Dazu führt jeder Prozessor einen Sortierprozeß aus. Die Berechnung findet in synchronisierten Phasen statt, in denen je nach Sortierverfahren jeweils zwei Prozessoren ihre Daten aufteilen und mischen (**Split-&-Merge**) oder sich lokale Sortierphasen mit Verteilungsphasen abwechseln. Das

182   5. WERKZEUGSYSTEM SOMPI

Ergebnis wird in einem zusätzlichen Ausgabefeld oder im Eingabefeld (*in-place*-Sortieren) gespeichert. Der Algorithmus ordnet die Elemente gemäß der vom Anwender definierten Vergleichsfunktion an. Falls das Sortierverfahren statisch nicht ermittelt werden kann, wird eine Default-Lösung gewählt, die für große Schlüsselzahlen am besten geeignet ist. Das Modul kann aber auch so instanziiert werden, daß dynamisch ein Sortierverfahren ausgewählt wird. Dazu können dann auch Informationen herangezogen werden, die erst während der Laufzeit ermittelt werden können, wie z. B. die exakte Anzahl der zu sortierenden Schlüssel. Dieser Aspekt wird ausführlicher in Kapitel 5.2.3 behandelt.

Die grundlegende Datenstruktur, auf der alle Verfahren arbeiten, ist das **verteilte Feld** der zu sortierenden Daten. Jedes Datum ist dabei eindeutig durch den Prozessor, auf dem es gespeichert wird, und die dazugehörige Position im lokalen Feld repräsentiert. Die Daten werden möglichst gleichmäßig auf die Prozessoren verteilt, wobei das Verteilungsmuster abhängig vom gewählten Sortierverfahren z. B. linear in der Numerierung der Prozessoren oder *snake-like* sein kann. Wenn kein *in-place*-Sortierverfahren ausgewählt wurde, wird zusätzlich zum Eingabefeld eine Instanz für die Ausgabedaten erzeugt.

Die Basisroutinen, die zum Sortieren benötigt werden, sind **Split-&-Merge, Lokales Sortieren, Lokale Suche** und **Parallele Präfix-Berechnung**.

Die **Split-&-Merge**-Operation teilt parallel die Schlüssel zweier Prozessoren so auf, daß der Prozessor mit der kleineren Nummer die Hälfte mit den kleineren und der andere die Hälfte mit den größeren Schlüsseln erhält. Je nach den Leistungsmerkmalen der zugrundeliegenden Zielarchitektur können dabei verschiedene Varianten eingesetzt werden. So können die Schlüssel einzeln oder im Block übertragen werden, und Verfahren mit unterschiedlichem Speicherverbrauch eingesetzt werden.

Lokales Sortieren wird u. a. zum Vorsortieren des lokalen Felds bei den auf Sortiernetzwerken basierenden Verfahren und zum Sortieren der Samples sowie zum abschließenden Sortieren der lokalen Schlüssel bei *Sample Sort* benötigt. *Sample Sort* führt außerdem eine **Lokale Suche** durch, um die Schlüssel in Buckets einzuteilen. Für diese beiden Operationen stehen Standardlösungen zur Verfügung, sie können jedoch auch vom Anwender durch effizientere Lösungen ersetzt werden. Außerdem führt jeder Prozessor eine **Parallele-Präfix**-Berechnung auf den Bucket-Größen aus, um die Positionen im lokalen Feld zu bestimmen, an die die anderen Prozessoren ihre Daten schicken können.

Die Module **Problemdaten verteilen** und **Lösungsdaten sammeln** sind für das Einlesen und die Verteilung der Eingabedaten sowie das Aufsammeln und die Ausgabe der Lösungsdaten verantwortlich. Sie greifen dazu auf die benutzerdefinierten sequentiellen Funktionen zum Einlesen und zur Ausgabe von Datenelementen zu.

5.2 VORGEHENSWEISE

Dabei sorgen sie für eine ausgeglichene Verteilung der Daten auf das Prozessorfeld. Die Implementierung der Module ist abhängig von der Zielarchitektur. Während bei der *MasPar MP-1* erst das gesamte Eingabefeld auf dem Frontend-Rechner eingelesen und dann mittels speziell dafür vorgesehener Funktionen auf das Prozessorfeld verteilt werden kann, müssen bei Transputernetzen die Elemente blockweise von einem ausgezeichneten Wurzel-Prozessor eingelesen und mit Hilfe des Routers an die Zielprozessoren verteilt werden. Das Verhalten für die Ausgabe der sortierten Daten ist dementsprechend umgekehrt. Falls die Eingabedaten schon vorliegen oder die Ausgabedaten noch weiter verarbeitet werden sollen, führen diese Module eine Verteilung der Daten nach einem vom Anwender vorgegebenen Verteilungsmuster durch.

Durch entsprechende Instanziierung können auch Zufallszahlen gemäß der *NAS*-Benchmark [BBLS91] als Eingabedaten erzeugt werden. Dies ist insbesondere für die Bestimmung von Leistungsdaten sinnvoll, um entsprechende Meßreihen durchführen zu können. Der Elementtyp ist dabei auf Basisdatentypen beschränkt.

Die Verteilung der Daten geschieht mit Hilfe des **Routing**-Moduls. Dieses Modul wird außerdem für spezielle Sortiervarianten benötigt, die bei großen Datenelementen eingesetzt werden können. In diesem Fall werden die Datenelemente nicht mit den Schlüsseln zusammen verteilt. Stattdessen wird mit jedem Schlüssel eine Routing-Information assoziiert, die auf die Speicherstelle für die Daten verweist und zu Beginn der Berechnung bestimmt wird. Am Ende werden dann in einer Routing-Phase mit Hilfe dieser Information die Daten wieder den Schlüsseln zugeordnet. Routing wird außerdem bei *Sample Sort* zum Sammeln der Samples und zur Verteilung der Splitter und der Buckets benötigt.

Die **Bestimmung von Leistungdaten** ermöglicht die Durchführung von Messungen nach vom Anwender vorgegebenen Parametern, die sich über mehrere Dimensionen erstrecken können. Dabei können verschiedene Zielarchitekturen und Leistungsmodelle zugrunde gelegt werden. Die Ergebnisse der Messungen liefern Kriterien für die automatische Auswahl von Sortieralgorithmen. So kann das dabei ermittelte Expertenwissen für zukünftige Anwendungen des Werkzeugsystems wieder zur Verfügung gestellt werden.

Das **Rahmenprogramm** stößt schließlich nach der Initialisierung zunächst die Verteilung der Eingabedaten an. Dann ruft es das Unterprogramm zum Sortieren auf, das dann das automatisch ausgewählte Sortierverfahren ausführt. Schließlich kann es noch das sortierte Feld und die Leistungsdaten ausgeben lassen.

Falls die Eingabedaten vorher erst berechnet werden sollen, kann ein Verteilungsmuster für die Daten definiert werden. Das Sortiermodul kann die Daten dann geeignet verteilen. Ebenso kann die gewünschte Verteilung der Ausgabedaten angeben werden, falls das Feld nach dem Sortieren noch weiter verarbeitet werden soll. In beiden Fällen werden entsprechende Routing-Schritte ausgeführt.

Die anwendungsspezifische Software-Architektur ist zur parallelen Lösung beliebiger Sortierprobleme wiederverwendbar. Der Anwender hat die Möglichkeit, die allgemein wiederverwendbaren Module der Anwendungsbibliothek durch die Definition der problemspezifischen Datentypen und Funktionen an den Einstiegspunkten zu spezialisieren. Alle benötigten Module können durch einen einzigen Instanziierungsschritt erzeugt werden Er konstruiert die benötigten Varianten, indem er die generischen Parameter an die Herstellungsschritte für die beteiligten Module weitergibt.

5.2.3 Herstellungsprozeß

Dieses Kapitel beschreibt die Besonderheiten des Herstellungsprozesses, die über die bereits vorgestellten Methoden hinausgehen. Dies sind insbesondere die statische automatische Auswahl eines Sortierverfahrens und einer Topologie, die auf den problemspezifischen Angaben des Anwenders und den Ergebnissen der Leistungsmessung basieren (Abbildung 55).

Die in Kapitel 5.1 vorgestellten Laufzeituntersuchungen zeigen, daß die Wahl des günstigsten Algorithmus von der Zielarchitektur, der Anzahl der an der Rechnung beteiligten Prozessoren und der zu sortierenden Schlüssel abhängt. Die Effizienz von dem dort nicht untersuchten *Radix Sort* hängt zusätzlich von der Repräsentation der Schlüssel ab [BLM+91]. Inwieweit andere Parameter – wie z. B. die Größe der Daten oder der Aufwand der Vergleichsoperation – Auswirkungen auf die Auswahl eines Algorithmus haben können, muß noch weiter untersucht werden. Dazu unterstützt das Werkzeugsystem die Durchführung von Laufzeitmessungen.

Das Ziel der automatischen Auswahl ist es, das Expertenwissen über das Verhalten der in der Anwendungsbibliothek integrierten Sortierverfahren dem Anwender zur Verfügung zu stellen. Je genauer der Anwender sein Problem bezüglich der für die Effizienz relevanten Parameter charakterisieren kann, desto präziser kann das Werkzeugsystem den besten Algorithmus auswählen. Die Auswahl kann jedoch auch auf die Ausführungszeit des erzeugten Programms verschoben werden. Falls der Anwender z. B. nicht in der Lage ist, statisch eine grobe Abschätzung für die Anzahl der zu sortierenden Daten zu geben, wird eine Lösungsvariante erzeugt, die zur Ausführungszeit des Programms nach dem Einlesen der Problemdaten aus einer Menge von instanziierten Sortierverfahren das richtige auswählt. Die Spezifikation des Anwenders bleibt dabei unverändert, unabhängig davon, ob der Algorithmus statisch oder dynamisch ausgewählt wird. Der wesentliche Nachteil

5.2 VORGEHENSWEISE

der dynamischen Auswahl liegt in dem zusätzlich verbrauchten Speicherplatz für den Code der Sortierprozeduren und der zusätzlichen Laufzeit für die Auswahl.

Um die automatische Auswahl zu ermöglichen, erstellt der Entwickler des Werkzeugsystems ein Auswahlskript, das das Expertenwissen über das Verhalten der Sortierverfahren kapselt. Dieses Skript ermittelt anhand der bisher gewonnen Laufzeitergebnisse unter Berücksichtigung der von *Odin* bereitgestellten Parameter den jeweils günstigsten Algorithmus. Als Ergebnis liefert es einen Verweis auf das zu dem Modul gehörige Instanziierungsskript (s. Kapitel 3). Dieses wird dann mit den vom Anwender angegebenen generischen Parametern instanziiert. So wird die Auswahl des Algorithmus von der Instanziierung der Module getrennt. Dabei werden immer nur die für den jeweiligen Herstellungsschritt notwendigen Parameter an das dazugehörige Werkzeug übergeben.

Die Integration dieses Auswahlschritts in den Herstellungsprozeß ist vergleichbar mit der in Kapitel 3 vorgestellten Modul-Instanziierung. Sie ist unterteilt in einen allgemein wiederverwendbaren Auswahlschritt, der in *Odin* implementiert ist, und das anwendungsspezifische Auswahlskript, das von dem *Odin*-Auswahlwerkzeug mit den richtigen Parametern angestoßen wird. Der Anwender kann dann in seiner Spezifikation auf das Auswahlskript direkt den Instanziierungsschritt anwenden, wodurch die Auswahl und die Instanziierung des Moduls für das am besten geeignete Sortierverfahren angestoßen wird.

Der Anwender kann den auszuwählenden Algorithmus auch direkt als Parameter des Instanziierungsschritts angeben und damit das Modul für den angegebenen Algorithmus selbst auswählen. Dies ist insbesondere notwendig, um Daten für die Laufzeitanalyse der verschiedenen Verfahren zu beschaffen.

Falls die Topologie nicht vom Algorithmus fest vorgeschrieben oder vom Anwender vorgegeben ist, kann das Werkzeugsystem auch automatisch eine Topologie auswählen. So ist es z. B. bei Gitter-basierten Verfahren im allgemeinen immer möglich, die Dimensionen des Gitters zu variieren. Neben der Zielarchitektur geht dabei die Anzahl der zu sortierenden Schlüssel als Parameter in die Auswahl der Topologie ein. Das Ziel liegt darin, ein auf die Dimension des Problems zugeschnittenes Teilgitter des Parallelrechners zu allokieren. Dabei sind Randbedingungen wie die Ausnutzung von *Wrap-Around*-Kanten durch den Algorithmus zu beachten.

Der Herstellungsschritt für die Auswahl der Topologie entspricht im wesentlichen der bereits vorgestellten Auswahl eines Algorithmus. Aufgrund der engen Verbindung zwischen Algorithmen- und Topologieauswahl wäre es auch möglich, die beiden Vorgänge in einem Schritt zusammenzufassen.

Als neue Implementierungsplattform kommen in *SOMPI* im Vergleich zu *BB-SYS* Workstation-Cluster hinzu, die mit Hilfe der *MPI*-Bibliotheksfunktionen miteinander kommunizieren. Dazu wurde ein *Odin*-Paket für die dazugehörigen maschinennahen Schritte wie Übersetzung sowie Cluster-Erzeugung und -Zugang implementiert.

5.2.4 Anwendungsbibliothek

Dieses Kapitel beschreibt die wichtigsten Einstiegspunkte und generischen Parameter, die in der Bereichsanalyse gefunden wurden, und wie diese in die Module der Anwendungsbibliothek einfließen. Es verdeutlicht, wie der Anwender die Module auf sein Problem spezialisieren kann.

5.2.4.1 Algorithmenschemata Die Modulbibliothek stellt für jedes der unterstützten parallelen Lösungsverfahren für Sortierprobleme ein generisch instanziierbares Algorithmenschema zur Verfügung. Die Einstiegspunkte und generischen Parameter sind für alle Sortierverfahren analog. Das Werkzeugsystem stellt durch Instanziierung des ausgewählten Algorithmenschemas mit den vom Anwender definierten generischen Parametern eine Implementierung des Moduls **Sortierverfahren** her.

Abbildung 57 zeigt beispielhaft das Algorithmenschema für *Periodic Balanced Sort*. Das Verfahren funktioniert so, daß nach dem Sortieren des lokalen Felds die Prozessoren wiederholt eine Folge von *Split-&-Merge*-Operationen ausführen, bis das verteilte Feld sortiert ist. Dabei synchronisieren sich die Prozessoren nach jeder parallelen Austauschoperation.

5.2.4.2 Einstiegspunkte Im folgenden werden die wichtigsten problemspezifischen Datentypen und Funktionen beschrieben, die der Anwender zur Vervollständigung des parallelen Sortierprogramms angibt.

Die Struktur der zu sortierenden Datensätze ist problemspezifisch und wird daher vom Anwender in dem Datentyp **SORT_DATA_TYPE** definiert. Jeder Datensatz enthält eine Schlüsselkomponente vom Typ **SORT_KEY_TYPE**, die als Sortierkriterium dient, und auf die die Module der Anwendungsbibliothek über die benutzerdefinierte Funktion **SORT_DATA_GET_KEY** zugreifen können.

Die Module der Anwendungsbibliothek führen auf den Datensätzen außer der Zugriffsfunktion auf den Schlüssel und dem Kopieren eines Datensatzes keine weiteren Operationen aus, da die interne Struktur eines Datensatzes für die Sortierung irrelevant ist. Ein wichtiges Kriterium für die Lösung ist die Größe der

5.2 VORGEHENSWEISE

```
FUNCTION VOID PERIODIC_BALANCED_SORT
        (SORT_DATA_TYPE *keys, INT num_keys)
// Implementierung von Periodic Balanced Sort
SORT_DATA_TYPE *partnerdata = AllocData(num_keys);
// Gemeinsamer Start
BARRIER();
// Lokales Vorsortieren
SORT_LOCAL(keys, num_keys);
BARRIER();
// Paralleles Sortieren in Runden
rounds = CALC_ROUNDS();
WHILE NOT SORTED() DO
  FOR j=rounds DOWNTO 1 DO
    partner = CALC_PARTNER(j);
    BARRIER();
    SPLIT_AND_MERGE(partner, partnerdata, keys, num_keys);
  ENDFOR
ENDWHILE
BARRIER();
END SORT
```

Abbildung 57: Algorithmen-Schema für *Periodic Balanced Sort*

Datensätze. Falls die Daten im Vergleich zu den Schlüsseln sehr groß werden, kann eine Lösungsvariante erzeugt werden, die beim Sortieren nicht die vollständigen Daten miteinander austauscht, sondern nur eine Information, wo die Daten im verteilten Speicher zu finden sind. Dazu wird intern ein Datentyp definiert, der jedem Schlüssel eine Routing-Information zuordnet, die die Lage der zugehörigen Daten beschreibt. Diese Routing-Information wird dann während des Sortierens zusammen mit dem Schlüssel verteilt. Danach werden die Daten durch einen abschließenden Routing-Schritt an ihre Zielpositionen transportiert. Der Vorteil dieser Lösung liegt darin, daß während des Sortierens weniger Daten kommuniziert werden müssen, so daß besonders auf Architekturen mit hohen Kommunikationskosten ein Effizienzgewinn zu erwarten ist. Dieser Gewinn wird allerdings durch die Aufbereitung der Routing-Information und das abschließende Routing teilweise wieder eingebüßt. Außerdem wird durch die Routing-Information zusätzlicher Speicher belegt.

Falls ein Datensatz nur aus dem Schlüssel besteht, ist es ausreichend, den Datentyp SORT_DATA_TYPE zu definieren. Dies ist insbesondere für die Ermittlung von Leistungsdaten interessant, sofern nicht die Auswirkung der Datengröße untersucht werden soll.

188   5. WERKZEUGSYSTEM SOMPI

Die problemspezifische Funktion **SORT_COMPARE**, die zwei Schlüssel bezüglich des Sortierkriteriums miteinander vergleicht, definiert die Ordnung der Schlüssel. Diese Funktion wird beim *Split-&-Merge*, dem lokalen Sortieren und der lokalen Suche benötigt.

Um die Ein- und Ausgabe zu realisieren, implementiert der Anwender die Eingabefunktion **SORT_READ_DATA** und die Ausgabefunktion **SORT_WRITE_DATA**, um jeweils einen Datensatz einzulesen bzw. auszugeben. Aus Effizienzgründen können außerdem Funktionen für die Ein-/Ausgabe ganzer Blöcke eingesetzt werden.

Das lokale Sortieren und die lokale Suche sind rein sequentiell. Daher können die vom Werkzeugsystem vorgegebenen Standardlösungen auch vom Anwender durch effiziente problemspezifische Lösungen ersetzt werden. Außerdem kann der Anwender optional jeweils eine sequentielle Funktion zur Vor- und Nachbearbeitung implementieren, die vor bzw. nach dem Sortieren eine Operation auf jedem lokalen Feld ausführt.

5.2.4.3 Generische Parameter

Der Anwender kann durch die Instanziierung mit generischen Parametern sein Problem charakterisieren und spezielle Lösungsvarianten erzeugen.

Die Namen der problemspezifischen Datentypen für die Schlüssel und die Datensätze können bei der Instanziierung definiert werden. Für Basisdatentypen sind dabei soweit möglich auch Standardimplementierungen für die dazugehörigen problemspezifischen Funktionen vorgegeben, so daß der Anwender auf deren Implementierung verzichten kann.

Auch für die problemspezifischen Funktionen können vorgegebene Varianten wie z. B. **LESS** oder **GREATER** ausgewählt werden. Dies hat den Vorteil, daß bei der Instanziierung statt einer Funktion direkt eine Vergleichsoperation der Implementierungssprache eingesetzt werden kann.

Ein weiterer generischer Parameter gibt an, ob die Datentypen für den Schlüssel und die Daten identisch sind. In dem Fall erübrigt sich die Implementierung einiger problemspezifischer Komponenten. Schließlich kann noch eingestellt werden, ob die Sortierung stabil sein soll, d. h. ob die Reihenfolge der Elemente mit gleichem Schlüssel beibehalten werden soll.

Der Anwender mit Kenntnissen über parallele Lösungen von Sortierproblemen hat die Möglichkeit, weitere Parameter wie z. B. die Netzwerk-Topologie einzustellen. Außerdem kann er entscheiden, ob *in-place* sortiert werden soll, d. h. ob die Daten innerhalb des Eingabefelds sortiert werden sollen, um möglichst wenig Speicherplatz zu verwenden, oder ob die bereits erwähnte Variante mit der zusätzlich berechneten Routing-Information erzeugt werden soll.

Desweiteren können spezielle Varianten erzeugt werden, die die Messung von Leistungsdaten anhand vorgegebener Parameter erlauben. Dazu werden bei der Instanziierung die Parameter für die Laufzeitmessung angegeben. In diesem Fall ist auch die automatische Erzeugung von Zufallszahlen als Eingabe sinnvoll. Die Ergebnisse der Laufzeitmessungen können schließlich in die Wissensbasis für die automatische Auswahl eines Sortierverfahrens einfließen.

5.2.4.4 Ergebnis Das Werkzeugsystem konstruiert schließlich ein paralleles Sortierprogramm, indem es die durch die Auswahlparameter bestimmten Module entsprechend den generischen Parametern instanziiert und die problemspezifischen Datentypen und Funktionen an den Einstiegspunkten einsetzt. So erhält der Anwender durch die Angabe weniger problemspezifischer sequentieller Komponenten automatisch eine effiziente parallele Lösung für sein Problem.

5.3 Stand und Ausblick

Die vorgestellten Konzepte eines Werkzeugsystems für den Anwendungsbereich „Paralleles Sortieren" wurden in dem Prototyp-System *SOMPI* eingesetzt. Dazu wurden die in [WW96] untersuchten Algorithmen in *MPI* implementiert und mit Programmcode zur Ermittlung von Laufzeitdaten instrumentiert. Dabei wurden wiederverwendbare Programmteile identifiziert und als instanziierbare Module in die Anwendungsbibliothek integriert. Die unterste Schicht des Prototyps wurde aus dem *BBSYS*-System übernommen und um ein Paket für Workstation-Cluster erweitert. Zusätzlich wurden Mechanismen für die automatische Auswahl eines Sortieralgorithmus integriert.

SOMPI dient so einerseits dem Experten in der Theorie paralleler Sortierverfahren als Testumgebung für die Untersuchung des Laufzeitverhaltens, andererseits dem Laien als Werkzeugsystem für die Entwicklung von parallelen Lösungen für Sortierprobleme. Um die Effizienz der erzeugten Lösungen noch zu steigern, können aktuelle Ergebnisse als Grundlage für die automatische Algorithmenauswahl herangezogen werden und in die Wissensbasis für den Auswahlschritt integriert werden.

Eine weitere mögliche Erweiterung ist die Integration spezieller Analysewerkzeuge in den Herstellungsprozeß, die automatisch für die Algorithmenauswahl hilfreiche Parameter – z.B. das Verhältnis zwischen Kommunikations- und Vergleichskosten – aus Programmeigenschaften ableiten, statt sie vom Anwender vorgeben zu lassen.

Desweiteren kann aufbauend auf den Erfahrungen mit *BBCONF* auch für diesen Anwendungsbereich ein Konfigurierungsprogramm mit grafischer Oberfläche entwickelt werden. Dadurch wird der Entscheidungsraum strukturiert und die Regeln für die Abhängigkeiten der bei der Spezifikation eines Sortierproblems zu treffenden Entwurfsentscheidungen festgelegt.

Darüber hinaus können noch die in [Bro95] für die *MasPar MP-1* implementierten Algorithmen in die Anwendungsbibliothek integriert werden. Da die anwendungsspezifische Software-Architektur von der zugrundeliegenden Maschine abstrahiert, sind die Schnittstellen der Module allgemein wiederverwendbar. Neue Implementierungen sind nur für maschinenabhängige Operationen wie Synchronisation und Kommunikation zwischen Prozessoren notwendig. Auch die Schemata für die verschiedenen Sortieralgorithmen sind durch die Abstraktion der verwendeten Basisoperationen unverändert wiederverwendbar. Für die in [WW96] nicht untersuchten Verfahren wie *Fast Sort* können weitere Algorithmenschemata entwickelt werden.

Schließlich muß die Anwendbarkeit des Werkzeugsystems an einem konkreten Anwendungsbeispiel demonstriert werden. Hier bieten sich Probleme aus der Bildverarbeitung an, die sich besonders gut für die Lösung mit *SIMD*-Maschinen wie der *MasPar MP-1* eignet. Interessant erscheinen in diesem Zusammenhang auch dedizierte Datenbanken, wie z. B. Postleitzahlen- oder Telefonverzeichnisse.

6 Zusammenfassung

Diese Arbeit stellt eine Vorgehensweise für die systematische Konstruktion von Werkzeugsystemen vor, die die Entwicklung paralleler Programme aus spezifischen Anwendungsbereichen stark vereinfachen. Die Motivation für den Einsatz solcher Werkzeugsysteme ergibt sich daraus, daß parallele Programme aufgrund der Existenz vieler unterschiedlicher Parallelrechnerarchitekturen und damit zusammenhängender Programmiermodelle und Entwicklungswerkzeuge immer noch weitgehend neu entwickelt werden. Mit einem Werkzeugsystem macht der Experte des Anwendungsbereichs dem Anwender das mit der Entwicklung paralleler Lösungen für Probleme des Anwendungsbereichs verbundene Wissen durch den Einsatz eines breiten Spektrums von Software-Wiederverwendungsmethoden zugänglich. Dadurch kann der Anwender sich auf die Spezifikation der problemspezifischen Komponenten beschränken. Er entwickelt dazu nur sequentielle Programmteile, so daß er keine Kenntnisse über die zugrundeliegenden Parallelisierungstechniken und Werkzeuge erlangen muß.

Die Entwicklung eines solchen Werkzeugsystems basiert auf der Analyse des Anwendungsbereichs. Daraus ergibt sich eine anwendungsspezifische Software-Architektur, die die Struktur für die parallele Lösung aller Probleme des Anwendungsbereichs unabhängig von der zugrundeliegenden Parallelrechnerarchitektur widerspiegelt. Die Module der integrierten Anwendungsbibliothek werden dabei mit Einstiegspunkten für die problemspezifischen Teile versehen. Zusammen mit den generischen Parametern für ihre Instanziierung ergibt sich dadurch die nötige Flexibilität, um für alle Anwendungen des Bereichs wiederverwendet werden zu können. Der Prozeß der Herstellung eines parallelen Programms wird mit Hilfe eines Werkzeugkontrollsystems modelliert und automatisiert. Durch ein Konfigurierungsprogramm mit grafischer Oberfläche stellt der Experte dem Anwender zusätzlich ein Hilfsmittel zur Verfügung, um das Werkzeugsystem korrekt und zweckmäßig einzusetzen.

Der erfolgreiche Einsatz der Vorgehensweise wurde beispielhaft an den Anwendungsbereichen „Paralleles Branch-&-Bound" und „Paralleles Sortieren" demonstriert. Sie sollte in Zukunft noch an weiteren Anwendungsgebieten erprobt werden. Insbesondere sollten auch Werkzeugsysteme für die oberste Schicht entwickelt werden (generierende Werkzeuge mit anwendungsspezifischen Spezifikationssprachen). In diesem Zusammenhang sind auch Untersuchungen über die Kombination verschiedener Werkzeugsysteme interessant. Dies ist ein vielversprechender Ansatz, um Werkzeugsysteme zur Implementierung von Werkzeugsystemen auf einer höheren Abstraktionsebene einzusetzen. Mit dem weiteren Fortschritt auf dem Gebiet der objekt-orientierten Entwicklungsumgebungen für parallele Programme kann auch untersucht werden, ob die hier vorgestellte Vorgehensweise mit dem Einsatz entsprechender Techniken kombinierbar ist.

Literatur

[Akl85] Selim G. Akl. *Parallel Sorting Algorithms.* Academic Press, Orlando Florida, 1985.

[And91] Gregory R. Andrews. *Concurrent Programming - Principles and Practice.* Benjamin/ Cummings, 1991.

[APD91] Guillermo Arango und Rubén Prieto-Díaz. Domain Analysis Concepts and Research Directions. In Rubén Prieto-Díaz und Guillermo Arango, Hrsg., *Domain Analysis and Software Systems Modelling,* 9–33. IEEE Computer Society Press, 1991.

[Ara94] Guillermo Arango. Domain analysis methods. In Wilhelm Schäfer, Rubén Prieto-Díaz und Masao Matsumoto, Hrsg., *Software Reusability,* 17–47. Ellis Horwood Limited, 1994.

[BBHW93] Aurel Balmosan, Curd Bergmann, Franz Höfting und Egon Wanke. 1stGrade: A System for Implementation, Testing and Animation of Graph Algorithms. In Patrice Enjalbert, Alain Finkel und Klaus W. Wagner, Hrsg., *Proceedings 10th Annual Symposium on Theoretical Aspects of Computer Science, STACS 93, Lecture Notes in Computer Science,* Band 665, 706–707, Würzburg, Germany, Februar 1993. Springer.

[BBLS91] D.H. Bailey, J.T. Barton, T. Lasinski und H.D. Simon. NAS parallel benchmarks. Technical Report RNR-91-002, NASA Ames Research Center, Moffet Field, Januar 1991.

[BD97] Klaus Brockmann und Wilhelm Dangelmaier. Ein paralleler Branch-&-Bound-Algorithmus zur Minimierung der Zykluszeit in Fließlinien mit parallelen Maschinen. Technical report tr-rsfb-97-044, Reihe SFB, Universität-GH Paderborn, Fachbereich Mathematik-Informatik, Juni 1997.

[BDM95] Armin Bäumker, Wolfgang Dittrich und Friedhelm Meyer auf der Heide. Truly Efficient Parallel Algorithms: c-Optimal Multisearch for an Extension of the BSP model. In *Proceedings of European Symposium on Algorithms,* 1995.

[BDMR96] Armin Bäumker, Wolfgang Dittrich, Friedhelm Meyer auf der Heide und Ingo Rieping. Realistic Parallel Algorithms: Priority Queue Operations and Selection for the BSP* Model. In L. Bougé, P. Fraigniaud, A. Mignotte und Y. Robert, Hrsg., *Proceedings Euro-Par'96, Lecture Notes in Computer Science,* Band 1123-I. LIP École Normale Supérieure de Lyon, August 1996.

[BEM96]   Nouereddine Belkhatir, Jacky Estublier und Walcélio L. Melo. Adele 2: A Support to Large Software Development Process. In Pankaj K. Garg und Mehdi Jazayeri, Hrsg., *Process-Centered Software Engineering Environments*, 59–70. IEEE Computer Society Press, 1996.

[Ber91]   Thomas Berlage. *OSF/Motif und das X-Window System*. Addison-Wesley, 1991.

[BGT+94]   Victor R. Basili, Martin L. Griss, Will Tracz, Michael Wasmund und Kevin D. Wentzel. Software Reuse - Facts and Myths. In *Proceedings Software Engineering 1994*, 267–272, 1994.

[BK95]   George Horatiu Botorog und Herbert Kuchen. Algorithmic Skeletons for Adaptive Multigrid Methods. In Alfonso Ferreira und José Rolim, Hrsg., *Proceedings 2nd International Workshop IRREGULAR '95, Parallel Algorithms for Irregularly Structured Problems, Lecture Notes in Computer Science*, Band 980, 27–41, Lyon, France, September 1995. Springer.

[BK96]   George Horatiu Botorog und Herbert Kuchen. Efficient Parallel Programming with Algorithmic Skeletons. In L. Bougé, P. Fraigniaud, A. Mignotte und Y. Robert, Hrsg., *Proceedings Euro-Par '96, Lecture Notes in Computer Science*, Band 1123-I, 718–731. LIP École Normale Supérieure de Lyon, August 1996.

[BKG+93]   Helmar Burkhart, Carlos Falc Korn, Stephan Gutzwiller, Peter Ohnacker, und Stephan Waser. BACS: Basel Algorithm Classification Scheme. Technical Report 93-3, Universität Basel, März 1993.

[BLM+91]   Guy E. Blelloch, Charles E. Leiserson, Bruce M. Maggs, C. Greg Plaxton, Stephen J. Smith und Marco Zagha. A Comparison of Sorting Algorithms for the Connection Machine CM-2. In *3rd Annual ACM Symposium on Parallel Algorithms and Architectures (SPAA)*, 3–16, 1991.

[Boe88]   B.W. Boehm. A spiral model of software development and enhancement. *IEEE Computer*, 21(5):61–72, Mai 1988.

[BR88]   V. R. Basili und H. D. Rombach. Towards A Comprehensive Framework for Reuse: A Reuse-Enabling Software Evolution Environment. Technical Report CS-TR-2158, Institute for Advanced Computer Studies, University of Maryland, Dezember 1988.

[BR97]   Stefan Bock und Otto Rosenberg. A new distributed fault-tolerant algorithm for the simple assembly line balancing problem 1. Technical report tr-rsfb-97-040, Reihe SFB, Universität-GH Paderborn, Fachbereich Mathematik-Informatik, Mai 1997.

[Bro95]   Klaus Brockmann. Implementierung und Analyse paralleler Sortieralgorithmen auf einer MasPar MP-1 und ihre Einbindung in eine Anwendungsbibliothek. Diplomarbeit, Universität-GH Paderborn, Fachbereich Mathematik-Informatik, September 1995.

[BW96]   Klaus Brockmann und Rolf Wanka. Efficient Oblivious Parallel Sorting on the MasPar MP-1. In *Proceedings HICSS-30*, , Band 1, 100–208. IEEE, 1996.

[Cle88]   J. Craig Cleaveland. Building Application Generators. *IEEE Software*, 5(7):25–33, —JULY— 1988.

[Cle95a]   Geoffrey M. Clemm. The Odin System. In Jacky Estublier, Hrsg., *Software Configuration Management: selected papers ICSE SCM-4 and SCM-5 workshops, Lecture Notes in Computer Science*, Band 1005, 241–262, Seattle, Washington, Oktober 1995. Springer.

[Cle95b]   Geoffrey M. Clemm. The Odin System - Reference Manual, Odin Version 1.15, 1995.

[Cle96]   Geoffrey M. Clemm. The Workshop System - A Practical Knowledge-Based Software Environment. In Pankaj K. Garg und Mehdi Jazayeri, Hrsg., *Process-Centered Software Engineering Environments*, 254–263. IEEE Computer Society Press, 1996.

[CM88]   K. Mani Chandy und Jayadev Misra. *Parallel Program Design: A Foundation*. Addison-Wesley, 1988. University of Texas–Austin.

[CMDS93]   David E. Culler, Richard Martin, Andrea Dussequ und Klaus Erik Schauser. Fast Parallel Sorting: from LogP to Split-C (Draft). to appear in Proceedings WPPP'93, University of California, Berkeley, Juli 1993.

[Cop92]   James Coplien. *Advanced C++ - Programming Styles and Idioms*. Addison-Wesley Publishing Company, 1992.

[CS95]   James O. Coplien und Douglas C. Schmidt. *Pattern Languages of Program Design*. Addison-Wesley, 1995.

[DGL+94]   R. Diekmann, Jörn Gehring, Reinhard Lüling, Burkhard Monien, Markus Nübel und Rolf Wanka. Sorting Large Data Sets on a Massively Parallel System. In *Proceedings 6th IEEE Symposium on Parallel and Distributed Processing (SPDP)*, 2–9, 1994.

[DGTY95a]   John Darlington, Yi-ke Guo, Hing Wing To und Jin Yang. Functional Skeletons for Parallel Coordination. In S. Haridi, K. Ali und

P.Magnusson, Hrsg., *Proceedings 1st International EURO-PAR '95 Parallel Processing, Lecture Notes in Computer Science*, Band 966, 55–68, Stockholm, Sweden, August 1995. Springer.

[DGTY95b] John Darlington, Yi-ke Guo, Hing Wing To und Jin Yang. Parallel Skeletons for Structured Composition. In *Proceedings 5th Principles and Practice of Parallel Programming*, 19–28. ACM, August 1995. Published as SIGPLAN Notices, volume 30, number 8.

[DOSW96] Jack J. Dongarra, Steve W. Otto, Marc Snir und David Walker. A Message Passing Standard for MPP and Workstations. *Communications of the ACM*, 39(7):84–90, Juli 1996.

[Dun90] Ralph Duncan. A Survey of Parallel Computer Architectures. *IEEE Computer*, 5–16, Februar 1990.

[EGP+91] W. Emmerich, G.Junkermann, B. Peuschel, W. Schäfer und S. Wolf. MERLIN: Knowledge-based Process Modeling. In *Proceedings 1st European Workshop on Software Process Modeling*, 181–187, Milan, Italy, 1991. A.I.C.A. Press.

[Eil97] Christoph Eilinghoff. Systematischer Einsatz von Software-Wiederverwendung bei der Entwicklung paralleler Programme. Technical report tr-rsfb-97-035, Reihe SFB, Universität-GH Paderborn, Fachbereich Mathematik-Informatik, Januar 1997.

[EK94] Christoph Eilinghoff und Uwe Kastens. Projektgruppe Werkzeuge zur Implementierung paralleler Programme. Abschlußbericht, Universität-GH Paderborn, Fachbereich Mathematik-Informatik, September 1994.

[Fel79] S.I. Feldman. MAKE - a program for maintaining computer programs. *Software Practice and Experience*, 9:255–265, 1979.

[FLKS78] B.L. Fox, J.K. Lenstra, H.G. Rinnooy Kan und L.E. Schrage. Branching From the Largest Upper Bound: Folklore and Facts. *European Journal of Operational Research*, 2:191–194, 1978.

[Fly66] M. J. Flynn. Very High-Speed Computing Systems. In *Proceedings of the IEEE*, , Band 54, 1901–1909, Dezember 1966.

[Fre87] Peter Freeman. A Conceptual Analysis of the Draco Approach to Constructing Software Systems. *IEEE Transactions on Software Engineering*, SE-13(7):830–844, Juli 1987.

[Gam92] Erich Gamma. *Objektorientierte Software-Entwicklung am Beispiel von ET++*. Springer, 1992.

[GBD+93] Al Geist, Adam Beguelin, Jack Dongarra, Weicheng Jiang, Robert Manchek, und Vaidy Sunderam. *PVM 3 User's Guide and Reference Manual.* Oak Ridge National Laboratory, Mai 1993.

[GC92] David Gelernter und Nicholas Carriero. Coordination Languages and their Significance. *Communications of the ACM*, 35(2):97–107, 1992.

[GC94] Bernard Gendron und Teodor Gabriel Crainic. Parallel branch-and-bound algorithms: survey and synthesis. *Operations Research*, 42(6):1042–1066, November 1994.

[Gel85] David Gelernter. Generative Communication in Linda. *ACM Transactions on Programming Languages and Systems*, 7(1):80–112, Januar 1985.

[GGHL+96] Al Geist, William Gropp, Steve Huss-Lederman, Andrew Lumsdaine, Ewing Lusk, William Sphir, Tony Skjellum und Marc Snir. MPI-2: Extending the Message-Passing Interface. In L. Bougé, P. Fraigniaud, A. Mignotte und Y. Robert, Hrsg., *Proceedings EURO-PAR'96, Lecture Notes in Computer Science*, Band 1123-I, 128–135. Springer, 1996.

[GHJV95] Erich Gamma, Richard Helm, Ralph Johnson und John Vlissides. *Design Patterns - Elements of Reusable Object-Oriented Software.* Addison-Wesley, 1995.

[GHL+92] R.W. Gray, V.P. Heuring, S.P. Levi, A.M. Sloane und W.M. Waite. Eli: A Complete, Flexible Compiler Construction System. *Communications of the ACM*, 35(2):121–131, Februar 1992.

[GJ96] Pankaj K. Garg und Mehdi Jazayeri, Hrsg. *Process-Centered Software Engineering Environments.* IEEE Computer Society Press, 1996.

[GKKZ92] Klaus Gottheil, Thomas Kern, Hermann-Josef Kaufmann und Rui Zhao. *X und Motif.* Springer Verlag, 1992.

[GR88] A. Gibbons und W. Rytter. *Efficient Parallel Algorithms.* Cambridge University Press, 1988.

[Gup88] J.N.D. Gupta. Two-stage hybrid flowshop scheduling problems. *Journal of the Operational Research Society*, 34:359–364, 1988.

[Hem94] Rolf Hempel. The MPI Standard for Message Passing. In Gentzsch und Harms, Hrsg., *High-Performance Computing and Networking '94, Lecture Notes in Computer Science*, Band 797, 247–. Springer Verlag, April 1994.

LITERATUR 197

[Hen95]   Dominik Henrich. *Lastverteilung für feinkörnig parallelisiertes Branch-and-Bound*. Ph.D. Dissertation, Universität Karlsruhe - Institut für Prozeßrechentechnik und Robotik, 1995.

[HL96]   Karen E. Huff und Victor R. Lesser. A Plan-based Intelligent Assistant that Supports the Software Development Process. In Pankaj K. Garg und Mehdi Jazayeri, Hrsg., *Process-Centered Software Engineering Environments*, 71-80. IEEE Computer Society Press, 1996.

[HLN+90] D. Harel, H. Lachover, A. Naamad, A. Pnueli, M. Politi, R. Sherman, A. Shtull-Trauring und M. Trakhtenbrot. STATEMATE: A Working Environment for the Development of Complex Reactive Systems. *IEEE Transactions on Software Engineering*, 16(4):403-414, April 1990.

[HN86]   A.N. Habermann und F. Notkin. Gandalf: Software Development Environments. *IEEE Transactions on Software Engineering*, 12(12):1117-1127, Dezember 1986.

[Hoa85]   C. A. R. Hoare. *Communicating Sequential Processes*. Prentice-Hall, Englewood Cliffs, NJ, 1985.

[HOS93]   D. Heimbigner, L. Osterweil und S. Sutton. APPL/A: A Language for Managing Relations Among Software Objects and Processes. Technical Report CU-CS-374-87, University of Colorado, Boulder, Dept. Computer Science, 1993.

[Iba77]   Toshihide Ibaraki. The Power of Dominance Relations in Branch-and-Bound Algorithms. *Journal of the ACM*, 24(2):264-279, April 1977.

[Iba87]   Toshihide Ibaraki. Enumerative Approaches to Combinatorial Optimization. *Annals of Operations Research*, 10-11, 1987.

[INM88]   INMOS, Hrsg. *Occam-2 Reference Manual*. Prentice Hall, 1988.

[INM90]   INMOS, Hrsg. *ANSI C Toolset User Manual*. Prentice Hall, August 1990.

[Jac83]   Michael Jackson, Hrsg. *System Development*. Prentice Hall, Englewood Cliffs NJ, 1983.

[JáJ92]   Joseph JáJá. *An Introduction to Parallel Algorithms*. Addison-Wesley, 1992.

[JF91]   Ralph E. Johnson und Brian Foote. Designing Reusable Classes. In Rubén Prieto-Díaz und Guillermo Arango, Hrsg., *Domain Analysis and Software Systems Modelling*, 138–147. IEEE Computer Society Press, 1991.

[JLM92] Ralph E. Johnson, Mike Lake und Carl McConnell. The RTL System: a Framework for Code Optimization. In Robert Giegerich und Susan L. Grahsm, Hrsg., *Code Generation - Concepts, Tools, Techniques. Proceedings International Workshop on Code Generation*, 255–274, Dagstuhl Castle, 1992. Springer-Verlag.

[Kas93] Uwe Kastens. Executable Specifications for Language Implementation. In *Proceedings 5th Symposium on Programming Language Implementation and Logic Programming, Lecture Notes in Computer Science*, Band 714. Springer Verlag, August 1993.

[Kru92] Charles W. Krueger. Software Reuse. *ACM Computing Surveys*, 24(2):131–183, Juni 1992.

[Küf94] Karin Küffmann. *Software-Wiederverwendung*. Vieweg, 1994.

[Lei92] F. Thomson Leighton. *Introduction to Parallel Algorithms and Architectures: Arrays - Trees - Hypercubes*. Morgan Kaufmann, 1992.

[LM89]   Reinhard Lüling und Burkhard Monien. Two Strategies for solving the Vertex Cover Problem on a Transputer Network. In *Proceedings 3rd International Workshop on Distributed Algorithms, Lecture Notes in Computer Science*, Band 392, 160–170, 1989.

[LM92]   R. Lüling und B. Monien. Load Balancing for Distributed Branch & Bound Algorithms. In *Sixth Int. Parallel Processing Symposium*. Universität-GH Paderborn, Fachbereich Mathematik-Informatik, 1992.

[LMR93] B. Le Cun, B. Mans und C. Roucairol. Comparison of Some Concurrent Priority Queues for Branch and Bound. Working paper, INRIA, France, 1993.

[LS88]   C. Lewerentz und A. Schürr. GRAS: A management system for graph-like documents. In *Proceedings 3rd —INT Conference on Data and knowledge basis*, 19–31, San Matheo, 1988.

[Lub91] Mitchell D. Lubars. Domain Analysis and Domain Engineering in IDeA. In Rubén Prieto-Díaz und Guillermo Arango, Hrsg., *Domain Analysis and Software Systems Modelling*, 163–178. IEEE Computer Society Press, 1991.

LITERATUR

[LW84] G. J. Li und B. W. Wah. Computational Efficiency of Parallel Approximate Branch-and-Bound Algorithms. In *Proceedings International Conference on Parallel Processing*, 473–480, West Lafayette, Indiana, 1984. School of Electrical Engineering, Purdue University.

[McC93] Carma McClure. *Software-Automatisierung: reenginerring - repository - Wiederverwendbarkeit*. Hanser, 1993.

[Mey96] AG Meyer auf der Heide. PUB-Library 5.0 - Einführung und Funktionsbeschreibung. Manual, unpublished, Universität-GH Paderborn, Fachbereich Mathematik-Informatik, April 1996.

[Mey97] Jörg Meyer. Ein Werkzeug zur wissensbasierten Konfiguration bereichsspezifischer Sprachen. Diplomarbeit, Universität-GH Paderborn, Fachbereich Mathematik-Informatik, Juni 1997.

[Mil93] Peter Miller. Cook - A File Construction Tool. *comp.sources.unix archives*, Volume 26, 1993.

[MN89] Kurt Mehlhorn und Stefan Näher. LEDA, a Library of Efficient Data Types and Algorithms. In *Proceedings 14th Symposium on Mathematical Foundations of Computer Science, Lecture Notes in Computer Science*, Band 379, 88–106, 1989. to appear in Communications of the ACM.

[NA96] V. Lakshmi Narasimhan und J. Armstrong. Performance nodelling of three parallel sorting algorithms on a pipelined transputer network. *Concurrency: Practice and Experience*, 8(5):335–355, Juni 1996.

[Nag90] Manfred Nagl. *Softwaretechnik: Methodisches Programmieren im Großen*. Springer Verlag, 1990.

[Näh93] Stefan Näher. LEDA Manual Version 3.0. Technical Report MPI-I-93-106, Max-Planck-Institut für Informatik Saarbrücken, 1993.

[Nei89] James M. Neighbors. Draco: A Method for Engineering Reusable Software Systems. In Ted J. Biggerstaff und Alan J. Perlis, Hrsg., *Software Reusability - Concepts and Models, Volume 1*. ACM press, 1989.

[Nic90] John R. Nickolls. The Design of the MasPar MP-1: A Cost Effective Massively Parallel Computer. In *Proceedings of 35th COMPCON, Spring 1990*, 25–28, San Francisco, Februar 1990. IEEE.

200 LITERATUR

[NK93] John R. Nickolls und Won Kim. The Design of the MasPar MP-2: A Cost Effective Massively Parallel Computer. In Arndt Bode, Hrsg., *Proceedings Parallel Architectures and Languages Europe 93, Lecture Notes in Computer Science*, Band 694, 46–54. Springer Verlag, Juni 1993.

[Ost87] L. J. Osterweil. Software Processes are Software Too. In *Proceedings 9th International Conference on Software Engineering*, 2–13, Monterey, CA, März 1987. IEEE.

[PD91] Rubén Prieto-Díaz. Domain Analysis for Reusability. In Rubén Prieto-Díaz und Guillermo Arango, Hrsg., *Domain Analysis and Software Systems Modelling*, 63–69. IEEE Computer Society Press, 1991.

[PD93] Rubén Prieto-Díaz. Status Report: Software Reusability. *IEEE Software*, 10(5):61–66, Mai 1993.

[PDF87] Rubén Prieto-Díaz und Peter Freeman. Classifying Software for Reusability. *IEEE Software*, 4(1):6–16, Januar 1987.

[PK97] Peter Pfahler und Uwe Kastens. Language Design and Implementation by Selection. In *Proceedings 1st ACM-SIGPLAN Workshop on Domain-Specific-Languages, DSL '97, Paris, France*, 97–108. Technical Report University of Illinois at Urbana-Champaign, Januar 1997.

[PM92] J.F. Pekny und D.L. Miller. A Parallel Branch-and-Bound Algorithm for Solving Large Asymmetric Traveling Salesman Problems. *Mathematical Programming*, 55:17–33, 1992.

[Pre95] Wolfgang Pree. *Design Patterns for Object-Oriented Software Development*. Addison-Wesley, 1995.

[Rad95] Roy Rada. *Software Reuse*. Intellect, 1995.

[Ric86] D. Richards. Parallel Sorting - A bibliography. *SIGACT-News*, 18(1):28–48, 1986.

[Rou89] Catherine Roucairol. Parallel Branch and Bound Algorithms - an overview. In M. Cosnard et al., Hrsg., *Proceedings International Workshop on Parallel and Distributed Algorithms*, Elsevier Science, 153–163, Gers, France, 1989.

[Roy70] W. W. Royce. Managing the Development of Large Software Systems: Concepts and Techniques. In *Proceedings IEEE WESCON*,

1-9. IEEE, August 1970. Published as Proceedings IEEE WESCON, volume 71, number 1.

[RS94] Hans-Dieter Rombach und Wilhelm Schäfer. Tools and Environments. In Wilhelm Schäfer, Rubén Prieto-Díaz und Masao Matsumoto, Hrsg., *Software Reusability*, 113-152. Ellis Horwood Limited, 1994.

[Rum94] James Rumbaugh. The life of an object model: How the object model changes during development. *Journal of Object-Orientd Programming*, 7(1):24-32, März 1994.

[Sei94] Christopher Seiwald. *Jam - Make(1) Redux*. INGRES Corporation, März 1994.

[SG96] Mary Shaw und David Garlan. *Software Architecture*. Prentice-Hall, 1996.

[SHH94] P.M.A. Sloot, A.G. Hoekstra und L.O. Hertzberger. A Comparision of the Iserver-Occam, Parix, Express, and PVM Programming Environments on a Parsytec GCel. In Gentzsch und Harms, Hrsg., *High-Performance Computing and Networking '94, Lecture Notes in Computer Science*, Band 797, 253-. Springer Verlag, April 1994.

[Sno89] Richard Snodgrass. *The Interface Description Language: Definition and Use*. Computer Science Press, 1989.

[Som87] Zoltan Somogyi. Cake, a Fifth Generation Version of Make. *Australian Unix System User Group Newsletter*, 7(6):22-31, April 1987.

[SR77] K. Schoman und D.T. Ross. Structured analysis for requirements definition. *IEEE Transactions on Software Engineering*, 3(1):6-15, Januar 1977.

[SS95] S. Sachweh und W. Schäfer. Version Management for tightly integrated Software Engineering Environments. In *Proceedings 7th International Conference on Software Engineering Environments*, Leiden, The Netherlands, 1995. IEEE Computer Society Press.

[SW95] W. Schäfer und S. Wolf. Cooperation Patterns for process-centred Software Development Environments. In *Proceedings 7th International Conference on Software Engineering and Knowledge Engineering*, Rockville, Maryland, USA, Juni 1995.

[SZBH86] D. Swineheart, P. Zellweger, R. Beach und R. Hagmann. A Structural View of the Cedar Programming Environment. *ACM Transactions on Programming Languages and Systems*, 8(4), Oktober 1986.

[TBC+96] Richard N. Taylor, Frank C. Belz, Lori A. Clarke, Leon Osterweil, Richard W. Selby, Jack C. Wileden, Alexander L. Wolf und Michael Young. Foundations for the Arcadia Environment Architecture. In Pankaj K. Garg und Mehdi Jazayeri, Hrsg., *Process-Centered Software Engineering Environments*, 229–241. IEEE Computer Society Press, 1996.

[TC95] Terje Totland und Reidar Conradi. A Survey and Comparison of Some Research Areas Relevant to Software Process Modeling. In Wilhelm Schäfer, Hrsg., *Proceedings 4th European Workshop on Software Process Technology, EWSPT '95, Lecture Notes in Computer Science*, Band 913, 65–69, Noordwijkerhout, Netherlands, April 1995. Springer.

[TH90] W.F. Tichy und C.G. Herter. Modula-2*: An extension of Modula-2 for highly parallel portable programs. Interner Bericht Nr. 4/90, Fakultät für Informatik, Universität Karlsruhe, Januar 1990.

[TH95] Stefan Tschöke und Norbert Holthöfer. A New Parallel Approach to the Constrained Two-Dimensional Cutting Stock Problem. In Afonso Ferreira und José Rolim, Hrsg., *Proceedings Parallel Algorithms for Irregularly Structured Problems, Lecture Notes in Computer Science*, Band 980, 285–300. Springer, 1995.

[TLM94] Stefan Tschöke, Reinhard Lüling und B. Monien. Eine Toolbox zur automatischen Parallelisierung beliebiger Branch & Bound Applikationen. In R. Flieger und R. Grebe, Hrsg., *Parallele Datenverarbeitung aktuell: TAT '94,*, 149–154. IOS Press, 1994.

[TP96] Stefan Tschöke und Thomas Polzer. Portable Parallel Branch-and-Bound Library, PPBB-Lib, User Manual, Library Version 2.0. Technical report, University of Paderborn, November 1996.

[Val90] L. G. Valiant. A Bridging Model for Parallel Computation. *Communications of the ACM*, 33(8):103–111, August 1990.

[Wac95] Alf Wachsmann. Eine Bibkliothek von Basisdiensten für Parallelrechner: Routing, Synchronisation, gemeinsamer Speicher. Dissertation, Universität-GH Paderborn, Fachbereich Mathematik-Informatik, 1995.

[Wai93] William M. Waite. A Complete Specification of a Simple Compiler. Technical Report CU-CS-638-93, University of Colorado, Boulder, Dept. Computer Science, Januar 1993.

[WHK88]   William M. Waite, V. P. Heuring und U. Kastens. Configuration Control in Compiler Construction. In *International Workshop on Software Version and Configuration Control '88*, Stuttgart, 1988. Teubner Verlag.

[Wil92]   Ross Williams. FunnelWeb user's manual. Technical report ftp: ftp.adelaide.edu.au /pub/funnelweb, University of Adelaide, Adelaide, South Australia,, Mai 1992.

[WW94]   Alf Wachsmann und Friedrich Wichmann. Occam-light: A Multiparadigm Programming Language for Transputer Networks. In Peter A. Fritzson, Hrsg., *International Workshop on Compiler Construction CC'94*, Nummer LiTH-IDA-R-94-11 in Dep. of Computer and Information Science. Linköping University, April 1994.

[WW96]   Alf Wachsmann und Rolf Wanka. Sorting on a Massively Parallel System Using a Library of Basic Primitives: Modeling and Experimental Results. Technical Report tr-rsfb-96-011, Reihe Sonderforschungsbereich 7, Universität-GH Paderborn, Fachbereich Mathematik-Informatik, Mai 1996.

[XTM95]   Chengzhong Xu, Stefan Tschöke und Burkhard Monien. Performance Evaluation of Load Distribution Strategies in Parallel Branch and Bound Computations. In *Proceedings 7th International Symposium on Parallel and Distributed Processing, SPDP'95*, 402–405, 1995.

[ZK93]   Wolf Zimmermann und Holger Kumm. Implementierungen von PRAM-Simulationen. In *Proceedings 3. PASA Workshop Parallele Systeme und Algorithmen*, PARS Mitteilungen, GI/ITG FG 3.1.2. Gesellschaft für Informatik, 1993.

[ZN96]   Walter Zimmer und Rainer Neumann. Entwurfskonzepte für die Entwicklung von Frameworks. *OBJEKTspektrum*, 2:22–29, März 1996.

Abbildungsverzeichnis

1 Schleifenskelett 19
2 Übersetzer-Entwicklungsumgebung Eli 27
3 Generatoren in Eli 29
4 Herstellungsprozeß in Eli 30
5 Eli-Modulbibliothek 32
6 *Grade2cfs*: Generierung von Konfigurationsdateien 42
7 Wiederverwendung des Herstellungsprozesses (INMOS-C-Toolset) 44
8 Wiederverwendung des Herstellungsprozesses (Branch-&-Bound) . 45
9 Wasserfall-Modell für den Software-Entwicklungsprozeß 47
10 Ableitungsgraph für Übersetzung 55
11 Konfigurierung mit grafischer Oberfläche 66
12 Standard- und Problemparameter 67
13 Branching-Editor mit eingesetzten Textelementen 68
14 Schichtenmodell des Werkzeugsystems 69
15 Werkzeugsteuerung 73
16 Ableitungsgraph für Übersetzung und Ausführung 75
17 Vorgehensmodell für Bereichsanalyse 80
18 Bereichsanalyse in der parallelen Programmierung 83
19 Software-Architektur mit Einstiegspunkten 85
20 Automatische Auswahl von Komponenten 87
21 Instanziierungswerkzeug 90
22 gnrc-Skript 91
23 *C*-Modul mit Ersetzungsparametern 93
24 Umbenennung instanzspezifischer Komponenten 95

ABBILDUNGSVERZEICHNIS

25	Beispiel für Instanziierungssprache	97
26	Generierungsschritt für *Grade2cfs*	100
27	Suchbaum für Optimierungsproblem mit n Binärvariablen	110
28	Sequentieller Branch-&-Bound-Algorithmus	113
29	Lastverteilungsstrategien	119
30	Zustände beim Token-Passing	122
31	Software-Architektur für paralleles Branch-&-Bound	126
32	Branch-&-Bound-Algorithmen-Schema	134
33	Definition des Datentyps für Teillösungen	138
34	Schematische Darstellung der BRANCHING-Funktion	138
35	BRANCHING-Funktion für das Rucksackproblem	139
36	Struktur des Hauptprogramms	144
37	Vergleichsfunktion mit Ersetzungsparameter	146
38	Ausgabe aller besten Lösungen	147
39	Suchstrategie	148
40	Expansionsvarianten für eine Teillösung	151
41	Teillösungstyp und Branching-Operationen	154
42	Bounding-Funktionen	155
43	Erweiterte Parameter	156
44	Konsistenzprüfung	157
45	*PPBB*-Prozeßstruktur	160
46	*PPBB*-Prozesse	161
47	Schematische Darstellung der Fließlinie mit parallelen Maschinen	167
48	*FSMP*-Problemdatentyp	167
49	Lösungsbaum für eine Stufe	168

50	*FSMP*-Teillösungsdatentyp	169
51	*FSMP*-Branching-Funktion	170
52	*FSMP*-Bounding-Funktion	172
53	*FSMP*-Initialisierungs-Funktion	173
54	Einstufung von Sortieralgorithmen	176
55	Auswahl eines Sortieralgorithmus	179
56	Software-Architektur für paralleles Sortieren	181
57	Algorithmen-Schema für *Periodic Balanced Sort*	187